CONTRATO DE TRABALHO DO JORNALISTA

CONTRATO DE TRABALHO DO JORNALISTA

2022

Victor Hugo Ventura

ALMEDINA

CONTRATO DE TRABALHO DO JORNALISTA

AUTOR
Victor Hugo Ventura
www.victorhugoventura.com

EDITOR
EDIÇÕES ALMEDINA, S.A.
Avenida Emídio Navarro, 81, 3D
3000-151 Coimbra
Tel.: 239 851 904 · Fax: 239 851 901
www.almedina.net · editora@almedina.net

DESIGN DE CAPA
EDIÇÕES ALMEDINA, S.A.

PRÉ-IMPRESSÃO
Patrícia Boleto

IMPRESSÃO E ACABAMENTO
AAAAAAAAA

Agosto, 2022
DEPÓSITO LEGAL
000000/22

ALMEDINA | GRUPOALMEDINA

BIBLIOTECA NACIONAL DE PORTUGAL – CATALOGAÇÃO NA PUBLICAÇÃO
CONTRATO DE TRABALHO DO JORNALISTA.
– (Manuais profissionais)
VENTURA, Victor Hugo
ISBN 978-989-40-0697-8
CDU 349

ÍNDICE

OUTRAS PUBLICAÇÕES DO AUTOR

1. «Do texto ao contexto: a interpretação dos negócios jurídicos», *Revista de Ciências Empresariais e Jurídicas*, 24 (2014), pp. 39-61.
2. «A inexigibilidade como motivo de justificação de faltas no direito do trabalho português», *Questões Laborais*, 44 (2014), pp. 141-157.
3. «Novas e velhas questões sobre o direito de retratação», *Questões Laborais*, 49 (2016), pp. 77-104.
4. «A fase de informações e negociação do despedimento coletivo na ausência de estruturas representativas dos trabalhadores», *Questões Laborais*, 50 (2017), pp. 65-81.
5. «Breve apontamento sobre o regime de faltas dos candidatos a cargos públicos», *Questões Laborais*, 52 (2018), pp. 19-32.
6. «A relação advogado-cliente como relação de consumo: comentário ao acórdão *Birutė Šiba. v. Arūnas Devėnas* do Tribunal de Justiça», *Católica Law Review*, 2018, Vol. II, n.º 2, pp. 139-161 (em coautoria com José Carlos Brandão Proença).
7. AAVV, *Comentário ao Código Civil – Direito das Obrigações (Das Obrigações em Geral)*, Universidade Católica Editora, Porto, 2018 (anotação aos artigos 550.º a 561.º e ao artigo 502.º, em coautoria com Raul Guichard).
8. «À espera de um novo *Bosman*? A compatibilidade do regime do tempo de trabalho do praticante desportivo com o Direito da União Europeia», *Questões Laborais*, 54 (2019), pp. 81-97.
9. «O impacto da nova redação do artigo 344.º, n.º 2, do Código do Trabalho, no conceito de "desemprego involuntário" para efeitos de atribuição do subsídio de desemprego», *Questões Laborais*, 55 (2019), pp. 169-178 (em coautoria com Alexandra Marques Sequeira).

10. *O regime do contrato de trabalho do praticante desportivo*, AAFDL Editora, Lisboa, 2020 (411 pp.).
11. «A insustentável leveza do contrato de trabalho doméstico ou o caso da (in)exigibilidade de parecer da CITE para o despedimento de trabalhadora doméstica grávida, puérpera ou lactante», *Questões Laborais*, 56 (2020), pp. 33-52 (em coautoria com Cláudia Campos).
12. «Precários para sempre? A compatibilidade do regime da contratação a termo dos treinadores desportivos com o Direito da União Europeia», *Prontuário de Direito do Trabalho*, 2020, II, pp. 331-354.
13. «A aplicação da figura do abandono de trabalho ao contrato de trabalho do praticante desportivo», *Revista de Direito do Desporto*, 7 (2021), pp 72-83.
14. *O regime do contrato de serviço doméstico*, AAFDL Editora, Lisboa, 2021 (255 pp.).
15. *Contrato de trabalho rural*, Vida Económica, Porto, 2021 (112 pp.).
16. «Os "prémios" por objetivos no regime do contrato de trabalho do praticante desportivo» in: Alexandre Miguel Mestre [Coord.], *Compêndio de Direito do Desporto*, Gestlegal, Lisboa, 2021, pp. 456-474.
17. «Pode um treinador ser despedido por "justa causa desportiva"?», *Questões Laborais*, 57 (2021), pp. 277-291.
18. «E sejam lesados para sempre...? A responsabilidade civil emergente da violação de deveres conjugais», *Lex Familiae – Revista Portuguesa de Direito da Família*, 36 (2021), pp. 5-22.
19. *O Estatuto dos Profissionais da Área da Cultura: regime novo ou* mise-en-scène*?*, Almedina, Coimbra, 2022 (318 pp.).
20. AAVV., *Código dos regimes contributivos do sistema previdencial de Segurança Social anotado e comentado*, Almedina, Coimbra, 2022 (anotação aos artigos 95.º e 96.º, 116.º a 120.º e 283.º e 283.º-A).
21. «A estipulação de cláusulas penais em contratos de representação desportiva», *Revista de Direito do Desporto*, 11 (2022), pp. 25-33.

ABREVIATURAS UTILIZADAS

Ac. – Acórdão
AcD – Acórdãos Doutrinais do Supremo Tribunal Administrativo
BMJ – Boletim do Ministério da Justiça
BTE – Boletim do Trabalho e do Emprego
CCT – Convenção Coletiva de Trabalho
CDADC – Código de Direito de Autor e de Direitos Conexos
Cfr. – Confronte-se
Cit. – Obra Citada
CJ – Coletânea de Jurisprudência
CJ (STJ) – Coletânea de Jurisprudência do Supremo Tribunal de Justiça
CRP76 – Constituição da República Portuguesa de 1976
CT03 – Código do Trabalho de 2003
CT09 – Código do Trabalho de 2009
Id. – *Idem*
n. – nota de pé-de-página
n.º – número
p. – página
pp. – páginas
proc. nr. – processo n.º
s/ – sem
ss. – e seguintes
STJ – Supremo Tribunal de Justiça
TC – Tribunal Constitucional
TJ – Tribunal de Justiça (União Europeia)
TRC – Tribunal da Relação de Coimbra
TRE – Tribunal da Relação de Évora

TRG – Tribunal da Relação de Guimarães
TRL – Tribunal da Relação de Lisboa
TRP – Tribunal da Relação do Porto

FORMA DE CITAR

I. Em relação às monografias, e tratando-se da primeira citação, é indicado o nome do Autor, o título da obra em itálico, seguido da Editora, local de edição, ano, edição (se aplicável) e página(s) da referência ou citação. Nas citações seguintes, é indicado apenas o nome do Autor, seguido do título da obra citado abreviadamente e da indicação da(s) página(s).

Assim, por exemplo:

> MILENA ROUXINOL, *A vinculação autoral do trabalhador jornalista*, Coimbra Editora, Coimbra, 2015, p. 343.
>
> MILENA ROUXINOL, *A vinculação autoral do trabalhador...*, cit., p. 343.

II. Em relação às publicações periódicas, nos casos em que a Publicação segue uma numeração contínua é indicado, em primeiro lugar, o número da revista em algarismos seguido do ano entre parêntesis. Nos casos em que a Publicação reinicia a sua numeração em cada ano ou período, é indicado, em primeiro lugar, o ano da publicação, seguido do número da publicação, em numeração romana, referente a esse ano. A citação abreviada segue as regras referidas para as monografias.

Assim, a título de exemplo, respetivamente:

> ALBINO MENDES BAPTISTA, «Faltas por motivo de prisão», *Questões Laborais*, 11 (1998), pp. 47-64.

> JOANA VASCONCELOS, «Sobre a impugnação pelo empregador da resolução do contrato de trabalho», *Prontuário de direito do trabalho*, 2019, I, p. 161-180.

III. Tratando-se de obra coletiva, segue-se a forma de citação aplicável às monografias, antecedido da indicação do Organizador / Coordenador da obra da referência a essa qualidade em parêntesis retos ("[Org.]" e "[Coord.]"). A citação abreviada segue as regras referidas para as monografias.

Assim, por exemplo:

> LILIANA PACHECO, «Jornalismo e tecnologia – para onde sopram os ventos de mudança?» in: JOSÉ REBELO [Org.], *As novas gerações de jornalistas em Portugal*, Mundos Sociais, Lisboa, 2014, pp. 51-60, p. 59.

IV. A jurisprudência nacional é citada indicando a data da decisão no formato dd/mm/aaaa, seguida da indicação do Tribunal, de acordo com as abreviaturas utilizadas, do nome do Relator, entre parêntesis, e da fonte do acórdão. Se for indicado apenas o n.º do processo deve considerar-se que a decisão é consultável no site www.dgsi.com. Caso a decisão seja consultável em mais do que uma fonte, são indicadas as várias fontes de forma sucessiva.

Assim, por exemplo:

> Ac. de 20/11/2013 do STJ (MÁRIO BELO MORGADO), proc. nr. 2867/06.TTLSB.L2.S1
> Ac. de 19/06/2013 do TRL (MARIA JOÃO ROMBA), CJ, 2013, III, pp. 127-129

NOTA PREFACIAL

O convite que me dirigiu o Autor desta obra para redigir a sua nota prefacial não pôde nem poderia deixar de me trazer à memória os anos em que, com vista à elaboração da minha dissertação de doutoramento, também eu dediquei estudo aturado ao regime jurídico-laboral do jornalista, em particular à tutela jus-autoral aplicável às criações intelectuais jornalísticas. Poucas vezes, desde há quase uma década, me atrevi a regressar ao tema – devo confessar. As misteriosas vias da mente ou, talvez mais, do coração, pediram-me outros universos; o estatuto jurídico-laboral do jornalista, arrumei-o no lugar das coisas cumpridas, embora com a fachada visível na prateleira dos livros que não são iguais a todos os outros.

Nesta ocasião, porém, regressei com gosto. Existe uma certa dose de orgulho, talvez vaidade, e outra, maior, de alegria, em verificar que o tema em apreço foi, de novo, objeto de tratamento jurídico, sendo certo que ele tem sido, entre nós, tão parco. Por outro lado, o interesse pelo mesmo emergiu num Autor que tem vindo a construir um acervo de produção científica de elevado interesse, assente num cuidado labor e visivelmente ancorado em honestidade e sagacidade intelectuais. Entre outras obras, Victor Hugo Ventura tem dedicado estudos a vários contratos laborais dotados, em maior ou menor medida, de especificidades de regime, desde o contrato de trabalho desportivo, ao doméstico, ao rural, ao dos profissionais da cultura e, agora, também ao jornalístico. Trata-se de uma escolha clarividente, que vai ao encontro da necessidade sentida, decerto, por muitos juristas e até empregadores e trabalhadores de cada um dos referidos domínios e cujo resultado enriquece sobremaneira o panorama da doutrina juslaboral nacional.

Nesta obra, o Autor percorre diversos aspetos da relação de trabalho com jornalistas, dando, naturalmente, particular atenção aos aspetos em que esta se mostra mais dissonante da relação laboral comum. É analisado com especial cuidado o conjunto de problemas associados ao impacto, mormente no momento da extinção do vínculo, da designada *cláusula de consciência jornalística*, uma das dimensões – a da existência de uma inextrincável conexão entre a realização da atividade e o quadro de valores e conceções de quem a exerce, da sua liberdade de pensamento, pois – que, mais vincadamente, distinguem o contrato de trabalho jornalístico do comum, dotando-o de uma incomum nota de *pessoalidade* e apelando a um enquadramento multidimensional que acaba por se radicar no universo dos direitos fundamentais.

A relevância da atividade jornalística e, com certeza, (do estudo) da sua regulação jurídica não deixa margem para dúvidas. Escrevi, há alguns anos, o que poderia escrever ainda agora: "à comunicação social [imputa-se uma] função social de promoção do diálogo público, que se quer multidimensional, diverso e dinâmico, aí residindo, nuclearmente, a sua valia objectiva" (*A vinculação autoral do trabalhador jornalista*, Coimbra Editora, Coimbra, 2014, p. 47). Victor Hugo Ventura reitera-o e reforça-o, notando que esta profissão equivale a "um magistério capaz de condicionar não só a sociedade civil, mas também o poder político e económico, cobrando influência na leitura ideológica e no curso dos acontecimentos".

Todavia, a oportunidade de uma obra como esta resulta ainda de uma miríade de fatores circunstanciais, que, de resto, o Autor sintetiza eficazmente: por um lado, vivemos, como se sabe, numa "época em que a informação colocada a circular é ameaçada pela praga infrene das *fake news* e pelo crescimento dos *fact-checkers*, [de] permanente ameaça de deturpação da opinião pública", em que o jornalista se vê numa "arena global com outros atores desconhecidos ou, pelo menos, desconhecidos até há pouco tempo"; por outro, mas também em razão do que vem de ser dito, assiste-se a um decréscimo de procura de produção jornalística, o que lançou o setor para uma debilidade económica porventura sem precedentes. Dificilmente se contestará, pois, o depauperamento da condição profissional do jornalista, o que, se pode – e deve! – concitar preocupações relacionadas com a transparência e riqueza da dialética social de que se nutre a democracia, também convoca – e com um impacto potencial que ultrapassa, seguramente, o mero reduto da relação entre empregador e trabalhador – o Direito do Trabalho. É que, como notou, muito recentemente, ainda que a propósito de outra categoria profissional, Daniel Oliveira (*Expresso*, 4-maio-2022, "Amazon: dança para o ditador das estrelas, que és livre de ser escravo"), na ausência de regulação, "todos são livres de serem escravos ou morrerem de fome". Que nunca o trabalhador jornalista esteja "nas mãos do ditador das estrelas".

Milena Rouxinol
Coimbra, 16-maio-2022

"Quando o leitor pega no jornal lê-o e depois, juntamente com os dos dias anteriores, vende-os a pêso. Mas o que está ali é o esfôrço de bravos batalhadores, daqueles cujo nome não aparece em primeiro plano e mesmo se mantém ignorado do grande público. Ser jornalista, hoje em dia, representa ser um soldado. A responsabilidade actua sôbre êle, e o seu dever tem de ser cumprido custe o que custar, pois é absolutamente necessário que o grande público seja informado dia a dia do que se faz no mundo inteiro e essas informações hão-de ser absolutamente concretas e claras. (...) Embora se tivesse melhorado a situação financeira do jornalista, ela ainda não corresponde à desejada recompensa que requere o trabalho intelectual: muito mais penoso e em que se consomem tôdas as energias do homem. Mesmo perante estas dificuldades a coragem e boa vontade amparam sempre o jornalista, e a palavra «sacrifício» é uma das muitas do seu código de honra. A sua missão é, através de tudo, das maiores inclemências e calamidades, obter de qualquer modo as notícias por tantos disputadas, mas que êle, por amor profissional e orgulho de jornal, tenta obter em primeiro lugar".

Fernando Alberto Pimentel, «O elogio do jornalista», *Boletim do Sindicato Nacional dos Jornalistas*, 5 (1945), pp. 142-145.

§ 1. INTRODUÇÃO E RAZÕES DA ESPECIALIDADE

Poucas profissões nos contactam tão diuturnamente como a de jornalista. Em maior ou menor medida, consciente ou inconscientemente, ele está presente no nosso quotidiano. Esse contacto pervasivo cresceu e tornou-se mais patente à medida que se expandiram e se diversificaram os meios através dos quais ele nos chega. Certamente que o jornalismo foi um dos beneficiários modernos da máquina de imprensa de Guttenberg e a "fase industrial da imprensa"[1], que massificou e fez surgir a chamada *penny press*, permitiu alimentar o hábito generalizado de comprar o jornal[2]. Mais tarde, a descoberta

[1] Mais concretamente, entre nós, com a fundação no Diário de Notícias, em 1865, apostando numa "nova agressividade na venda, através do emprego de vendedores ambulantes, os ardinas, bem como a captação do máximo de anúncios, que permitam manter o preço baixo" (Alberto Arons de Carvalho / António Monteiro Cardoso / José Pedro Figueiredo, *Direito da Comunicação Social*, 3.ª ed., Texto dos Editores, Alfragide, 2012, p. 33).

[2] Augusto de Castro, «O jornal é a base de todo o convívio humano», *Boletim do Sindicato Nacional dos Jornalistas*, 3 (1941), pp. 27-29, p. 28: "o jornal, êsse, é mais do que o visitante ou o amigo. É o companheiro doméstico, que se instala tirânicamente, logo que se abre a janela do quarto ou se fecha a porta do escritório – e que se estende ao nosso lado para recomeçar, cada dia, a contar-nos uma nova história – que é, afinal, sempre a mesma história, porque é a vida que se renova e se repete. No fim de contas, é nêle que confiamos. Pode a "rádio" dar-nos uma notícia. Sem que o jornal no-la confirme, a notícia fica nos domínios da informação, não entra na realidade. O homem civilizado do nosso tempo tem necessidade da verdade – ou da mentira – visual. A notícia ouvida só tem a sua carta de crédito quando se transforma em notícia lida. Se o prudente S. Tomé fôsse vivo não diria hoje, como aconselhou no seu tempo: "ver para crer" – mas proclamaria a fórmula moderna que é o nosso Evangelho de jornalistas: "ler o jornal para crer". O jornal é, de facto, a base de todo o convívio humano. Todas as outras formas de cooperação espiritual coincidem com êle, mas nenhuma o dispensa. A prova é que nem a expansão prodigiosa do cinema, que explora as suas actualidades, nem a concorrência da «rádio» exerceram a mínima influência sôbre as grandes tiragens e sôbre a fôrça de proselitismo e a vida industrial da Imprensa. A notícia, a reportagem, a prelecção ràdiodifundidas são jornalismo ou literatura engarrafados. Faltam-lhes as vitaminas da letra impressa e fresca. Nenhuma fôrça da infiltração e de comunicação é mais forte do que o jornal – que é, no fundo, o índice e a imagem duma cultura".

das ondas eletromagnéticas, outrora usadas para comunicações militares, permitiram que ele chegasse até nós através da rádio. Não foi preciso esperar muitas décadas para que as mesmas ondas eletromagnéticas, reconvertidas, inaugurassem o rito familiar de reunir em frente à televisão para assistir ao telejornal. E se, com maior ou menor custo, todos estes formatos se mantêm, o jornalismo multimédia permitiu, dando um salto no tempo, o contato instantâneo e constante nos equipamentos e dispositivos móveis que todos temos à disposição através do ciberjornalismo[3]. A ubiquidade do jornalismo tornou-se, por todas estas razões, uma evidência.

É certamente esta imersão que faz desta profissão uma atividade tão influente. Um magistério capaz de condicionar não só a sociedade civil[4], mas também o poder político e económico, cobrando influência na leitura ideológica[5] e no curso dos acontecimentos[6]. Uma força a tal ponto poderosa que se tornou comum encará-la como a quarta potência da sociedade, ao lado dos poderes legislativo, executivo e judicial. Investido no papel de perseguir a verdade a todo o transe e denunciar as injustiças, públicas e privadas, o jornalista tornou-se, por direito que se tornou próprio, uma espécie de "cão de guarda público" (*public watchdog*)[7].

[3] Dinis de Abreu, «Da ética e da tecnologia, ou a vertigem das mudanças em tempo digital» in: José Rebelo [Org.], *As novas gerações de jornalistas em Portugal*, Mundos Sociais, Lisboa, 2014, pp. 117-124.

[4] J. J. Gomes Canotilho / Jónatas E. M. Machado, *"Reality shows" e liberdade de programação*, Coimbra Editora, Coimbra, 2003, p. 19, falam de um "subsistema de acção social e espaço de mediação comunicativa da diversidade e da confrontação".

[5] José Rebelo, «Liberdade de imprensa e comunicação social» in: José Nuno Matos / Carla Baptista / Filipa Subtil [Org.], *A crise do jornalismo em Portugal*, Deriva, 2017, pp. 19-26, p. 24, dando como exemplos o "chumbo do Tribunal Constitucional" ou a "consolidação orçamental".

[6] Liliana Pacheco, «Jornalismo e tecnologia – para onde sopram os ventos de mudança?» in: José Rebelo [Org.], *As novas gerações de jornalistas em Portugal*, Mundos Sociais, Lisboa, 2014, pp. 51-60, p. 59, refere justamente que o jornalismo "sacudiu a história e o funcionamento das sociedades".

[7] E, até, de denunciar comportamentos internos. Sobre o *whistleblowing*, Júlio Gomes, «Um direito de alerta cívico do trabalhador subordinado? (ou a proteção laboral do *whistleblower*)», *Revista de Direito e de Estudos Sociais*, 2014, I-IV, pp. 127-160, Id., «Algumas observações sobre a Diretiva (UE) 2019/1937 e a Lei n.º 93/2021», *Prontuário de Direito do Trabalho*, 2021, II, pp. 151-193, Rodrigo Serra Lourenço, «Aprender a denunciar na era da técnica – o whistleblowing e o impacto da sua consagração legal para as organizações e relações de trabalho», *Revista do CEJ*, 2019, II, pp. 181-189 e Paulo Sousa Pinheiro, «O Whistleblowing em Portugal: algumas questões disciplinares no âmbito do direito do trabalho», *Minerva: Revista de Estudos Laborais*, 2020, III, pp. 95-109.

Como se sabe, e a história está aí para o provar, esse estatuto tornou a imprensa um domínio ao qual o Estado quis, durante um certo período, estender a sua *longa manus*. Desde logo, através da estatização dos meios de comunicação social ou da sua sujeição a controlo prévio e sucessivo, para evitar uma pretensa degradação da moral pública ("incumbe ao Estado defender a opinião pública de todos os factores que a desorientem contra a verdade, a justiça, a boa administração e o bem comum"[8]). Mas também colocando a imprensa ao serviço da propaganda do Estado (a imprensa era reconhecidamente um "instrumento poderoso... para estimular os sentimentos patrióticos e cívicos do povo"[9]) até porque "a informação não é necessária onde existe a propaganda"[10].

Pelas mesmas razões, o jornalista, individualmente considerado, tornou-se, por sua vez, um alvo a abater nas épocas de repressão e nos sistemas censórios, uma figura que se queria vergar ou amordaçar – e, no caso do jornalismo, a expressão não é meramente figurativa... – ou, pelo menos, ver mergulhado numa estrutura de dominação que o tornaria conivente, propositadamente silente ou esquivo, dócil, complacente e, idealmente, até cúmplice...

É certo que estas conceções e regimes sociais perimiram pelo seu atavismo e fazem definitivamente parte do passado. No entanto, verdade seja dita que o jornalista continua, de outra forma, a ser uma profissão vulnerável. Muitas vezes um mal-amado, visto como inconveniente ou um embaraço, cujo raio de ação se pretende limitar, o jornalismo tornou-se vulnerável a outras ameaças, como o ciberterrorismo ou os ataques informáticos. E se, outrora, o jornalista podia temer verdadeiramente pela sua vida ou, pelo menos, pela sua liberdade, certamente que a mesma ameaça persiste. Basta referir, forçando a nota, que foi necessário incluir o jornalista nas pessoas cujo homicídio pode ser revelador de especial censurabilidade ou perversidade...[11]

Por todas estas razões, o jornalismo corresponde a uma profissão relativamente glorificada por uma certa perceção popular. O combate férreo às injustiças sociais, que pretende denunciar, o poder de mudar o mundo com uma notícia, o espírito de missão e a exposição a contextos de elevado risco

[8] Como se lia no preâmbulo do Decreto-Lei n.º 26589, de 14/05/1936, relativo às condições de idoneidade das publicações periódicas.

[9] Era o que se escrevia no preâmbulo do Decreto n.º 19493, de 23/03/1931, que criava o bilhete de identidade dos jornalistas da pequena imprensa e da imprensa regional.

[10] Helena Ângelo Veríssimo, *Os jornalistas nos anos 30/40 – elite do Estado Novo*, Minerva Coimbra, Coimbra, 2003, p. 78.

[11] Cfr. alínea l), do n.º 2, do artigo 132.º, do Código Penal.

(pense-se no "Jornalismo de Guerra"[12], no jornalista enviado "sob as bombas e armado do seu computador pessoal"[13]), que, no limite, pode ter como preço a própria vida (impossível não rememorar a chacina de *Charlie Hebdo*), são elementos que criaram a imagem de uma profissão heroica e quase epopeica, frequentemente retratada na literatura e no cinema[14].

E, numa época em que a informação colocada a circular é ameaçada pela praga infrene das *fake news* e pelo crescimento dos *fact-checkers*[15], é esta permanente ameaça de deturpação da opinião pública que torna este profissional o derradeiro paladino da "verdade"[16], "provedor da informação"[17], "verificador" e "curador" das informações[18], uma espécie de porteiro da auto-estrada da informação, cuja nobre função é reduzir a incerteza na interação social[19].

[12] De uma perspetiva de Direito Internacional, ver o estudo de Maria de Assunção do Vale Pereira, «Jornalistas em conflitos armados: proteção e responsabilização» in: *Estudos em comemoração dos 20 anos da Escola de Direito da Universidade do Minho*, Coimbra Editora, Coimbra, 2014, pp. 449-468.

[13] Fernando Correia, *Os jornalistas e as notícias – a autonomia jornalística em questão*, 2.ª ed., Editorial Caminho, Lisboa, 1997, p. 14.

[14] Aliás, por sinal, o Prémio Nobel da Paz foi entregue, em 2021, aos jornalistas Maria Ressa e Dmitry Muratov "pelos esforços para salvaguardar a liberdade de expressão, uma pré-condição para a democracia e a paz duradoura", considerados "representantes de todos os jornalistas que defendem este ideal num mundo em que a democracia e a liberdade de imprensa enfrentam condições cada vez mais adversas", pois "sem liberdade de expressão e liberdade de imprensa, será difícil promover com sucesso a fraternidade entre nações".

[15] Ver a Lei n.º 27/2021, de 17 de maio, que aprova a Carta Portuguesa de Direitos Humanos na Era Digital, onde se dedica uma disposição (artigo 6.º) ao "Direito à proteção contra a desinformação". Aí se dispõe que o Estado assegura o cumprimento em Portugal do Plano Europeu de Ação contra a Desinformação, por forma a proteger a sociedade contra pessoas singulares ou coletivas, de jure ou de facto, que produzam, reproduzam ou difundam narrativa considerada desinformação, nos termos do número seguinte (n.º 1). Considera-se desinformação toda a narrativa comprovadamente falsa ou enganadora criada, apresentada e divulgada para obter vantagens económicas ou para enganar deliberadamente o público, e que seja suscetível de causar um prejuízo público, nomeadamente ameaça aos processos políticos democráticos, aos processos de elaboração de políticas públicas e a bens públicos (n.º 2). Considera-se, designadamente, informação comprovadamente falsa ou enganadora a utilização de textos ou vídeos manipulados ou fabricados, bem como as práticas para inundar as caixas de correio eletrónico e o uso de redes de seguidores fictícios (n.º 3).

[16] Luís Filipe Simões, «Do 5.º Congresso à revisão dos Estatutos: as lutas do SJ», *Jornalismo & Jornalistas*, 75 (2021), pp. 54-55, p. 54: "o Jornalismo é o único meio de verificação de factos".

[17] Carlos Camponez, *Deontologia do jornalismo – a autorregulação frustrada dos jornalistas portugueses (1974-2007)*, Almedina, Coimbra, 2011, p. 220.

[18] Liliana Pacheco, «Jornalismo e tecnologia...», cit., p. 58.

[19] Fernando dos Reis Condesso, *Direito da Comunicação Social – lições*, Almedina, Coimbra, 2007, p. 101.

O que sucede é que esta profissão, nascida da nata intelectual da sociedade[20] (EÇA DE QUEIRÓS, ALEXANDRE HERCULANO e ALMEIDA GARRET, para citar apenas os nomes mais conhecidos, foram jornalistas)[21], consegue captar cada vez menos talentos e jovens[22]. O problema não é certamente exclusivo da profissão de jornalista, mas aquela imagem idílica esconde, na verdade, uma outra realidade[23], sobretudo quando os aspirantes a jornalistas entram em rota de colisão com a crueza desta atividade[24].

Várias razões podem explicar este êxodo profissional. Desde logo, e como resulta, em parte, do que já se adiantou, o jornalista vê atualmente disputada a sua função por novas formas de transmissão de informação propiciadas pela internet e pela blogosfera, verdadeiros pontos de erupção de informação não validada. Se, outrora, "produtor de notícias"[25] e "agentes produtores directos de informação"[26] eram sinónimos de jornalista, o que acontece é que ele se vê agora numa arena global com outros atores desconhecidos ou, pelo menos, desconhecidos até há pouco tempo, que disputam o seu papel. Neste novo "ecossistema informativo"[27], nesta "era das testemunhas digitais",

[20] HELENA ÂNGELO VERÍSSIMO, *Os jornalistas nos anos 30/40...*, cit., p. 96: "o «retrato-robot» normalmente utilizado até aos anos 30 é o do homem de letras, autodidacta, de vasta cultura geral, com rapidez de raciocínio, elegância formal e sentido das proporções; e, para além do mais, integrado no espírito dirigente da nação".

[21] Sobre a história do jornalismo e do aparecimento da profissão de jornalista, ver ISABEL NOBRE VARGUES, «A afirmação da profissão de jornalista em Portugal: um poder entre poderes?», *Revista de História das Ideias*, 24 (2003), pp. 157-175.

[22] Sobre estes problemas, sublinhando estes aspetos, JOSÉ LUÍS GARCIA / JOSÉ MARMELEIRA / JOSÉ NUNO MATOS, «Incertezas, vulnerabilidades e desdobramento de atividades» in: JOSÉ REBELO [Org.], *As novas gerações de jornalistas em Portugal*, Mundos Sociais, Lisboa, 2014, pp. 9-19, LILIANA PACHECO / HELENA DE SOUSA FREITAS, «Poucas expectativas, algumas desistências e muitas incertezas» in: JOSÉ REBELO [Org.], *As novas gerações de jornalistas em Portugal*, Mundos Sociais, Lisboa, 2014, pp. 21-35, ALEXANDRE MANUEL, «Ser jornalista continua a estar na moda» in: JOSÉ REBELO [Org.], *As novas gerações de jornalistas em Portugal*, Mundos Sociais, Lisboa, 2014, pp. 61-71 e DIANA ANDRINGA, «Imaginário e realidade» in: JOSÉ REBELO [Org.], *As novas gerações de jornalistas em Portugal*, Mundos Sociais, Lisboa, 2014, pp. 73-81.

[23] E sempre escondeu, na realidade, pois desde o início que esta profissão ficou marcada por aquilo que ROSA MARIA SOBREIRA, *Os jornalistas portugueses 1933-1974: uma profissão em construção*, Livros Horizonte, Lisboa, 2003, p. 67, descreve como uma "busca da dignidade material".

[24] ADELINO GOMES / RUI BRITES / MARTA NEVES, «*Next journalism* – olhares cruzados sobre a profissão» in: JOSÉ REBELO [Org.], *As novas gerações de jornalistas em Portugal*, Mundos Sociais, Lisboa, 2014, pp. 37-51, p. 49, falam aqui, porventura com algum eufemismo, das "equimoses do choque com a realidade redatorial".

[25] FERNANDO DOS REIS CONDESSO, *Direito da Comunicação Social...*, cit., p. 101.

[26] FERNANDO CORREIA, *Os jornalistas e as notícias...*, cit., p. 22.

[27] Na expressão de FELISBELA LOPES, *Jornalista: profissão ameaçada*, Alètheia Editores, Lisboa, 2015, p. 118.

a massificação tecnológica possibilitou o aparecimento do cidadão já não como *consumer*, mas como *prosumer*, o chamado "cidadão-jornalista". Neste chamado "jornalismo do cidadão", "os cidadãos integram o processo produtivo de notícias"[28], isto é, o cidadão produz, pelos seus próprios meios, conteúdo pretensamente informativo. Se é verdade, como dissemos *supra*, que este fenómeno até valoriza o jornalista, na medida em que apenas ele é capaz de desempenhar, de forma credenciada, essa atividade, o que também é certo é que esses fenómenos representam, bem ou mal, uma concorrência factual que sai em prejuízo dos jornalistas[29].

Por outro lado – embora, segundo pensamos, como consequência deste primeiro aspeto –, o jornalista tem sido vítima de um consumo cada vez menor da imprensa escrita, que conheceu uma quebra significativa nas últimas décadas, justamente pelo aparecimento dos conteúdos multimédia que, como facilmente se compreende, não só produzem o mesmo conteúdo, como de forma mais rápida e mais diversificada e, por isso mesmo, mais atrativa. E sempre se poderia acrescentar a praga da pirataria, cujo desmantelamento é cada vez mais complexo pela sua difusão em rede.

Estes dois fatores tiveram uma repercussão óbvia na profissão, alimentando um círculo vicioso difícil de reverter. A redução significativa do consumo gerou a falta de visibilidade da imprensa escrita que, por sua vez, e consequentemente, tem de lidar com uma falta de investimento que é cada mais evidente[30]. A "descapitalização" desta atividade repercute-se, como também se pode intuir facilmente, na própria condição profissional do jornalista.

Do ponto de vista da pura gestão empresarial, o jornalismo já não é diferente das demais áreas de atividade. Perante uma acentuada falta de investimento, também os empresários do setor já bradam pela necessidade de mecanismos de flexibilização[31], invocando o argumento *ad terrorem*

[28] Felisbela Lopes, *Jornalista...*, cit., p. 148.

[29] Alberto Arons de Carvalho / António Monteiro Cardoso / José Pedro Figueiredo, *Direito da Comunicação Social...*, cit., p. 60, referindo-se a um fenómeno que "parece dispensar ou pelo menos desvalorizar o papel de mediador do jornalista, mistura, muitas vezes, um louvável exercício de participação cívica com a difusão, a coberto do anonimato, de um torrencial e dificilmente controlável conjunto de inverdades e acusações difamatórias".

[30] Augusto Correia, «Ajuda pública ao jornalismo é servir a democracia», *Jornalismo & Jornalistas*, 76 (2021), pp. 58-59.

[31] Nas palavras de Carla Baptista, «Uma profissão em risco iminente de ser "descontinuada"», *Jornalismo & Jornalistas*, 52 (2012), pp. 15-17, p. 15, "é cada vez mais com palavras que rimam flexibilidade com adaptabilidade que os conselhos de administração falam com as redacções".

da sobrevivência do setor[32]. Também nesta indústria, e talvez em maior medida, se disseminou o recurso à contratação a termo e, sobretudo, ao contrato de prestação de serviço[33]. Em suma, também nesta área o jornalista se vê muitas vezes enredado em "situações contratuais dúbias"[34], vítima de estratégias laborais que mais não pretendem do que explorar os "interstícios da lei"[35].

Por outro lado, a necessidade de reduzir custos é também conseguida à custa de baixos salários e de maratonas informativas (verdadeiras *tours de force*) que os rentabilizem na máxima medida, sujeitando também o jornalista a uma "cultura de multitarefa"[36] – há quem falte de um "jornalista multi-usos"[37] – em que "os ofícios técnicos e intelectuais tendem a diluir-se"[38]. Fala-se, em síntese, de um "jornalismo *low cost*"[39] ou de aquilo que alguém já descreveu como uma "precariedade material e subjectiva"[40].

E, claro está, a precariedade potencia um jornalista subserviente. É certo que a precariedade não é um traço exclusivo desta atividade[41]. O que acontece

[32] Vale a pena transcrever as considerações do Parecer do Grémio Nacional da Imprensa ao projeto apresentado pelo Sindicato Nacional dos Jornalistas para um Contrato Colectivo de Trabalho dos Profissionais da Imprensa Diária, publicado no *Boletim do Sindicato dos Jornalistas*, 2 (1941), p. 25: "a ruína ou a paralisação duma destas empresas representaria um verdadeiro drama social, não só pelas conseqüências resultantes da perda de grandes capitais e créditos nelas investidos, como pelas legiões de empregados (representando muitas centenas de famílias) que seriam arremessados para o desemprêgo. Isto deve dizer-se para os jornalistas, os compositores, o numerosíssimo pessoal de escritórios, distribuidores, revisores, linotipistas, estereotipadores, etc., etc., não continuem a viver na perigosa ilusão de que podem exagerar suas reivindicações, sem o risco de matarem a galinha dos ovos de oiro!".

[33] Sublinhando este ponto, CARLOS CAMPONEZ, *Deontologia do jornalismo*..., cit., p. 225.

[34] LILIANA PACHECO / HELENA DE SOUSA FREITAS, «Poucas expectativas...», cit., p. 24.

[35] FELISBELA LOPES, *Jornalista*..., cit., p. 91.

[36] LILIANA PACHECO, «Jornalismo e tecnologia...», cit., p. 54.

[37] Na expressão de JOSÉ LUÍS GARCIA / SARA MEIRELES, «O jornalismo sob a ameaça da tecno-mercantilização da informação» in: JOSÉ NUNO MATOS / CARLA BAPTISTA / FILIPA SUBTIL [Org.], *A crise do jornalismo em Portugal*, Deriva, 2017, pp. 158-168, p. 166.

[38] LILIANA PACHECO, «Jornalismo e tecnologia...», cit., p. 58.

[39] SANDRA MONTEIRO, «Informar para emancipar» in: JOSÉ NUNO MATOS / CARLA BAPTISTA / FILIPA SUBTIL [Org.], *A crise do jornalismo em Portugal*, Deriva, 2017, pp. 179-187, p. 183.

[40] LILIANA PACHECO, «O lado sombrio do jornalismo está cada vez mais exposto» in: JOSÉ NUNO MATOS / CARLA BAPTISTA / FILIPA SUBTIL [Org.], *A crise do jornalismo em Portugal*, Deriva, 2017, pp. 141-148, p. 144.

[41] Não se resiste a transcrever aqui a confissão de JOSÉ MILHAZES, *As minhas aventuras no país dos sovietes – a União Soviética tal como eu a vivi*, 7.ª ed., Oficina do Livro, Alfragide, 2022, pp. 285-286: "não poderia terminar este capítulo sem escrever algumas palavras sobre o meu conflito laboral com a TSF. Depois de 15 anos de trabalho para essa rádio, em Janeiro de 2004, José Fragoso, quando

é que a credibilidade do jornalista depende justamente, em grande medida, da sua independência real, o mesmo é dizer, do distanciamento face a pessoas, instituições e interesses[42] e o preço a pagar aqui é porventura alto, porque a precariedade pode muitas vezes redundar, como redunda, num sacrifício dos deveres deontológicos, em prejuízo de todos[43] ("a nossa precariedade é a vossa desinformação"[44]), sobretudo porque, numa afirmação que provavelmente peca por excessiva, "se os jornalistas têm um código deontológico, os patrões não o têm"[45]. Na realidade das salas de redação, é difícil ao jornalista impor o cumprimento dos seus deveres deontológicos ao empregador quando é um trabalhador precário, necessitado do seu emprego

assumiu a direção, propôs-me uma redução substancial do salário e a retirada do pagamento de algumas despesas o que tornava impossível a minha continuação em Moscovo como correspondente. Recordo-me que ainda acrescentou que eu não fazia parte dos quadros e, por conseguinte, não tinha outra hipótese senão aceitar. Respondi que não aceitava semelhante proposta, que pertencia aos quadros da TSF, pois lá trabalhara muitos anos, recebia o salário todos os meses e nunca passara recibos verdes. Por isso, iria para os tribunais se os meus direitos não fossem respeitados. Algum tempo depois, a direcção da TSF propôs-me um contrato de prestação de serviços válido por um ano com um salário superior ao que eu ganhava! O objetivo era claro: eu assinava esse contrato e depois já poderia ser afastado. Recusei tão farta «oferta» e fui defender os meus direitos para o Tribunal de Trabalho. Depois de um longo processo, o juiz deu-me razão e obrigou a TSF a pagar-me uma indemnização. Contudo, para grande espanto meu, do meu advogado e de muitos amigos, os tribunais da Relação e o Supremo deram razão à Controlinveste. Naquela altura, não obstante Alfredo Maia, então presidente do Sindicato dos Jornalistas, me ter prometido que este ia tomar uma posição face ao caso, pois eu estava sindicalizado e com as quotas em dia, nada fez. Posso estar enganado, mas semelhante posição só pode ter sido tomada por eu ter rompido relações com o Partido Comunista Português. Pelo contrário, não tive falta de camaradas e colegas da TSF que quisessem depor a meu favor. Não cito nomes, pois tenho receio de esquecer algum, mas foi um gesto inesquecível. Coincidência ou não, nessa altura, Afonso Camões estava na direcção da Controlinveste e acompanhou o processo judicial de perto. Mais tarde, ele dirigia a Lusa quando a agência de informação decidiu por fim ao vínculo laboral que mantinha comigo. Além dos cortes financeiros, uma das explicações que me foram transmitidas pela direcção editorial foi que «a Rússia não constituía uma prioridade informativa». Isto quando começava a instabilidade que conduziu à invasão da Crimeia e do Leste da Ucrânia pelas tropas russas".

[42] Maria Manuel Bastos / Neuza Lopes, *Comentário à Lei de Imprensa e ao Estatuto do Jornalista*, Coimbra Editora, Coimbra, 2011, pp. 173-174.

[43] Liliana Pacheco / Helena de Sousa Freitas, «Poucas expectativas...», cit., pp. 25-26: "se a precariedade constitui um problema grave nos novos modelos de trabalho e em todas as profissões, no jornalismo ela tem implicações mais sérias e complexas do que noutras áreas – ela põe em causa a liberdade de imprensa".

[44] Expressão que, segundo nos dá conta Sofia Branco, serviu de *slogan* à Federação Europeia de Jornalistas (FEJ) (Sofia Branco, «Federação Europeia de Jornalistas aprova três moções apresentadas por Portugal», *Jornalismo & Jornalistas*, 67 (2018), p. 54).

[45] Liliana Pacheco / Helena de Sousa Freitas, «Poucas expectativas...», cit., p. 25.

e dos seus rendimentos[46] e em que, portanto, como diz o provérbio alemão, *wes Brot ich ess, des Lied ich sing*. Nessa situação profissional, ficam reunidas as condições para "fabricar o consentimento para o inaceitável"[47], pois, como diz FERNANDO CORREIA, "a precariedade não consente grandes (ou pequenos...) desalinhamentos..."[48]. E, de certa forma, o sistema está cada vez mais desenhado para que os desvios deontológicos sejam premiados e para que isso funcione, ainda que veladamente, como critério último para distinguir os jornalistas com maior êxito.

O que também não é menos certo é que, como acontece noutras profissões, sobretudo naquelas que gozam de projeção mediática, como nos espetáculos e no desporto, será necessário distinguir, pelo menos num plano sociológico, os jornalistas vedetas, que gozam de um estatuto e de um poder negocial que lhes permite escapar a este quadro de precariedade. Estes profissionais, *happy few*, são até, por vezes, envolvidos em "transferências" entre estações televisivas de fazer corar de inveja alguns desportistas, fruto do seu carisma, estatuto, *selling-power*, funcionando como verdadeiros *anchor-man* das empresas jornalísticas[49]. No entanto, esse nicho de profissionais não corresponde à realidade generalizada da profissão...

Sem pretender discutir se o contrato de trabalho de jornalista é um contrato de trabalho com regime especial ou, como sugerem os Autores espanhóis, um contrato de trabalho com especificidades, são certamente várias as razões que destacam esta relação laboral do paradigma de que parte o regime laboral comum. E importará agora responder a essa questão: com que fundamentos se pode dizer que a "profissão da imprensa possui características especiais, ligadas à qualidade do produto e à criação espiritual,

[46] ALBERTO ARONS DE CARVALHO / ANTÓNIO MONTEIRO CARDOSO / JOSÉ PEDRO FIGUEIREDO, *Direito da Comunicação Social...*, cit., p. 62, observam justamente que esta "tendência crescente para a precarização dos vínculos laborais, agravada pela crise geral que se atravessa, vem vulnerabilizar, na prática, o exercício dos direitos dos jornalistas, com consequências negativas no conteúdo da informação". Notando também este aspeto, LILIANA PACHECO / HELENA DE SOUSA FREITAS, «Poucas expectativas...», cit., p. 24: "nas condições atuais, não é fácil um jornalista opor argumentos deontológicos perante um patrão ou os seus representantes na sala de redação – o grau de dificuldade é proporcional à precariedade do seu vínculo laboral".

[47] Utilizando as palavras, embora ditas num contexto mais panorâmico, de JOSÉ CASTRO CALDAS / JOÃO RAMOS DE ALMEIDA, «A fabricação do consentimento: discurso jornalístico sobre a crise em Portugal» in: JOSÉ NUNO MATOS / CARLA BAPTISTA / FILIPA SUBTIL [Org.], *A crise do jornalismo em Portugal*, Deriva, 2017, pp. 27-39, p. 39.

[48] FERNANDO CORREIA, *Os jornalistas e as notícias...*, cit., p. 238.

[49] Sobre a elite jornalística, FERNANDO CORREIA, *Os jornalistas e as notícias...*, cit., pp. 240 ss.

obedientes a leis próprias"[50] ou, como se exprime FERNANDO CORREIA, de onde decorre, afinal, "a especificidade de uma actividade desenvolvida por profissionais específicos"[51]? Onde está, em síntese, a "especialidade do *facere* do jornalista"[52]?

Segundo pensamos, as especificidades decorrem, desde logo, da constatação de que no trabalho jornalístico interferem dimensões que não estão presentes na generalidade dos contratos de trabalho ou, pelo menos, não estão presentes com a mesma intensidade.

Desde logo, e como já ficou de certa forma sugerido, a atividade jornalística profissional está rodeada de um interesse público que é bem evidente aos olhos de todos[53]. Com efeito, a realidade do profissional do jornalista deve ser sempre compreendida no contexto do estatuto da imprensa[54]. Estamos a pensar, claro está, na dignidade constitucional que merece a liberdade de informação (artigo 37.º da CRP76) e de imprensa (artigo 38.º da CRP76)[55]. Como se sabe, e disso já demos nota, a história da liberdade de informação e, sobretudo, da liberdade de imprensa, fez-se de movimentos pendulares de constante alternância entre uma pesada opressão (a "lei da rolha", os "gabinetes negros", o "lápis azul", assaltos e pilhagens policiais...) e períodos curtos de resgate nos fôlegos liberais[56], mas com um claro domínio dos sistemas censórios. A revolução abrilista, depois de abalar por completo o sistema

[50] NUNO E SOUSA, *A liberdade de imprensa*, Coimbra, 1984, p. 213.

[51] FERNANDO CORREIA, *Os jornalistas e as notícias*..., cit., p. 232.

[52] MARIA DA GLÓRIA CARVALHO REBELO, *A responsabilidade civil pela informação transmitida pela televisão*, Lex, Lisboa, 1999, p. 158.

[53] Integrando os jornalistas nos "sectores especialmente sensíveis do mundo do trabalho", ANTÓNIO NUNES DE CARVALHO, «Breves notas sobre alguns aspectos da sistematização do projecto de Código do Trabalho» in: BERNARDO DA GAMA LOBO XAVIER / JOANA VASCONCELOS [Org.], *O Direito do Trabalho nos grandes espaços – entre a codificação e a flexibilidade*, Universidade Católica Editora, Lisboa, 2005, pp. 103-113, p. 104, n. 8.

[54] Como repara JOSÉ DE MELO ALEXANDRINO, "por razões essencialmente históricas, o estatuto jusfundamental particular do jornalista continua radicado na liberdade de imprensa e, só por intermediação desta, no direito de informação, tendo o legislador tentado fazer a ponte entre essas duas estruturas constitucionais" (in: JORGE MIRANDA / RUI MEDEIROS, *Constituição portuguesa anotada*, 2.ª ed., Tomo I, Coimbra Editora, Coimbra, 2010, p. 852).

[55] Como repara JOSÉ DE MELO ALEXANDRINO, "não deixa de ser significativo que a liberdade de expressão do pensamento seja o primeiro dos direitos fundamentais referidos nos artigos 37.º a 40.º, o que se compreende tendo em conta os antecedentes imediatos – quarente e oito anos de censura e os riscos de 1975" (in: JORGE MIRANDA / RUI MEDEIROS, *Constituição portuguesa anotada*, cit., p. 846).

[56] Sobre esta evolução, com outro desenvolvimento, ALBERTO ARONS DE CARVALHO / ANTÓNIO MONTEIRO CARDOSO / JOSÉ PEDRO FIGUEIREDO, *Direito da Comunicação Social*..., cit., pp. 23 ss.

repressivo, fez florescer um sistema desembaraçado das peias do Estado, falando-se até de uma "reserva de sociedade civil"[57].

E, mais do que livre, o sistema tornou-se até pluralista, derivado da própria diversidade social. De facto, já não é apenas o Estado que toma sobre os seus ombros a iniciativa e o encargo de produzir informação. Numa assumida "estrutura policêntrica de comunicação social"[58], surge agora ao lado do Estado, e com independência em relação a ele, uma plêiade de novos *players*, num ecossistema que as novas tecnologias tornaram autenticamente global[59].

Aquela emancipação não significa, porém, a ausência total de Estado. Em primeiro lugar, e sem prejuízo da discussão ideológica que certamente essa intervenção mereceria, o próprio Estado continua a desempenhar, como também se disse, um papel de *player* neste setor. E, em segundo lugar, o Estado deve chamar a si uma tarefa regulatória, ainda que mínima, recusando aquela máxima segundo a qual "a melhor lei da imprensa é a que não existe"[60] ou o dito anglosaxónico radical de que *liberty defined is liberty lost*. De facto, e como observa atentamente Jónatas Machado, "se o jornalismo é demasiado importante para ser deixado ao Estado, ele também é demasiado importante para ser deixado aos jornalistas"[61], pois dificilmente se poderia aceitar que uma atividade que está rodeada deste interesse público ficasse deixada à luta darwinista entre o Direito e as audiências...[62] Ao Estado incumbe, pois, pelo menos, dotar o sistema de um "quadro normativo genérico que sirva de base à comunicação"[63].

[57] J. J. Gomes Canotilho / Jónatas E. M. Machado, *"Reality shows" e liberdade de programação*, cit., p. 9.

[58] J. J. Gomes Canotilho / Jónatas E. M. Machado, *"Reality shows" e liberdade de programação*, cit., p. 7.

[59] Ver a Lei n.º 27/2021, de 17 de maio, que aprova a Carta Portuguesa de Direitos Humanos na Era Digital, e onde se dispõe que "a República Portuguesa participa nos esforços internacionais para que o ciberespaço permaneça aberto à livre circulação das ideias e da informação e assegure a mais ampla liberdade de expressão, assim como a liberdade de imprensa" (artigo 4.º, n.º 2).

[60] Nas palavras de Manuel Pulido Quecedo, «Notas sobre el estatuto jurídico de los periodistas», *Revista Española de Derecho Constitucional*, 44 (1995), pp. 349-357, p. 357, "a anomia do poder legislativo neste ponto deve dar lugar a uma regulação que defina com clareza as regras do jogo no campo tão espinhoso – de um lado ao outro da trincheira – da informação".

[61] Jónatas E. M. Machado, *Liberdade de expressão – dimensões constitucionais da esfera pública no sistema social*, Coimbra Editora, Coimbra, 2002, p. 543.

[62] Em termos próximos, noutro contexto, J. J. Gomes Canotilho / Jónatas E. M. Machado, *"Reality shows" e liberdade de programação*, cit., p. 43.

[63] J. J. Gomes Canotilho / Jónatas E. M. Machado, *"Reality shows" e liberdade de programação*, cit., p. 88.

Para o que agora aqui nos interessa, pode dizer-se que esta liberdade (de informação e de imprensa) tornou-se, por estas razões, um valor que traveja o regime jurídico aplicável ao jornalismo, uma espécie de "estrela brilhante de toda uma constelação teórica"[64] e até, como teremos oportunidade de ver oportunamente, com um "relevo laboral preceptivo"[65].

É certo que a liberdade de informação e de imprensa é uma garantia de conteúdo movediço e incerto, cuja delimitação e discernimento das fronteiras ou limites (imanentes) não é fácil[66]. E, por outro lado, esta liberdade de imprensa e de informação nunca pode ser encarada isoladamente, mas numa relação de vasos comunicantes, mas também por vezes conflituantes, com outros valores a que o próprio legislador constituinte reconhece dignidade constitucional, como a propriedade privada e a liberdade de iniciativa económica da empresa jornalística e, claro está, a própria dignidade e liberdade profissional do jornalista. Aliás, como teremos oportunidade de constatar, muitas das soluções legais que rodeiam esta atividade tentam justamente acertar no ponto de equilíbrio desta tridimensionalidade entre a liberdade de imprensa, o direito de propriedade da empresa jornalística e a liberdade profissional[67].

Por outro lado, mas como consequência desta dimensão publicística, o trabalho jornalístico nunca poderá ser olhado como um simples intercâmbio de prestações, entre a produção de conteúdo informativo a troco de uma remuneração[68]. Com efeito, esta atividade está rodeada de uma apertada malha normativa de natureza ética e deontológica que interfere no modo como a prestação é executada e, em última análise, no próprio desenvolvimento da relação de trabalho. E, como veremos, não é apenas o trabalhador que está vinculado, mas também o próprio empregador (ou até, em primeira linha, o empregador...).

[64] Nelson Traquina, *A tribo jornalística – uma comunidade transnacional*, Editorial Notícias, 2004, p. 26.

[65] António Menezes Cordeiro, *Manual de Direito do Trabalho*, Almedina, Coimbra, 1997, pp. 144-145.

[66] Como reconhece Cristóbal Molina Navarrete, *Empresas de comunicación y «cláusula de conciencia» de los periodistas*, Comares, Granada, 2000, p. 13, "se há um direito fundamental cuja delimitação do alcance, extensão e limites é particularmente rebelde à fixação de regras fixas e de carácter geral, ele é sem dúvida o da liberdade de informação".

[67] Nuno e Sousa, *A liberdade de imprensa*, cit., p. 211.

[68] Jónatas E. M. Machado, *Liberdade de expressão – dimensões constitucionais...*, cit., p. 544, fala em "evitar a redução da relação jurídica que se estabelece entre o jornalista e o proprietário do órgão de comunicação, ou o seu director, a uma pura relação laboral ou de prestação de serviços".

O que acontece é que, na realidade, e para além da situação de precariedade a que se já se fez referência, várias (outras) razões contribuem para que o jornalista possa não estar em condições de cumprir em pleno o sacerdócio ou magistério em que é investido. O que, segundo pensamos, é fruto de um conjunto de condicionamentos que vai desde a sala de redação, à empresa e, no limite, ao próprio caldo social[69].

Logo à cabeça, o próprio modelo económico, pois já não é possível dissociar o exercício desta profissão de uma cada vez mais patente mercantilização e comercialização da atividade[70]. Neste *market-driven and profit-oriented journalism*, as notícias já não se dão, vendem-se. A informação passou a ser vista como uma mercadoria[71], o jornalismo já não visa produzir informação, mas sim conteúdo, e o verbo informar foi substituído pelo verbo comunicar. De facto, o interesse público convive cada vez mais com uma pressão económica e quase darwinista aos *press players* a operar no mercado. Engolidos por uma avassaladora "filosofia do sucesso"[72], por uma culto da imagem[73], useiros e vezeiros das *breaking news*, do *click-baiting* e das publicações com

[69] Fernando Correia, *Os jornalistas e as notícias...*, cit., pp. 16-17: "está hoje caduca a imagem do jornalista apenas entregue a si próprio que, sozinho em frente da máquina de escrever, prepara a sua prosa. O jornalismo já não é o mero produto de uma acção individual ou, pelo menos, já não o é na mesma dimensão em que o era no tempo em que nasceram os mitos sobre a profissão. O jornalista faz parte da uma equipa redactorial, de uma empresa, da sociedade: a informação é o resultado de uma produção em grande escala, no quadro de processo sociais operando através de organizações mediáticas complexas e inseridas num determinado sistema social". Em termos próximos, Pedro Diniz de Sousa / Vanda Ferreira, «As pressões extraeditoriais sobre os jovens jornalistas portugueses – atitudes, representações e fatores associados» in: José Rebelo [Org.], *As novas gerações de jornalistas em Portugal*, Mundos Sociais, Lisboa, 2014, pp. 83-116, p. 87: "o funcionamento assenta num fluxo de sinais, estímulos e solicitações com os subsistemas económico (os anunciantes, as empresas, os públicos), político, cultural e científico".

[70] Fernando Correia, *Os jornalistas e as notícias...*, cit., p. 216: "não é possível separar as questões da deontologia das pressões do mercado e da concorrência".

[71] Alberto Arons de Carvalho / António Monteiro Cardoso / José Pedro Figueiredo, *Direito da Comunicação Social...*, cit., p. 83: "a informação tende a ser considerada uma mercadoria cujo consumo é necessário maximizar".

[72] Fernando Correia, *Os jornalistas e as notícias...*, cit., p. 249.

[73] Sobre o problema do *lookism* ou "aspectismo" nas relações de trabalho, ver o interessante estudo de Milena Rouxinol, «O problema da discriminação em razão da aparência física – breve contributo», *Prontuário de Direito de Trabalho*, 2019, I, pp. 301-313 (= Id., «Algumas questões novas sobre a discriminação de género: o problema da identidade de género e o problema da diferenciação em função da aparência física» in: *Constitucionalismos e (con)temporaneidade – Estudos em Homenagem ao Professor Doutor Manuel Afonso Vaz*, Universidade Católica Editora, Porto, 2020, pp. 545-573, pp. 563 ss.).

finalidade meramente incendiária, envolvidos numa luta desenfreada pelas audiências, sujeitos a uma tirania das métricas (número de cliques, as *views*, as audiências, o *market share*), a performance e o pragmatismo a todo o custo (embora, muitas vezes, não por causa da volúpia do lucro, mas com a finalidade da sobrevivência das empresas jornalísticas) tornaram as exigências de retidão, transparência e objetividade um mero clichê[74]. Em suma, constata-se a "supremacia do setor comercial sobre o poder editorial"[75].

O que também se explica porque há um interesse cada vez mais premente por parte dos leitores na tempestividade da informação (*wins who reports first*). E, por isso, instalou-se a ideia de que já não se pede a procura da verdade, mas sim apenas "um bom balanço entre rapidez e verdade"[76]. Aquilo que outrora era tratado em dias ou horas, agora deve ser tratado em minutos[77]. As redações encontram-se frequentemente perante o dilema entre noticiar e confirmar posteriormente ou confirmar prévia e devidamente o conteúdo, mas perder a oportunidade e o *timing* para a concorrência ou, até, como já se disse, para as redes sociais... E, para justificar este novo paradigma, logo se alega que, pese embora o jornalista deva desempenhar a sua atividade de forma objetiva, o que é certo é que não há uma "verdade jornalística" nos mesmos moldes em que, por exemplo, há uma "verdade formal ou material" no Direito[78]...

Fechado este tópico, e falando novamente das especificidades desta relação de trabalho, é também inegável que a atividade do jornalismo tem, em certos casos, uma dimensão marcadamente pessoal que não existe – ou, pelo menos, não existe na mesma medida – nas demais relações de trabalho. Sendo certo que é um dado adquirido, hoje, que não é correta a abstração ou separação cortante da pessoa do trabalhador da sua prestação[79], isto é, o trabalho

[74] Jorge Pedro Sousa, «O desejado: para um perfil do candidato a jornalista pretendido pelos órgãos de comunicação social» in: *Cadernos de estudos mediativos*, Edições Universidade Fernando Pessoa, Porto, 2000, pp. 119-142, p. 120.

[75] Deliberação n.º ERC/2017/65 (DJ) da ERC (ponto 4.13).

[76] Liliana Pacheco, «Jornalismo e tecnologia...», cit., p. 55.

[77] Como observa Carlos Camponez, *Deontologia do jornalismo...*, cit., p. 227, qualquer jornalista comete deslizes, porque mesmo um pai ou uma mãe não podem ser heróis todos os dias...

[78] Em termos próximos, Maria Manuel Bastos / Neuza Lopes, *Comentário à Lei de Imprensa...*, cit., p. 251.

[79] Traduzindo livremente J. Aparicio Tovar, «Relación de trabajo y libertad de pensamiento en las empresas ideológicas» in: *Lecciones de derecho del trabajo en homenaje a los profesores Bayon Chacon y Del Peso y Calvo*, Madrid, 1980, pp. 269-306, p. 302, "não pode causar estranheza que quando o objecto do contrato seja uma actividade intelectual, algo que se considera a sacralização do humano (a característica dos humanos em comparação com os demais animais é a faculdade de pensar), quando se separa o pensamento da própria pessoa, não se deixa de produzir atritos na bruta maquinaria jurídica".

também é uma forma de realização pessoal, essa faceta tem uma dimensão acrescida nesta atividade profissional porque, nesta indústria, o trabalhador fala e dirige-se a um público que é, muitas vezes, o "seu" público. Aliás, embora a matéria não conheça, neste regime, especificidades, não deixa de ser interessante notar que o jornalista foi justamente uma das profissões precursoras na afirmação do direito à ocupação efetiva[80]. Pense-se nos jornalistas de maior gabarito, para quem é necessária uma presença constante perante o público (o "seu" público), sob pena de cair no esquecimento.

Finalmente, a própria entidade para a qual o jornalista presta atividade – a empresa jornalística – comporta especificidades. Desde logo, embora não seja um traço exclusivo, as empresas jornalísticas podem ser empresas de tendência o que, por si só, rodearia esta relação de trabalho de importantes especificidades[81]. Contudo, ainda que assim não seja, as organizações jornalísticas obedecem, em qualquer caso, a uma estrutura mais complexa do que a generalidade das empresas, organização essa com relevância para a definição dos direitos e deveres do jornalista e, consequentemente, para o seu estatuto profissional. Efetivamente, a especificidade da relação de trabalho do jornalista revela-se na própria orgânica da entidade para a qual o jornalista tipicamente presta o seu trabalho, pois existem órgãos que não existem na generalidade das relações de trabalho. Estamos a pensar, claro está, no Conselho de Redação[82], com competências de onde, como veremos,

[80] Nas palavras de Milena Rouxinol, *A vinculação autoral do trabalhador...*, cit., p. 343, "se dúvidas houvesse quanto à existência de um genérico direito dos trabalhadores à efectiva prestação da actividade, ela não se negaria em relação a um círculo de profissões de que, justamente, faz parte a de jornalista". No mesmo sentido, indicando o jornalista, Ricardo Nascimento, *Da cessação do contrato de trabalho – em especial por iniciativa do trabalhador*, Coimbra Editora, Coimbra, 2007, p. 204 e João Moreira da Silva, *Direitos e deveres dos sujeitos da relação individual de trabalho*, Almedina, Coimbra, 1983, p. 109.

[81] J. Aparicio Tovar, «Relación de trabajo y libertad...», cit., p. 299: "os serviços ideológicos podem ser objecto de contrato de trabalho". Entre nós, sobre esta matéria, em geral, Diogo Coelho / José Miguel Vitorino, «Dos direitos fundamentais da vida privada do trabalhador e da sua tendencial limitação nas organizações de tendência», *Questões Laborais*, 49 (2016), pp. 49-76.

[82] Como nota Jónatas E. M. Machado, *Liberdade de expressão – dimensões constitucionais...*, cit., p. 588, "a existência de um conselho de redacção pretende interromper a cadeia de transmissão que frequentemente se estabelecia entre o proprietário do jornal e os jornalistas, tendo no director um simples elo de ligação". A sua constituição não é, porém, absolutamente obrigatória, pois apenas o é "nas publicações periódicas com mais de cinco jornalistas" (artigo 23.º, n.º 1, da LI). No mesmo sentido, o artigo 38.º, da Lei da Televisão. Embora a Lei da Rádio não se pronuncie sobre esta questão, entende-se que corresponde a um princípio geral (neste sentido, Jónatas E. M. Machado, *Liberdade de expressão – dimensões constitucionais...*, cit., p. 587).

fluem decisões com impacto na consistência prática e jurídica da posição trabalhador-jornalista[83].

Acresce que esta atividade conhece ainda outras "instâncias" que produzem material jurídico conformador desta relação de trabalho, como a Entidade Reguladora da Comunicação Social (antes, Alta Autoridade para a Comunicação Social), tomando como modelo o *Press Council* britânico, ou a Comissão da Carteira Profissional do Jornalista[84], entidade que, como se verá, funciona até como *gatekeeper* de acesso à profissão, pois é o organismo responsável pela atribuição de carteira profissional, título indispensável para a celebração de um contrato de trabalho[85]. No entanto, sempre se dirá que, se a liberdade de imprensa exprime uma preferência por estes modelos de autorregulação, esses modelos não podem significar uma tirania e estrangulamento, num plano interno, invisível, dos direitos e garantias destes profissionais[86].

§ 1.1. A laboralidade da atividade jornalística

Como vimos, o jornalista presta hoje a sua atividade num quadro geral de marcada precariedade. À primeira vista, a precariedade sistémica dos jornalistas estaria relacionada com a pretensa falta de laboralidade desta relação de trabalho. Isto porque a autonomia e independência, demandadas pela própria natureza da atividade, fariam do jornalista um típico trabalhador

[83] Segundo o artigo 23.º, n.º 2, da LI, compete ao conselho de redacção: a) pronunciar-se sobre a designação ou demissão, pela entidade proprietária, do director, do director-adjunto ou do subdirector da publicação; b) dar parecer sobre a elaboração e as alterações ao estatuto editorial; c) pronunciar-se, a solicitação do director, sobre a conformidade de escritos ou imagens publicitários com a orientação editorial da publicação; d) cooperar com a direcção no exercício das suas competências; e) pronunciar-se sobre todos os sectores da vida e da orgânica da publicação que se relacionem com o exercício da actividade dos jornalistas, em conformidade com o respectivo estatuto e código deontológico; f) pronunciar-se acerca da admissão e da responsabilidade disciplinar dos jornalistas profissionais, nomeadamente na apreciação de justa causa de despedimento, no prazo de cinco dias a contar da data em que o processo lhe seja entregue.

[84] Alberto Arons de Carvalho / António Monteiro Cardoso / José Pedro Figueiredo, *Direito da Comunicação Social...*, cit., p. 153, falam aqui de uma "entidade de auto-regulação induzida ou delegada".

[85] § 4.3. Carteira profissional.

[86] J. J. Gomes Canotilho / Jónatas E. M. Machado, *"Reality shows" e liberdade de programação*, cit., p. 17: "a "auto-regulação pode, nalguns casos, resvalar para uma forma constitucionalmente intolerável de autocensura".

independente[87]. Por outras palavras, tudo levaria a crer que essa autonomia e independência do jornalista seriam tendencialmente incompatíveis com a existência de um contrato de trabalho[88]. Por outro lado, a natureza laboral da atividade jornalística sairia prejudicada pela velhinha ideia de que no contrato de trabalho o trabalhador se obriga a prestar uma atividade, ao passo que no contrato de prestação de serviço o prestador se obriga a um resultado. Intuitivamente, é nesta última situação que melhor se enquadraria o jornalista, cujo trabalho consiste, muitas vezes, na produção de um resultado bem definido, como peças, reportagens, etc.

Acontece que, na verdade, esses argumentos devem ser relativizados.

Por um lado, a distinção entre contrato de trabalho e contrato de prestação de serviços, baseada na produção de um resultado, corresponde a uma construção que há muito vem sendo questionada[89], embora o próprio legislador civil e até laboral continue a percutir nessa tecla.

[87] Nuno e Sousa, *A liberdade de imprensa*, cit., p. 166: "devido à peculiaridade da actividade jornalística, esta não se compatibiliza totalmente com a subordinação do contrato de trabalho no comércio ou indústria".

[88] Aliás, como refere José Andrade Mesquita, *Direito do Trabalho*, 2.ª ed., AAFDL, Lisboa, 2004, p. 360, "pensando no caso de um jornalista que trabalha a maior parte do tempo em casa, utilizando o seu computador, e que comparece na empresa apenas para entregar os textos e participar em reuniões, embora tipologicamente se tenda a considerar que se trata de uma prestação de serviço, as dúvidas apresentam-se com alguma intensidade".

[89] Sobre esta matéria, com outro desenvolvimento, Nuno de Salter Cid, «Contrato de trabalho, contrato de prestação de serviço e utilização indevida deste: problemas e soluções», *Revista de Direito e de Estudos Sociais*, 2017, I-IV, pp. 171-202, especialmente, pp. 176 ss., dando até como exemplo o jornalista, e Joaquim de Sousa Ribeiro, «As fronteiras juslaborais e a (falsa) presunção de laboralidade do artigo 12.º do Código do Trabalho» in: *Direito dos Contratos — Estudos*, Coimbra Editora, Coimbra, 2007, pp. 345-408 (= *Nos 20 anos do Código das Sociedades Comerciais – Homenagem aos Profs. Doutores A. Ferrer Correia, Orlando de Carvalho e Vasco Lobo Xavier*, vol. II, Coimbra Editora, Coimbra, 2007, pp. 931-989), pp. 348 ss., rematando, p. 350, que "a caracterização do objecto da prestação, como sendo a actividade ou o resultado, acaba por dar um escasso contributo autónomo à diferenciação tipológica entre o contrato de trabalho e o contrato de prestação de serviços". A crítica já vem de longe. Já Inocêncio Galvão Telles, «Contratos civis – exposição dos motivos», *Revista da Faculdade de Direito da Universidade de Lisboa*, IX (1953), pp. 144-221, p. 201, escrevia: "mas como se pode verdadeiramente saber se se promete o trabalho ou um seu resultado? Todo o trabalho conduz a algum resultado e este não existe sem aquele. O único critério legítimo está em averiguar se a actividade é ou não prestada sob a direcção da pessoa a quem ela aproveita, que dela é credora. Em caso afirmativo promete-se o trabalho em si, porque à outra parte competirá, ainda que porventura em termos bastante ténues, dirigi-lo, encaminhando-o para a consecução dos resultados que se propõe. O trabalho integra-se na organização da entidade patronal, é um elemento ao serviço dos seus fins, um factor de produção quando se trate de uma empresa económica. Na outra hipótese promete-se o resultado do trabalho, porque é o prestador que,

Por outro lado, recusar a laboralidade do trabalho jornalístico com fundamento na autonomia e independência deontológica do jornalista parte de uma conceção prototípica de subordinação jurídica, isto é, de um conceito que está pensado para as relações laborais que serviram de paradigma ao Direito do Trabalho, como o trabalho em contexto fabril. Como se sabe, e prescindindo por ora de desenvolvimentos, o aparecimento de novas atividades e profissões, a revolução tecnológica e aquilo que já alguém designou como a "cerebralização" do Direito do Trabalho fizeram aparecer um conjunto de atividades em que a componente intelectual é predominante e, consequentemente, trabalhadores dotados de autonomia técnica e deontológica, que nem por isso deixaram de entrar no raio de ação do Direito do Trabalho.

Bem vistas as coisas, a atividade do jornalista é mais uma daquelas que evidenciam a redefinição (para alguns, a crise...) do conceito de subordinação jurídica, pelo menos se pensada nos seus moldes tradicionais. Como nota Milena Rouxinol, "supor um contrato de trabalho jornalístico não significará, assim, hoje, forçar a abertura das fronteiras do Direito do Trabalho a latitudes que aí se não considerem já pacificamente incluídas"[90]. Portanto, se há quem fale, a propósito do jornalista, de um "afrouxamento da subordinação"[91], ela não significa, pois, uma ausência dela.

Aliás, há mais e melhores razões para acreditar que a independência e a autonomia reclamam a estabilidade e garantias do trabalhador subordinado, a palavra forte do Direito do Trabalho, para garantir a plena realização dos seus fins sociais[92]. Por sinal, também não deixa de ser interessante constatar, como veremos, que os primeiros regimes legais reguladores do "Estatuto do Jornalista" definiam jornalista como aquele que exercia uma atividade com contrato de trabalho[93] ou, sendo prestador de serviço, tendo uma relação

livre de toda a direcção alheia sobre o modo de realização da atividade como meio, a orienta por si, de maneira a alcançar os fins esperados. Se está em causa uma empresa, o empresário é no primeiro caso o credor do trabalho, no segundo o devedor".

90 Milena Rouxinol, *A vinculação autoral do trabalhador...*, cit., p. 42.

91 Fernando di Cerbo, *I rapporti speciali di lavoro*, CEDAM, Milão, 2000, p. 87.

92 Como opina Carolina Blasco Jover, «La contratación en el sector de la información: las peculiaridades del cuarto poder» in: Ángel Arias Domínguez / Antonio Vicente Sempere Navarro / Miguel Cardenal Carro [Dir.], *El contrato de trabalho*, II, *Relaciones laborales especiales y contratos con particularidades*, Aranzadi, Thomson Reuters, Madrid, 2011, pp. 1083-1137, p. 1112, "resultaria por isso oportuno, para lograr uma maior e melhor qualidade do trabalho informativo, que se reforçassem as garantias que protegem a dignidade laboral dos periodistas".

93 Nuno e Sousa, *A liberdade de imprensa*, cit., p. 212: "o jornalista é em princípio um trabalhador dependente".

(estável) de pelo menos quatro anos. Não raro, certas políticas repressivas tinham também em mente a estabilidade dos trabalhadores[94] e, de resto, a proibição expressa dos despedimentos de jornalistas sempre foi uma reivindicação do movimento sindical[95]. Mais recentemente, e como medida para estimular a contratação laboral dos jornalistas, chegou a propor-se limites à densidade dos prestadores de serviços nas empresas jornalísticas[96].

Claro está que ser titular de um contrato de trabalho não garante necessariamente a independência deontológica efetiva do jornalista. As razões deixam-se adivinhar: os baixos salários, o recurso disseminado à contratação a termo e o risco de ser incluído num despedimento no contexto de uma crise económica (despedimento coletivo ou por extinção do posto de trabalho) são razões que periclitam o poder real para recusar as ordens da entidade empregadora...

Certo é que, por causa das razões apontadas, a atividade jornalística é prenhe em conflitos de qualificação e, assim mesmo, a resposta nunca é ou não pode ser apriorista: o trabalho jornalístico tanto pode ser exercido no quadro de um contrato de trabalho como de um contrato de prestação de serviço[97]. Tudo dependerá de uma ponderação global das circunstâncias. A propriedade dos instrumentos de trabalho[98] ou a prestação de trabalho muitas vezes num

[94] Cite-se o caso do Decreto-Lei n.º 26589, de 14/05/1936, que, relativo às condições de idoneidade das publicações periódicas, falava, no seu preâmbulo, na "defesa dos interesses dos trabalhadores ocupados em determinadas publicações leva a exigir garantias suficientes de estabilidade da respectiva empresa".

[95] Cfr. o projeto apresentado pelo Sindicato dos Jornalistas para um Contrato Colectivo de Trabalho dos Profissionais da Imprensa Diária, publicado no *Boletim do Sindicato dos Jornalistas*, 2 (1941), onde se propunha: "é permitido às entidades patronais organizar livremente os quadros do pessoal, mas não podem por efeito dêste contrato efectuar quaisquer despedimentos, baixar a categoria dos jornalistas ao serviço e deminuir os ordenados e outras remunerações regulares existentes, bem como retirar quaisquer outras regalias" (cláusula 22.ª).

[96] Cfr. Projeto de Lei n.º 342/X: "as empresas podem contratar a prestação de serviços jornalísticos a jornalistas exteriores aos seus quadros, desde que em cada edição o conjunto desses serviços não exceda cinco por cento do seu conteúdo jornalístico total" (artigo 4.º, n.º 3).

[97] Dando como exemplo o jornalista, Albino Mendes Baptista, «Qualificação contratual e presunção de laboralidade», *Revista do Ministério Público*, 97 (2004), pp. 87-102, p. 89, Luís Manuel Teles de Menezes Leitão, *Direito do Trabalho*..., cit., p. 142 e Pedro Romano Martinez, *Direito do Trabalho*, 6.ª ed., Almedina, Coimbra, 2013, p. 315.

[98] Questionando se o material fotográfico descaracteriza a existência de subordinação jurídica, Fernanda Campos, «Contrato de trabalho e presunção de laboralidade» in: Paulo Morgado de Carvalho [Coord.], *Código do Trabalho – a revisão de 2009*, Coimbra Editora, Coimbra, 2011, pp. 75-91, p. 84.

local fixo e determinado (tipicamente, a sala de redação)[99] apontarão indiciariamente para a existência de um contrato de trabalho, mas, inversamente, a possibilidade de o jornalista recusar trabalhos que lhe são requisitados[100] ou de os realizar espontaneamente[101], isto é, sem que tenham sido pedidos e colocando-os à disposição das empresas[102], as quais decidem ou não pela sua aquisição[103], mediante o pagamento de uma contrapartida[104], são elementos que conduzem à qualificação como contrato de prestação de serviços (em "regime livre" como se continuou a exprimir Luís Brito Correia[105]). E, com efeito, de acordo com o entendimento dos nossos tribunais, do trabalhador jornalista subordinado deve distinguir-se o jornalista *pigiste* ou *à la pige*, pago "à peça"[106]

[99] Como assinala Fernando Correia, *Os jornalistas e as notícias...*, cit., p. 229, "a profissão do jornalista é indissociável de um contexto concreto de natureza administrativa, organizacional, hierárquica e comercial, integrado no qual ele realiza o seu trabalho: a empresa mediática".

[100] Joaquim de Sousa Ribeiro, «As fronteiras juslaborais e a (falsa) presunção de laboralidade do artigo 12.º do Código do Trabalho» in: *Direito dos Contratos — Estudos*, Coimbra Editora, Coimbra, 2007, pp. 345-408, p. 364, n. 41, referindo-se exatamente ao jornalista: "a possibilidade de recusa de um concreto serviço compreendido no contrato depõe fortemente contra a subordinação").

[101] Nuno e Sousa, *A liberdade de imprensa*, cit., pp. 167-168: "o colaborador, na prática, goza de maior autonomia no trabalho que o jornalista profissional: não comparece na redacção com horário rígido e escolhe o assunto dos seus artigos, pelos quais recebe o pagamento convencionado".

[102] Joaquim de Sousa Ribeiro, «As fronteiras juslaborais...», cit., p. 368, n. 52, "é um facto que evidencia uma autonomia praticamente incompatível com o contrato de trabalho. É esse, em órgãos de comunicação social, um dado diferenciador dos colaboradores free-lancers dos trabalhadores".

[103] Alexandre Dias Pereira, «Jornalismo e Direito de Autor», *Boletim da Faculdade de Direito*, 75 (1999), pp. 591-597, p. 591, faz inclusivamente notar que o jornalista pode exercer a sua atividade ao abrigo de um contrato de trabalho ou ao abrigo de um "contrato de encomenda".

[104] Luís Brito Correia, *Direito da Comunicação Social*, vol. I, Almedina, Coimbra, 2005, pp. 398-399.

[105] Luís Brito Correia, *Direito da Comunicação Social...*, cit., p. 382.

[106] Qualificando como prestação de serviços, ver o ac. de 10/11/1989 do STJ (Salviano de Sousa), BMJ, 391 (1990), pp. 384-389, quanto ao trabalho prestado por um repórter, ac. de 09/10/2000 do TRP (Machado da Silva), CJ, 2000, IV, pp. 246-249 ("tendo ficado provado que o Autor só trabalhava quando solicitado pela Ré, não estando sujeito a horário de trabalho nem nunca constando dos horários de trabalho, que a sua remuneração, abrangia uma parte fixa, calculada em função das reportagens efectuadas e titulada por recibo verde, que nunca recebeu subsídios de férias e de Natal, que sempre exerceu a atividade de captação de imagens sem obediência a ordens da Ré, embora sob as instruções desta e a seu prévio pedido que para ter acesso às instalações da Ré foi-lhe entregue um cartão próprio, que o equipamento técnico utilizado foi adquirido pelo Autor, fornecendo a Ré as necessárias cassetes e assistência técnica, que está inscrito na segurança social como trabalhador independente, estes índices levam a concluir que entre o Autor e a Ré existia um contrato de prestação de serviços e não um contrato de trabalho. O facto da atividade do Autor ser exercida sob instruções da ré, bem como a entrega do cartão de identificação não tem relevância para efeitos da caracterização da relação contratual, já que o primeiro não tem a ver com a disciplina do trabalho, tratando-se de meras directivas referentes à forma como devia ser prestado

o serviço de captação de imagens, e o segundo dizer respeito às condições de segurança nas instalações da ré"), ac. de 19/02/2001 do TRP (Sousa Peixoto), proc. nr. 0041519 / CJ, 2001, I, pp. 251-254 ("não é de trabalho subordinado a relação estabelecida entre um jornalista e a Radiotelevisão Portuguesa se aquele não estiver sujeito ao dever de obediência, a horário de trabalho e a assiduidade e se for remunerado em função das reportagens que realiza"), ac. de 20/06/2001 do STJ (Almeida Deveza), proc. nr. 01S1060 ("o que caracteriza o contrato de trabalho é a subordinação jurídica, a qual resulta de poderes de direcção, de ordens e de fiscalização da entidade patronal, cuja prova pertence ao A, por ser elemento constitutivo do direito a que ele se arroga. Ora, da matéria de facto não resultam aqueles poderes de direcção, ordens e fiscalização e nem sequer de o A estar sujeito ao poder disciplinar da R. O A alegou elementos para tal, mas não logrou prová-los, como resulta da matéria de facto. E nem o facto de a R lhe indicar o serviço a efectuar pode caracterizar essa subordinação. E os elementos de facto provados apontam mais para a não existência de um contrato de trabalho, com especial relevo para a não existência de um horário de trabalho, a forma de retribuição – mais "à peça" do que determinada pelo tempo de trabalho – e propriedade dos instrumentos de trabalho. Levando em conta todos os elementos, e sopesando o seu valor no seu conjunto, temos como certo que o A não logrou fazer a prova de que entre ele e a R existisse um verdadeiro contrato de trabalho. E nem a tal pode chegar o facto de a R indicar ao A o local e o tempo da prestação da sua actividade, já que os mesmos estavam dependentes, não da R, mas sim dos momentos em que eram realizados os eventos a que as reportagens se referiam"), ac. de 20/05/2002 do TRP (Sousa Peixoto), proc. nr. 0041519 ("não é de trabalho subordinado a relação estabelecida entre um jornalista e a Radiotelevisão Portuguesa se aquele não estiver sujeito ao dever de obediência, a horário de trabalho e a assiduidade e se for remunerado em função das reportagens que realiza"), ac. de 29/05/2002 do STJ (Mário Torres), proc. nr. 01S3441 ("integra contrato de prestação de serviço, e não contrato de trabalho subordinado, o contrato pelo qual o autor se comprometeu a fornecer telefonicamente à ré (agência de notícias) notícias sobre actividades desportivas que diariamente, da parte da manhã, obtinha nas instalações de um clube desportivo, e a elaborar, no estabelecimento da ré, nos fins de semana, ao sábado ou ao domingo, notícias desportivas a partir de informações que recebia de outros colaboradores da ré, prestação que o autor executava sem sujeição a horário de trabalho, em cumulação com as funções de jornalista de um jornal diário, mediante o pagamento de uma verba fixa a título de avença, através de "recibos verdes", sem concessão de férias e de subsídios de férias e de Natal, e sem que o autor lograsse provar, como lhe incumbia, qualquer facto indiciador da existência de um poder de direcção da ré sobre o modo de execução da actividade do autor, que, assim, a desenvolvia com autonomia"), ac. de 07/10/2003 do STJ (Ferreira Neto), proc. nr. 03S2048 ("o Autor foi contratado para realizar reportagens fotográficas, em certa área territorial, sempre que para tal tivesse disponibilidade, devendo arranjar um substituto, quando impedido; o Autor organizava o seu trabalho, que fazia quando desejasse, salvo se se tratasse de um acontecimento a ocorrer a horas certas; as funções de todos os fotógrafos ao serviço da Ré eram coordenadas e determinadas pelo editor da secção de fotografia; o Autor utilizava o equipamento que desejasse e as técnicas que escolhesse; o equipamento fotográfico usado pelo A. era sua propriedade; o Autor tinha as chaves das instalações da Ré em Coimbra, podendo usar o seu equipamento, material e telefones; o Autor não tinha de comparecer nas instalações da Ré nem de cumprir horários; o Autor, na área de fotografia e relativamente a outros órgãos de comunicação social, trabalhava em exclusivo para a Ré; aquando da sua contratação o Autor era pago à peça, fixando a Ré mais um pagamento mensal, como o fazia com os colaboradores mais assíduos, sem que as condições de execução se hajam alterado; o Autor comunicava à Ré todos os anos, o seu período de férias, sem estar sujeito ao regime de marcação; a Ré não pagava ao A. diuturnidades, subsídios de Natal e/ou de férias, embora este recebesse uma 13ª retribuição nos anos de 1995 e seguintes"), ac. de 07/04/2005 do STJ (MÁRIO PEREIRA), AcD, 528 (2005), pp. 2052-2067 (valorando o facto de "o A. só era pago pelas reportagens, que fizesse e pelos efectivos «apoios à redação» que prestasse, não interessando as razões por que tivesse faltado a umas e outros, faltas que escapavam ao regime laboral e cujas consequências, se as houvesse, se situariam em plano distinto (v.g. do regime geral da responsabilidade civil contratual)"), ac. de 08/10/2008 do STJ (SOUSA PEIXOTO), proc. nr. 08S1328 ("não estando provado que o autor (jornalista) se encontrava sujeito ao regime de faltas existente na ré (RTP) e, por consequência, sujeito ao regime disciplinar da ré, que não podia recusar a realização dos serviços solicitados pela ré e que não podia desenvolver actividades concorrentes com a ré, e estando provado que o valor que lhe era pago pela ré variava de acordo com o tipo de serviços prestados e a duração dos mesmos, não é possível concluir, com segurança, que a sua actividade era prestada em regime de subordinação jurídica e, por conseguinte, que entre as partes vigorava um contrato de trabalho, não obstante estar provado que se encontrava integrado em equipa(s) da ré e que realizava o trabalho recebendo indicações nos mesmos termos que os trabalhadores do quadro da ré"), ac. de 05/02/2009 do STJ (PINTO HESPANHOL), proc. nr. 08S2584 ("a definição pelos "Coordenadores e/ou Editores, presentes em cada um dos turnos noticiosos emitidos pela R., ou na sua ausência pelo Director Editorial ou Director-Geral", no respeitante aos trabalhos jornalísticos a realizar e a incluir nas transmissões radiofónicas, adequa-se aos poderes que cabem ao credor, no âmbito da execução de qualquer contrato de prestação de serviço, no tocante à concreta especificação do serviço que pretende que o devedor lhe preste. A obrigação assumida pelo autor de «cobrir acontecimentos e a transmiti-los para Portugal nos horários dos serviços noticiosos da Ré, em directo ou após gravação», aponta no sentido de que, o que interessava à ré, era o resultado da actividade, a(s) notícia(s), e não a actividade prestada. Relativamente à modalidade da retribuição recebida, a circunstância de se ter evoluído de uma remuneração «à peça» para uma remuneração fixa mensal não assume qualquer relevo indiciário, já que ambas as modalidades de remuneração são compatíveis com a existência de um contrato de prestação de serviço, sendo de salientar que, desde Agosto de 1991 até Junho de 1996, a remuneração mensal do autor não sofreu qualquer alteração, que, em 2003, passou a receber menos do que no ano anterior, e que, em 2004, a remuneração mensal deixou de ser fixa. No que concerne à propriedade dos instrumentos de trabalho, este indício não tem relevo significativo, já que se trata de um equipamento muito específico, que não é facilmente adquirido por um particular no mercado e que tem que possuir determinadas características técnicas para ser compatível com os equipamentos principais da ré, sendo ainda que o microfone utilizado necessita identificar a própria ré, pelo que sempre teria de ser fornecido por esta, mesmo no quadro de um contrato de prestação de serviço. A circunstância da ré ter pedido ao autor, no âmbito da relação contratual que com este mantinha, primazia nas notícias de última hora, face a outras empresas noticiosas para as quais o autor prestava serviços, pontualmente, aponta no sentido da inexistência de um contrato de trabalho subordinado, porquanto, caso vigorasse entre as partes um regime laboral de subordinação jurídica, a ré não teria que pedir ao autor que lhe desse prioridade sobre outras empresas quanto a tal tipo de notícias, uma vez que esta primazia já decorreria dos deveres laborais a que o trabalhador subordinado está adstrito. Nesta conformidade, atendendo ao conjunto dos factos provados, conclui-se que o autor não fez prova, como lhe competia (artigo 342.º, n.º 1, do Código Civil), de que a relação contratual que vigorou entre as partes revestia a natureza de contrato de trabalho, pelo que improcedem os pedidos formulados na presente acção"), ac. de 07/07/2010 do STJ (Barreto Nunes), proc. nr. 4865/07.7TVLSB.L1.S1 (onde se qualificou como contrato de prestação de serviços, e não contrato de trabalho, estando em causa a situação de alguém que fora contratado para escrever duas rubricas sobre beleza, cosmética e consumo, na Revista 24 Horas, uma delas semanalmente e a outra consoante a disponibilidade editorial da revista, a troco de uma "avença mensal"), ac. de 08/05/2012 do TRE (João Luís Nunes), proc. nr. 1025/10.3TTSTB.E1 ("não se demonstra a existência de um contrato de trabalho entre o autor e a ré no circunstancialismo em que se apura que entre eles foi celebrado um acordo escrito que denominaram "contrato de prestação de serviços", nos termos do qual o autor, jornalista, se obrigou a prestar colaboração à ré, na sua publicação, apresentando diariamente um artigo inédito da sua autoria, sendo para esse efeito pela ré indicados os eventos desportivos que o autor tinha que acompanhar e designando-o como seu correspondente, constatando-se ainda que o autor auferia uma contrapartida certa pelo trabalho prestado, em regime de exclusividade, não recebia subsídios de férias e de Natal e a ré não efectuou descontos por conta daquele para a segurança social") e ac. de 09/09/2013 do TRP (João Diogo Rodrigues), proc. nr. 234/09.2TTVNG.P1 ("não executou um contrato de trabalho subordinado um editor de imagem que aceitando vincular-se a uma estação de radiodifusão televisiva por sucessivos contratos de prestação de serviços, exerceu as suas funções apenas durante cerca de nove dias por mês, sem horário fixo, e sempre após ser auscultado sobre a sua disponibilidade em relação a cada uma das intervenções concretas que lhe eram propostas, cuja realização podia recusar, mas, em caso de aceitação, só por elas era remunerado, sem nunca lhe ter sido paga qualquer contrapartida nos dias em que não trabalhou, nem nas férias ou mesmo a título de subsídios de férias ou de Natal, bem como outros abonos ou subsídios estabelecidos pela regulamentação coletiva aplicável, sem nunca ter sido sujeito também a avaliações de desempenho e com inteira liberdade para prestar a sua atividade a terceiros, ainda que concorrentes da empresa a quem prestava a sua atividade nos termos descritos").

Inversamente, qualificando o contrato como contrato de trabalho, cfr. o ac. de 14/02/1990 do TRL (Silva Pereira), proc. nr. 0052334 (sumário) ("a Ré sempre pagou ao Autor uma retribuição mensal regular. Por outro lado, o Autor cumpria um horário de trabalho diário das 8,00 h às 14,00 h., cuja duração era idêntica à dos restantes jornalistas da Ré, apresentando-se para o efeito na Redacção da RTP/RC, diariamente. A actividade do Autor como jornalista consistia na recolha, tratamento e divulgação de informações em diversos programas noticiosos. E tal actividade era exercida sob a direcção efectiva dos funcionários da Ré que eram responsáveis pelos "programas", cumprindo os serviços jornalísticos por eles determinados, quer directamente, quer através da agenda da Redacção. Estava, pois, o Autor subordinado, para com a Ré, por um típico e característico contrato de trabalho"), ac. de 21/04/2004 do TRL (Duro Mateus Cardoso), proc. nr. 8493/2003-4 ("assume a natureza de trabalho juridicamente subordinado aquele que é desempenhado remuneradamente, de forma contínua e regular, de apoio e em colaboração com outros trabalhadores, integrado numa equipa, no exterior ou nas instalações da R., mas com equipamento desta, com controle das horas de entrada e de saída e em conformidade com instruções transmitidas pelo responsável operacional") e ac. de 12/07/2018 do TRE (Paula do Paço), proc. nr. 1149/17.6T8PTG.E1 ("tendo o Ministério Público logrado demonstrar que dois jornalistas correspondentes exercem, respetivamente, a atividade de jornalista e de jornalista/repórter fotográfico em locais determinados pela ré (espaço interior todo equipado para a edição das peças jornalísticas e locais exteriores que a ré indica), utilizando equipamentos e instrumentos de trabalho pertencentes ou disponibilizados pela ré (secretária, cadeira, armários de arquivo, computador, impressora,

ou "de agenda"[107], ficando, contudo, em aberto, a possibilidade de ser qualificado como um trabalhador economicamente dependente.

Naturalmente, lá onde esteja em causa um falso prestador de serviços, o jornalista pode desencadear a ação de reconhecimento da existência de contrato de trabalho, nos termos gerais[108], ou, pelo menos, alegar a sua existência, socorrendo-se, para o efeito, da presunção de laboralidade prevista

computador portátil, estúdio de som, ilha de edição, microfones, tripé, câmaras de filmar, baterias, carregadores, cabos de áudio e vídeo, pilhas, software licenciado para a ré, veículo automóvel com o logotipo da ré, cujo combustível é pago através de um cartão de combustível propriedade da ré e telemóvel pago pela ré), auferindo em contrapartida dos serviços prestados, uma quantia certa, com periodicidade mensal, tanto basta para que se considerem verificadas, pelo menos, as situações previstas nas alíneas a), b) e d) do n.º 1 do artigo 12.º do Código do Trabalho. Não tendo a ré logrado demonstrar que tais funções eram exercidas com autonomia e independência, importa qualificar as relações jurídicas em apreciação nos autos como contrato de trabalho"). Na nossa doutrina, ver Luís Brito Correia, *Direito da Comunicação Social...*, cit., pp. 385 ss., Maria Adozinda Barbosa Pereira, «Contrato de trabalho e contrato de prestação de serviços – distinção», *Revista do Ministério Público*, 90 (2002), pp. 179-183 e, mais em geral, Pedro Romano Martinez, «Trabalho subordinado e trabalho autónomo» in: Pedro Romano Martinez [Coord.], *Estudos do Instituto de Direito do Trabalho*, Vol. I, Almedina, Coimbra, 2001, pp. 271-294.

[107] Para utilizar a expressão utilizada no ac. de 10/11/1989 do STJ (Salviano de Sousa), BMJ, 391 (1990), pp. 384-389.

[108] A Lei n.º 63/2013, de 27 de agosto, instituiu mecanismos de combate à utilização indevida do contrato de prestação de serviços em relações de trabalho subordinado através de um procedimento administrativo da competência da Autoridade para as Condições do Trabalho (ACT) e de um novo tipo de ação judicial, a ação de reconhecimento da existência de contrato de trabalho, passando esta última a constar no elenco do artigo 26.º do Código de Processo do Trabalho. Tratando-se do reconhecimento de um contrato de trabalho de um jornalista, ver o ac. de 22/02/2021 do TRP (António Luís Carvalhão), proc. nr. 4757/20.0T8VNG.P1 e o ac. de 01/08/2018 do TRP (Fernanda Soares), proc. nr. 6724/17.6T8VNG.P1. Sobre este mecanismo, na doutrina, Viriato Reis, «A ação de reconhecimento da existência de contrato de trabalho – controvérsias na sua aplicação», *Revista do CEJ*, 2015, I, pp. 211-243, Pedro Petrucci de Freitas, «Da acção de reconhecimento da existência de contrato de trabalho», *Revista da Ordem dos Advogados*, 2013, IV, pp. 1423-1443, Rita Garcia Pereira, «A nova acção especial para reconhecimento de contrato de trabalho (Lei n.º 63/2013) – uma caixa de Pandora?» in: *Estudos dedicados ao Professor Doutor Bernardo da Gama Lobo Xavier*, Vol. III, Universidade Católica Editora, Lisboa, 2015, pp. 341-371, Paula Ponces Camanho, «Acção de reconhecimento da existência de contrato de trabalho. Breves reflexões (e algumas perplexidades)» in: *Estudos dedicados ao Professor Doutor Bernardo da Gama Lobo Xavier*, Vol. III, Universidade Católica Editora, Lisboa, 2015, pp. 65-78 e João Rato, «A acção de reconhecimento da existência de contrato de trabalho – interrogações sobre a intervenção do Ministério Público e outras perplexidades» in: *Para Jorge Leite – Escritos Jurídico-Laborais*, Coimbra Editora, Vol. I, Coimbra, 2014, pp. 779-797. Mais em geral, Mais em geral, António Monteiro Fernandes, *Direito do Trabalho*, 19.ª ed., Almedina, Coimbra, 2019, pp. 168 ss.

na lei, embora, ao contrário do que acontece em França[109], não exista, entre nós, uma presunção de laboralidade especificamente aplicável ao jornalista, aplicando-se a que decorre genericamente do artigo 12.º do CT09[110].

[109] O *Code du Travail* contém uma presunção de contrato de trabalho para os prestadores que exerça a atividade de jornalista integrado numa entidade de imprensa. Ver o artigo L7112-1 segundo o qual "toda a convenção pela qual uma empresa jornalística assegure, mediante remuneração, a actividade de um jornalista presume-se ser um contrato de trabalho". Sobre isto, MILENA ROUXINOL, *A vinculação autoral do trabalhador...*, cit., pp. 43 ss.

[110] Sobre a presunção de laboralidade, cfr., para outros desenvolvimentos, JOANA NUNES VICENTE, «Noção de contrato de trabalho e presunção de laboralidade» in: PAULO MORGADO DE CARVALHO [Coord.], *Código do Trabalho – a revisão de 2009*, Coimbra Editora, Coimbra, 2011, pp. 59-73, FERNANDA CAMPOS, «Contrato de trabalho e presunção de laboralidade» in: PAULO MORGADO DE CARVALHO [Coord.], *Código do Trabalho – a revisão de 2009*, Coimbra Editora, Coimbra, 2011, pp. 75-91.

§ 2. EVOLUÇÃO LEGISLATIVA

Com reconhecidas especificidades, o que é certo é que o contrato de trabalho do jornalista nunca conheceu um corpo normativo autónomo digno desse nome. É verdade que, num determinado momento histórico, os diplomas legais que regularam a atividade jornalística apontavam a titularidade de um contrato de trabalho como elemento integrante da definição de jornalista (ou, como então se referia a lei, dos "profissionais da imprensa periódica"). Por outras palavras, ser titular de um contrato de trabalho era, como regra, curiosamente, condição de aplicação desses regimes[111].

Contudo, e independentemente das críticas que então se dirigiam à noção legal[112], o diploma não regulava, verdadeiramente, o exercício da atividade

[111] Cfr. a Base IV da Lei n.º 5/71, de 5 de novembro, que aprovou a Lei de Bases da Imprensa ("consideram-se profissionais da imprensa periódica, para os efeitos da presente lei, todos aqueles que, por virtude de contrato de trabalho com uma empresa jornalística, fazem das actividades próprias da direcção ou da redacção da imprensa periódica ou das agências noticiosas a sua ocupação principal") e, com redação idêntica o artigo 69.º, do Decreto-Lei n.º 150/72, de 5 de maio, que regulamentou a Lei da Imprensa, e a Base III da Proposta de Lei n.º 13/X (que replica os termos daquela primeira Base).

[112] No seu Parecer n.º 27/X, a Câmara Corporativa decidiu suprimir a referência à titularidade do contrato de trabalho, com fundamento numa exigência de flexibilidade: "pelas características especiais que concorrem na actividade jornalística, esta não pode equiparar-se a qualquer indústria ou comércio em que seja exigível o contrato de trabalho e a subordinação que este implica, pelo que parece estar indicado dar-se à definição de jornalista uma maior flexibilidade, com vista a abranger todos aqueles que, ligados ou não por um contrato de trabalho, fazem do jornalismo a sua ocupação permanente, regular e retribuída, tirando dela a maior parte dos seus recursos, isto no caso dos jornais diários ou suas delegações, ou a retribuição compatível com a categoria das suas funções e a regularidade do seu exercício, no caso da imprensa não diária, da radiodifusão, da televisão e da produção de documentários de atualidades cinematográficas. O Sindicato Nacional dos Jornalistas, no parecer que emitiu sobre a proposta em apreciação, diz não ser de aceitar a definição constante da base II da proposta «especialmente na parte em que se faz depender tal qualidade

jornalística em contexto laboral. Os diplomas visavam, sim, disciplinar a atividade jornalística de um ponto de vista estatutário e deontológico. De certa forma, as "refrações" laborais destes regimes ficavam-se pela definição das condições de acesso à profissão. No mais, esta regulamentação era omissa, tanto no que diz respeito à execução como à cessação do contrato de trabalho.

A falta de vocação laboral destes diplomas legais tornou-se mais evidente quando a titularidade de um contrato de trabalho deixou de ser um elemento da noção de jornalista. De facto, a referência à laboralidade deixou de ser elemento partícipe da definição de jornalista com a legislação abrilista, passando a prever-se, ao lado da titularidade de um contrato de trabalho, o exercício da profissão em "regime livre"[113]. A partir desse momento, a aplicação do regime passou a depender apenas da natureza principal, permanente e remunerada da atividade, independentemente da natureza da ligação contratual com a empresa[114].

Perante este estado de coisas, poderia dizer-se com segurança que, sem prejuízo das particularidades legais que rodeavam o acesso e o seu exercício, o contrato de trabalho jornalístico sempre foi regulado pelo regime laboral comum. O mesmo é dizer, pelos diplomas legais que, em cada período histórico, foram regulando o contrato de trabalho. Até porque, ao contrário do que aconteceu com certas relações especiais de trabalho, o legislador nunca excluiu a atividade jornalística do seu âmbito de aplicação, nem tão pouco

de um contrato de trabalho com a empresa jornalística». E, nesta parte, assiste-lhe razão" (ponto 78). Este parecer pode ser consultado, na íntegra, em Antunes Varela, *Lei da liberdade religiosa e lei de imprensa – edição revista e anotada*, Coimbra, 1972, pp. 266-588.

[113] Cfr. artigo 10.º, n.º 1, do Decreto-Lei n.º 85-C/75, de 26 de fevereiro (Lei da Imprensa) e artigo 1.º, da Lei n.º 62/79, de 20 de setembro (Estatuto do Jornalista), com idêntica redação ("são considerados jornalistas profissionais, para os efeitos do disposto nesta lei, os indivíduos que, em regime de ocupação principal, permanente e remunerada, exerçam as seguintes funções de "redacção ou reportagem fotográfica, *em regime de contrato de trabalho* com empresa jornalística ou noticiosa" (alínea a)), "de natureza jornalística, *em regime de contrato de trabalho*, em empresa de comunicação social ou que produza, por forma regular e sistemática, documentários cinematográficos de carácter informativo" (alínea b)), "de direcção de publicação periódica editada por empresa jornalística, de serviço de informação de agência noticiosa, de emissora de televisão ou radiodifusão, ou de empresa que produza, por forma regular e sistemática, documentários cinematográficos de carácter informativo, desde que hajam anteriormente exercido, *por período não inferior a dois anos*, qualquer das funções mencionadas nas alíneas anteriores", "de natureza jornalística, *em regime livre, para qualquer empresa de entre as mencionadas nas alíneas anteriores, desde que haja exercido a profissão durante pelo menos quatro anos*" (alínea d)) e "de correspondente, em território nacional ou no estrangeiro, *em virtude de contrato de trabalho* com um órgão de comunicação social" (alínea e)) (sublinhados nossos).

[114] Miguel Reis, *O Direito de Autor no jornalismo*, Quid Iuris, Lisboa, 1999, p. 9: "o estatuto profissional dos jornalistas, que tinha até agora uma profundíssima marca laboral, foi liberalizado".

diferia para momento posterior a sua extensão, como acontecia relativamente a algumas relações especiais de trabalho.

Dando um salto no tempo, este estado de coisas não se alterou. Os diplomas que enquadram a lançam as bases da imprensa e do jornalismo continuam vocacionadas para uma dimensão estatutária e deontológica. É o que acontece com os regimes legais atualmente relevantes: o Estatuto do Jornalista (aprovado pela Lei n.º 1/99, de 1 de janeiro) e a Lei da Imprensa (aprovada pela Lei n.º 2/99, de 13 de janeiro). Portanto, numa linha de continuidade, não é possível ver neles uma regulação laboral na sua verdadeira aceção[115], embora, sublinhando uma vez mais o ponto, estes diplomas contenham regras com impacto evidente na execução do contrato de trabalho, como veremos.

Quanto ao EJ e à LI, várias propostas foram colocadas em cima da mesa para a sua revisão[116]. E, em 2006, foi mesmo colocada em marcha uma revisão ao Estatuto[117], que viria a culminar com a aprovação da Lei n.º 64/2007, de 6 de novembro, depois retificada pela Declaração de Retificação n.º 114/2007, 13 de dezembro.

Por esta altura, já o jornalismo se tinha tornado uma realidade proteiforme, como já se disse. Ao lado da imprensa escrita, surgiu fulgurantemente a rádio, a televisão e, mais recentemente, os meios digitais, espaços informativos que, por razões que prescindem de desenvolvimento, reclamavam um enquadramento jurídico próprio. Não surpreende, portanto, que esta diversidade tenha feito nascer diplomas extravagantes para os setores da rádio (Lei n.º 54/ 2010, de 24 de dezembro, que aprovou a "Lei da Rádio") e televisão (Lei n.º 27/2007, de 30 de julho, que aprovou a "Lei da Televisão"). Ao lado destes regimes, é preciso contar com a existência de estatutos especiais ligados a certos organismos ou instituições. É o caso do estatuto do jornalista constante da regulação da RTP (Rádio Televisão Portuguesa)[118].

[115] Alberto Arons de Carvalho / António Monteiro Cardoso / José Pedro Figueiredo, *Direito da Comunicação Social...*, cit., p. 130, falam de um regime de "aplicação transversal a todos os sectores da comunicação social".

[116] Cfr. Projeto de Lei n.º 525/XI/2.ª (Bloco de Esquerda).

[117] Com a crítica contundente do Partido Comunista Português (PCP): "a Proposta de Lei de alteração ao Estatuto dos Jornalistas aparece assim como mais uma peça – porventura a mais relevante – de uma ofensiva global contra os direitos dos jornalistas visando degradar ainda mais as condições já extremamente fragilizadas em que esses profissionais exercem a sua actividade" (Projeto de Lei n.º 333/X)

[118] Cfr. Lei n.º 39/2014 de 9 de julho. Segundo o artigo 40.º, "ao pessoal da sociedade é aplicado o regime jurídico do contrato individual de trabalho". Sobre o estatuto dos jornalistas de emissoras nacionais, ver, com interesse histórico, o ac. de 27/04/2006 do TRP (Fernandes Isidoro), CJ, 2006, II, pp. 219-221.

No entanto, também estes diplomas não são regimes laborais e, ao contrário do EJ e da LI, não contêm normas dignas de registo com impacto na execução do contrato de trabalho nesses setores, com exceção da referência ao estatuto editorial e à organização interna da empresa jornalística nesses setores.

Portanto, é num quadro de legislação extravagante que se move o exercício laboral desta atividade[119]. Acontece que, para lá de contar normas que dizem diretamente respeito à regulamentação do contrato de trabalho jornalístico, é preciso ainda ter presente um conjunto de outras normas que, dizendo respeito à atividade jornalística de um ponto de vista institucional, podem interferir na esfera jurídico-laboral desta atividade e que, de certa forma, tornam esta relação laboral uma relação especial de trabalho. Pense-se, para adiantar apenas alguns exemplos, nas competências do Conselho de Redação.

A somar a este quadro legislativo genérico, é preciso ainda contar com a contratação coletiva aplicável ao jornalismo. Assim, com exceção de um Acordo de Empresa aplicável especificamente no âmbito da RTP (Rádio Televisão Portuguesa)[120], que a empresa aplica a todos os trabalhadores, e do Acordo de Empresa da Agência Lusa (doravante, designado abreviadamente por "AE Lusa")[121], é preciso considerar, em geral, o Contrato Coletivo de Trabalho aplicável aos jornalistas, celebrado entre a AIND – Associação Portuguesa de Imprensa e Sindicato dos Jornalistas (doravante, designado abreviadamente por "CCT AIND")[122], objeto de Portaria de Extensão[123], aplicando-se, assim, à atividade profissional do jornalismo de quaisquer publicações.

Repare-se que, ao contrário do que acontece noutros domínios de atividade, os Instrumentos de Regulamentação Coletiva de Trabalho atrás identificados não são uma mera reprodução da lei. Como teremos oportunidade de ver, eles contêm várias normas que aprofundam as especificidades desta relação de trabalho, muitas vezes sem paralelo noutras atividades. Contudo, e como já se disse, na ausência de respostas especiais da contratação coletiva, é aplicável o regime laboral comum, mais concretamente, o CT09 e demais legislação[124].

[119] Defendendo a codificação, Fernando dos Reis Condesso, *Direito da Comunicação Social...*, cit., p. 162.

[120] Publicado no BTE 36 (2015).

[121] Publicado no BTE 15 (2009).

[122] Publicado no BTE 27 (2010).

[123] Publicada no BTE 8 (2011).

[124] De resto, embora essa regra passe despercebida, o CT09 contém uma regra direcionada para os jornalistas, relativamente aos intervalos de descanso: cfr. artigo 207.º, n.º 2, alínea e), subalínea iii), *ex vi* artigo 214.º, n.º 2, alínea d).

Finalmente, no seguimento do que se disse introdutoriamente a propósito destes profissionais, nesta atividade interfere uma dimensão ética, deontológica e "publicista", cuja normatividade é verdadeiramente multi-nível. Com efeito, neste "emaranhado de abordagens normativas"[125] é preciso referir, desde logo, as normas constitucionais. Que a CRP76 é uma fonte de Direito do Trabalho (a "Constituição Laboral") é um dado adquirido[126] e isso é particularmente evidente no caso do jornalista: a ordem jurídico-constitucional, mormente na afirmação da liberdade de informação e de imprensa, mobiliza-se como "peça crucial – *paramétrica* – na tarefa de definição do regime do contrato de trabalho jornalístico"[127]. Acresce que a atividade jornalística está rodeada de um feixe de normas deontológicas, de origem nacional[128] e internacional[129], que interferem no exercício desta profissão.

Aqui chegados, importa dizer, finalmente, que o contrato de trabalho do jornalista porventura não poderá ser considerado um contrato de trabalho com regime especial — na aceção do artigo 9.º do CT09 —, mas talvez, apenas, um contrato de trabalho com especificidades ou particularidades. Desde logo, o EJ não é, em rigor, e como se disse, um corpo normativo sistemático vocacionado para a regulamentação laboral destes trabalhadores, mas um diploma legal de natureza estatutária. No entanto, também não é menos verdade que, como teremos oportunidade de estudar, o EJ contém variadíssimas normas com incidência na relação de trabalho do jornalista.

Contudo, e em suma, tal equivale a dizer que, de uma forma geral, a relação de trabalho jornalística é regulada pelo regime laboral comum (leia-se, pelo CT09 e demais legislação), mas atentas as especificidades das regras especiais e excecionais contempladas no EJ ou na regulamentação (legal ou convencional) que adiante se referirá.

[125] FERNANDO DOS REIS CONDESSO, *Direito da Comunicação Social...*, cit., p. 99.

[126] Prescindindo de desenvolvimentos, ver JOÃO CAUPERS, *Os direitos fundamentais dos trabalhadores e a Constituição*, Almedina, Lisboa, 1985 e JORGE MIRANDA, «A Constituição laboral ou do trabalho» in: PEDRO ROMANO MARTINEZ [Coord.], *Estudos do Instituto de Direito do Trabalho*, Vol. I, Almedina, Coimbra, 2001, pp. 17-19.

[127] Nas palavras de MILENA ROUXINOL, *A vinculação autoral do trabalhador...*, cit., pp. 96-97.

[128] De acordo com as alterações aprovadas no *IV Congresso dos Jornalistas*.

[129] Sem pretensão de exaustividade, cfr. o Código Europeu de Ética de Jornalismo (1993), o Código da Federação Internacional de Jornalistas (1986), os Princípios de Ética Profissional no Jornalismo aprovados da UNESCO (1983), o Código de Ética para Jornalistas da Catalunha (1992), o Código da Federação das Associações de Imprensa (FAPE) (1993) e as Normas de Ética e Deontologia Profissional do Jornalista Especializado e Técnico (1994).

§ 3. ÂMBITO E OBJETO DO EJ

Na linha dos seus antecessores, o EJ contém uma definição de jornalista ("profissionais da imprensa periódica" ou "profissionais da imprensa" como lhes chamavam os regimes pretéritos). Assim, de acordo com o artigo 1.º, n.º 1, são jornalistas aqueles "que, como ocupação principal, permanente e remunerada, exercem com capacidade editorial funções de pesquisa, recolha, selecção e tratamento de factos, notícias ou opiniões, através de texto, imagem ou som, destinados a divulgação, com fins informativos, pela imprensa, por agência noticiosa, pela rádio, pela televisão ou por qualquer outro meio electrónico de difusão"[130].

A noção de jornalista é, como já o era, extensa[131]. Por razões pedagógicas e de clareza de exposição, importa analisar esta definição por partes, decompondo os seus elementos.

Em primeiro lugar, para que se possa falar de um jornalista é necessário que o profissional exerça, no essencial, funções de pesquisa, recolha, seleção e tratamento de factos, notícias ou opiniões. Como se vê, o jornalista lida fundamentalmente com informação, entendida aqui de forma ampla, sob a forma de factos, notícias ou opiniões. Enquanto mediador intelectual entre esse material e a sua difusão, pensamos que a atividade do jornalista não visa exprimir opiniões ou juízos valorativos sobre factos, realidades ou opiniões, pelo menos quando esses juízos valorativos representam a componente essencial da atividade. Nisso se distinguem os jornalistas dos *opinionmakers*, cuja "atividade" (!) consiste em ideias, juízos ou convicções, mas não propriamente informação, ainda que, claro está, essa informação seja salutarmente

[130] Em termos semelhantes, a cláusula 7.ª do CCT AIND.

[131] NUNO E SOUSA, *A liberdade de imprensa*, cit., p. 166, escrevia que "à noção de jornalista convém uma certa flexibilidade". No mesmo sentido, cfr. o Parecer n.º 27/X da Câmara Corporativa (ponto 78).

necessária (imprescindível...) para a formulação de opiniões ou juízos que se pretendam intelectualmente honestos. De resto, e sem prejuízo, claro está, do direito genérico a exprimir a sua opinião, de acordo com a liberdade de expressão[132], o jornalista pode recusar-se a fazê-lo, pois, segundo o artigo 12.º, do EJ, de que falaremos mais adiante[133], "os jornalistas não podem ser constrangidos a *exprimir ou subscrever opiniões* nem a abster-se de o fazer, ou a desempenhar tarefas profissionais contrárias à sua consciência, nem podem ser alvo de medida disciplinar em virtude de tais factos".

A título de exemplo, é discutível que possam ser jornalistas aqueles profissionais que prestam trabalho em publicações que se dedicam à crítica cinematográfica ou a *reviews* (de produtos de tecnologia ou videojogos), pelo menos, claro está, se o conteúdo é exclusivamente opinativo. Pelas mesmas razões, nos cada vez mais comuns programas de opinião, os membros do painel que formulam opiniões, debatem ideias, etc., não exercem uma atividade jornalística, embora possam ser jornalistas de profissão.

A verdade é que a separação entre informação e opinião nem sempre é fácil de discernir porque as notícias podem ser formuladas com alguma dose ou pendor opinativos, o que é cada vez mais comum à medida que o jornalista pretende desempenhar um papel social interventivo. Em abono da verdade, nenhum facto jornalístico é apresentado em bruto, qualquer facto é cognitivamente determinado na sua recolha, seleção ou *framing*. Dito de outra forma, a função do jornalista comporta sempre uma operação de valoração da relevância dos factos, o que sempre acontece com um inevitável *apport* subjetivo que até se pode considerar incluído nas liberdades fundamentais de imprensa[134]. Por exemplo, o profissional que conduz uma entrevista ou modera um debate televisivo, interpelando criticamente, ainda pode enquadrar-se numa atividade jornalística.

Determinante, porém, a nosso ver, é que essas notas de subjetividade, que estão sempre presentes, não desvirtuem ou descaracterizem a natureza informativa da atividade[135]. Claro está que o problema do sensacionalismo,

[132] § 9. Liberdade de expressão.

[133] § 8. Estatuto deontológico.

[134] Com esta leitura, Milena Rouxinol, *A vinculação autoral do trabalhador...*, cit., pp. 35 ss.

[135] Parafraseando Maria da Glória Carvalho Rebelo, *A responsabilidade civil pela informação...*, cit., p. 39, "a limitação do direito à informação ao relato puro, objectivo e asséptico de factos, não pode resultar constitucionalmente aceitável, nem compatível com o pluralismo e a tolerância inerentes às sociedades democráticas, pois a divergência subjectiva na transmissão de informação forma parte da estrutura do aspecto institucional do direito à informação".

da exploração de uma linguagem dramática, a conotação emocional, o discurso inflamado ou a mediatização pela mediatização representam justamente um dos pontos críticos nesta separação entre informar e opinar.

Repare-se, se tal tiver passado despercebido, que, de acordo com aquela formulação legal, o jornalista pode trabalhar com opiniões ("pesquisa, recolha, seleção e tratamento de... *opiniões*"), mas a lei refere-se certamente a opiniões alheias, que, naturalmente, podem merecer relevo editorial e noticioso.

Em segundo lugar, importa sublinhar que aquelas tarefas de recolha e tratamento podem ser consideradas jornalísticas independentemente do suporte ou material sujeito a recolha e tratamento: "através de texto, imagem ou som", como se exprime a lei. Também o fotógrafo ou aquele que elabora "peças mudas" podem ser considerados jornalistas. Na verdade, a imagem é um meio de significação alternativo e a seleção de imagens pode também ser organizada num discurso informativo e divulgativo com conteúdo noticioso[136]. Segundo pensamos, as imagens noticiáveis até podem ser mais notícia de que o próprio corpo da informação.

Em terceiro lugar, é necessário que essa recolha e tratamento revelem "capacidade editorial". Não é perfeitamente claro qual o sentido e alcance deste conceito. Segundo se escreve na literatura especializada, ele "remete-nos para o *know how* jornalístico, para a aptidão específica do jornalista para utilizar as ferramentas do jornalismo"[137], ou seja, parece que o legislador tem em vista as *leges artis* do jornalismo na pesquisa, recolha, seleção e tratamento[138].

Em quarto lugar, essas funções devem ser exercidas "com fins informativos". Este conceito é mais um daqueles casos em que a noção é porventura mais fácil de compreender do que de definir. Até porque, de um ponto

[136] FERNANDO DI CERBO, *I rapporti speciali di lavoro...*, cit., p. 89, n. 10.

[137] Nestes termos, MARIA MANUEL BASTOS / NEUZA LOPES, *Comentário à Lei de Imprensa...*, cit., pp. 163-164.

[138] MILENA ROUXINOL, *A vinculação autoral do trabalhador...*, cit., p. 33: "não se afigurando facilmente decifrável, a expressão pode entender-se, em nossa opinião, no sentido de um reforço da já aludida concepção do sujeito que exerce a actividade jornalística como mediador entre os dados da realidade e a sua difusão, aquilatando da sua relevância e conveniência, em razão do expectável interesse do destinatário, que será o do público, ou em vista da conformação da opinião pública, contextualizando-os, interpretando-os, dotando-os de um *quid pluris* informativo, se não subjectiva, pelo menos intelectualmente cunhado, convolando-os numa mensagem com ressonância comunicativa – processo em que aflorará o *savoir faire* jornalístico, o sentido analítico e crítico de quem o conduz, melhor se adequaria, porventura, a expressão *autonomia editorial*".

meramente etimológico[139], informar significa apenas dar expressão exterior (dar forma) a um facto[140]. É certamente fácil subsumir aqui aquele conjunto de "profissionais de informação" que constituem o núcleo permanente dos *media*, como o redator ou o chefe de redação[141]. Mas a dúvida permanece. O conceito de "fim informativo" confunde-se com o conceito (amplo) de "fim comunicacional" ou é necessário um conteúdo estritamente noticioso? Dada a diversidade moderna da imprensa, que agrega setores tão diversificados, desde a arte ao desporto[142], estamos em crer que o conceito não se confunde com a noção legal de imprensa informativa[143], pois, por exemplo, estamos em crer que as publicações doutrinárias[144] (que visam divulgar uma ideologia ou um credo religioso) podem ser aqui incluídas, uma vez que também esse tipo de publicações contribui para o conhecimento de uma sociedade cada vez mais pluralista, embora não apontem à difusão ou de uma verdade ontológica[145].

Contrariamente, não são jornalistas aqueles que pura e simplesmente não trabalham *com* informação. Por exemplo, não são jornalistas, por razões óbvias, os humoristas que recriam ou caricaturam cenários ou situações de jornalismo (pense-se no programa "Telerural"). Esses profissionais estarão abrangidos pelo regime dos profissionais da área da cultura[146], mas não pelo regime dos jornalistas, pois a sua performance, por razões evidentes, não

[139] Sobre o conceito de informação, ver Aníbal Alves, «Informação» in: *Enciclopédia Polis*, III, Verbo, 1983, pp. 543-551.

[140] Fernando dos Reis Condesso, *Direito da Comunicação Social*..., cit., p. 101.

[141] No mesmo sentido, Miguel C. Rodríguez-Piñero Royo / Francisco Javier Calvo Gallego, «Las relaciones laborales en los medios de comunicación» in: *Trabajo subordinado y trabajo autónomo en la delimitación de fronteras del derecho del trabajo – estudios en homenaje al profesor José Cabrera Bazán*, Tecnos, Madrid, 1999, pp. 236-273, p. 251. Sobre esta figura, ver o ac. de 10/07/2000 do TRP (Sousa Peixoto), proc. nr. 0040547 (sumário).

[142] Sobre um caso envolvendo um jornalista do jornal *A Bola*, ac. de 18/12/2001 do STJ (Mário Torres), proc. nr. 02S1583.

[143] Segundo o artigo 13.º, n.º 2, da LI, "são informativas as que visem predominantemente a difusão de informações ou notícias".

[144] Segundo o artigo 13.º, n.º 1, da LI, "são publicações doutrinárias aquelas que, pelo conteúdo ou perspectiva de abordagem, visem predominantemente divulgar qualquer ideologia ou credo religioso".

[145] Como escreve, aliás, Nuno e Sousa, *A liberdade de imprensa*, Coimbra, 1984, p. 122, "a ideologia é muitas vezes contra a verdade".

[146] Cfr. Estatuto dos Profissionais da Área da Cultura, aprovado pelo Decreto-Lei n.º 105/2021, de 29 de novembro. Sobre este regime, para outro desenvolvimento, veja-se no nosso Victor Hugo Ventura, *O Estatuto dos Profissionais da Área da Cultura – regime novo ou* mise-en-scène?, Almedina, Coimbra, 2022.

tem fins informativos, mas sim de entretenimento. E esta conclusão não é prejudicada mesmo que o profissional em causa preste trabalho para uma organização que explore meios típicos de difusão de notícias (por exemplo, um animador de rádio[147]). Não deixa de ser interessante notar que têm sido considerados jornalistas os cartunistas[148] ou caricaturistas, embora, do ponto de vista da perceção generalizada, o seu trabalho não seja encarado como tendo uma finalidade informativa, mas sim de mera satirização[149].

Ao limitar os jornalistas àqueles que exercem aquelas funções com "fins informativos", tal significa que não podem ser considerados jornalistas "aqueles trabalhadores que têm simplesmente uma função mecânica, de manutenção do suporte através do qual se exterioriza a informação"[150]. Como tal, não são jornalistas o maquetista, o documentalista, o técnico de som, o auxiliar de um realizador de rádio[151], o realizador[152], o operador de câmara[153], o corretor tipográfico ou os intérpretes de linguagem gestual[154], ainda que surjam em programas noticiosos.

[147] Deve dar-se nota de que estes profissionais são incluídos pelo Estatuto dos Profissionais da Área da Cultura, pelo menos para efeitos de registo: cfr. Anexo I à Portaria n.º 29-B/2022, de 11 de janeiro.

[148] Cfr. cláusula 7.ª do CCT AIND: "para efeitos da presente CCT, considera -se jornalista aquele que exerce, como ocupação principal e por forma efectiva, permanente e remunerada, em regime de contrato de trabalho, as funções próprias de jornalista, nos termos definidos no diploma legal que estabeleça o respectivo Estatuto, incluindo as de direcção, chefia, edição, redacção, reportagem, reportagem fotográfica ou de *cartunista*, respeitantes às categorias e cargos constantes do presente capítulo" (sublinhado nosso). Sobre este género, ver Jorge Pedro Sousa, «Os cartoons como género jornalístico: uma inclusão na imprensa diária portuense» in: *Cadernos de estudos mediativos*, Edições Universidade Fernando Pessoa, Porto, 2000, pp. 237-261.

[149] No entanto, como diz Jónatas E. M. Machado, *Liberdade de expressão – dimensões constitucionais...*, cit., pp. 824-825, noutro contexto, "embora não tenham um impacto directo na formação da opinião pública de acordo com as regras gerais de objectividade e verdade informativa, a sátira e a caricatura não deixam de contribuir significativamente para esse objectivo".

[150] Milena Rouxinol, *A vinculação autoral do trabalhador...*, cit., p. 32, diz que "se o momento da captação do facto se acoplar imediatamente ao da sua difusão, apresentando-se a mensagem difundida como meramente reprodutiva, então estar-se-á perante um puro trabalho técnico".

[151] Ver, com interesse, o ac. de 19/02/1997 do TRL (Dinis Roldão), CJ, 1997, I, pp. 183-186.

[152] Ver o ac. de 22/10/1997 do TRL (Andrade Borges), CJ, 1997, IV, pp. 176-178.

[153] Assim, Alberto Arons de Carvalho / António Monteiro Cardoso / José Pedro Figueiredo, *Direito da Comunicação Social...*, cit., p. 149.

[154] E com um estatuto próprio: cfr. Lei n.º 89/99, de 5 de julho, que define as condições de acesso e exercício da atividade de intérprete de língua gestual. No entanto, deve dar-se nota de que estes profissionais são aparentemente abrangidos pelo Estatuto dos Profissionais da Área da Cultura, pelo menos para efeitos de registo: cfr. Anexo I à Portaria n.º 29-B/2022, de 11 de janeiro.

Em quinto lugar, a atividade jornalística deve ser exercida a título de ocupação principal[155]. Este requisito, uma exigência "histórica"[156], pode ser interpretado de diversas formas, pois pode referir-se à componente remuneratória, ou seja, se o proveito económico dessa atividade representa o principal sustento do jornalista[157], ou ao fator tempo, isto é, se a atividade é a ocupação que requer o maior tempo da rotina profissional do jornalista[158], havendo até quem aponte outros critérios[159].

Em sexto lugar, e como refere a norma acima transcrita, o jornalista exerce a sua atividade "pela imprensa, por agência noticiosa, pela rádio, pela televisão ou por qualquer outro meio electrónico de difusão". Assim sendo, não são jornalistas, para efeitos de aplicação do EJ, não só os cidadãos que, espontaneamente, submetem conteúdo de relevo noticioso[160], como também aqueles trabalhadores, cada vez mais comuns em organizações de grande vulto, que pertencem ao departamento ou a gabinetes de informação de empresas e que se ocupam da sua "comunicação institucional" ("assessor de imprensa"[161]) ou o trabalhador que desenvolve a sua atividade ao serviço de uma gráfica

[155] Para Luís Brito Correia, *Direito da Comunicação Social...*, cit., p. 382, o jornalista deve ainda ser remunerado, mas o Autor refere-se ao jornalista genericamente considerado, ou seja, independentemente da natureza do vínculo (contrato de trabalho ou prestação de serviço). Isto porque o contrato de trabalho é, por definição, oneroso, e, portanto, seria redundante exigir, como requisito autónomo, o carácter remunerado do contrato de trabalho do trabalhador-jornalista.

[156] O Decreto-Lei n.º 24006, de 13/06/1934, que criou a carteira de identidade dos jornalistas como título da sua categoria profissional, exigia, para atribuição de carteira profissional, uma "frequência não inferior a semanal, uma actividade permanente e remunerada e dela fazem profissão dominante" (artigo 1.º) e "com carácter de efectividade... desde que os seus trabalhos no jornalismo constituam a sua principal e mais regular actividade profissional" (artigo 2.º).

[157] Nuno e Sousa, *A liberdade de imprensa*, cit., p. 166, n. 268: "ocupação principal não coincide com ocupação efectiva, pois exige que a fonte principal de rendimentos profissionais saia da imprensa".

[158] Luís Brito Correia, *Direito da Comunicação Social...*, cit., p. 382, fala numa actividade "não necessariamente exclusiva, mas não ocasional".

[159] Por exemplo, Milena Rouxinol, *A vinculação autoral do trabalhador...*, cit., pp. 28-29, equaciona também o critério da "maior ou menor correspondência com a formação, v. g., académica, e aspirações de quem a exerce" e a "maior ou menor associação social da actividade em causa ao sujeito que a exerce" chegando depois a ponderar "todos estes factores, e porventura outros, conjuntamente apreciados".

[160] Assim, Luís Brito Correia, *Direito da Comunicação Social...*, cit., p. 382: "não são jornalistas as pessoas que tomam a iniciativa de enviar mensagens (escritos, sons ou imagens) para os meios de comunicação social, sem um contrato prévio nem remuneração, mesmo que o façam com frequência e tais mensagens sejam publicadas".

[161] Sobre esta figura, ac. de 21/01/2009 do STJ (Mário Pereira), proc. nr. 08S2270.

ou tipografia[162]. Claro está que, a circunstância de um trabalhador prestar trabalho numa empresa de comunicação social não faz dele, por inerência, um jornalista. Na verdade, nestas organizações prestam trabalho profissionais que, inclusivamente, podem estar sujeitos a outros regimes especiais, como o regime dos profissionais da área da cultura. Assim, aquilo que Luís Brito Correia designa de "outros colaboradores da comunicação social"[163], como atores ou cantores, não são, portanto, abrangidos por este regime.

A referência a "qualquer outro meio electrónico de difusão" visou certamente preparar o jornalismo para o advento das novas tecnologias de informação e, como tal, dúvidas não parecem restar que aquela formulação legal cobre pacificamente o jornalismo *online*[164].

Para além de um conjunto de incompatibilidades previsto no artigo 3.º[165], o n.º 2, do artigo 2.º, nega que "o exercício de funções... desempenhadas ao serviço de publicações que visem predominantemente promover actividades, produtos, serviços ou entidades de natureza comercial ou indústria" seja considerada uma atividade jornalística. Portanto, para além de não considerar jornalistas aqueles profissionais que fundamentalmente exprimem opiniões,

[162] Cfr. ac. de 27/06/2007 do STJ (Maria Laura Leonardo), proc. nr. 07S536: "embora os jornais e periódicos sejam simultaneamente produto industrial e criação intelectual, as empresas do sector da informação através da imprensa distinguem-se manifestamente das empresas que se dedicam à prestação de serviços à imprensa, v.g. daquelas que primitivamente tinham a designação genérica de gráficas ou tipografias".

[163] Luís Brito Correia, *Direito da Comunicação Social...*, cit., p. 435.

[164] Alberto Arons de Carvalho / António Monteiro Cardoso / José Pedro Figueiredo, *Direito da Comunicação Social...*, cit., p. 149.

[165] O exercício da profissão de jornalista é incompatível com o desempenho de: a) funções de angariação, conceção ou apresentação, através de texto, voz ou imagem, de mensagens publicitárias; b) funções de marketing, relações públicas, assessoria de imprensa e consultoria em comunicação ou imagem, bem como de planificação, orientação e execução de estratégias comerciais; c) funções em serviços de informação e segurança ou em qualquer organismo ou corporação policial; d) serviço militar; e) funções enquanto titulares de órgãos de soberania ou de outros cargos políticos e enquanto deputados nas Assembleias Legislativas das Regiões Autónomas, bem como funções de assessoria, política ou técnica, a tais cargos associadas; f) funções executivas, em regime de permanência, a tempo inteiro ou a meio tempo, em órgão autárquico. É igualmente considerada atividade publicitária incompatível com o exercício do jornalismo a participação em iniciativas que visem divulgar produtos, serviços ou entidades através da notoriedade pessoal ou institucional do jornalista, quando aquelas não sejam determinadas por critérios exclusivamente editoriais. Não é incompatível com o exercício da profissão de jornalista o desempenho voluntário de ações não remuneradas de: a) promoção de atividades de interesse público ou de solidariedade social; b) promoção da atividade informativa do órgão de comunicação social para que trabalhe ou colabore.

também são excluídas as pessoas que têm uma atividade promocional. Mais uma vez, a exclusão destas atividades do âmbito do conceito de jornalismo compreende-se pela natureza deste ofício. Ao jornalista cabe recolher o máximo de informação, tratá-la e apresentá-la ao seu público, para que este forme a sua opinião (e para que assim se forme uma "opinião pública" livre e esclarecida). Bem pelo contrário, as atividades de propaganda ou publicitária não são isentas, porque visam gerar na esfera do destinatário uma reação de agrado ou favorável ao que está a ser apresentado[166]. Estes profissionais são, por assim dizer, sedutores de opinião[167] e não jornalistas.

Finalmente, da noção de jornalista resulta ainda que a atividade é exercida a troco de uma remuneração ("são considerados jornalistas aqueles que, como ocupação (...) *remunerada...*"). No caso da atividade jornalística exercida ao abrigo de um contrato de trabalho, este traço não tem propriamente conteúdo inovador, pois o contrato de trabalho é, por definição, um contrato oneroso, e, portanto, a atividade é sempre desenvolvida a troco de uma contrapartida, designada como retribuição. Tal já não acontece, porém, no caso do contrato de prestação de serviços, que, nos termos das regras gerais, pode ser gratuito, embora a lei presuma a onerosidade quando a atividade é profissional[168].

Verdade seja dita que, mesmo quando exercida laboralmente, o EJ não regula, em geral, a matéria da remuneração do jornalista, sendo certo que esta atividade até conhece alguns fenómenos remuneratórios *sui generis*, que podem levantar os típicos problemas quanto à sua qualificação. Para citar alguns exemplos, pense-se no pagamento em função da tiragem[169],

[166] Ver, a este respeito, o caso da "Dica da Semana", avaliado no ac. de 15/09/2011 do TCAS (Rui Pereira), proc. nr. 07923/11: "não existe contradição em considerar que uma publicação periódica de natureza informativa possa ter, ao mesmo tempo, carácter predominantemente promocional, desde que tal resulte suficientemente do respectivo conteúdo, nomeadamente quando aquelas visem predominantemente promover actividades, produtos, serviços ou entidades de natureza comercial ou industrial. Tal é o caso da publicação "Dica da Semana", propriedade da sociedade "LIDL e Companhia, SA", onde a recorrida presta serviço, que dedica apenas 7% do seu conteúdo a notícias/entrevistas, correspondendo o restante a publicidade aos produtos Lidl [73%], a publicidade a terceiros anunciantes [8%], a concursos e receitas [7%], e a programação televisiva e astrológica [5%]. Daí que, sendo as funções que a recorrida pretende ver acreditadas através da renovação da sua carteira profissional de jornalista prestadas numa publicação – ainda que periódica e de natureza informativa – com carácter predominantemente promocional, as mesmas não constituem actividade jornalística". No mesmo sentido, ac. de 10/06/2011 do TCAS (Cristina dos Santos), proc. nr. 07876/11.

[167] Sobre isto, Alberto Arons de Carvalho, *A liberdade de informação...*, cit., pp. 135 ss.

[168] Cfr. artigo 1158.º, n.º 1, *in fine*, *ex vi* artigo 1156.º, ambos do Código Civil.

[169] Ver, como exemplo, o ac. de 14/12/1988 do TRL (Roberto Valente), CJ, 1988, V, pp. 168-169.

no "preço de cedência de material fotográfico"[170], no suplemento para os jornalistas que trabalham com monitores em redações informatizadas[171], nas gratificações depois de um extraordinário ano de audiências[172], nos bónus financeiros em função das *page views*[173] ou na remuneração especial, prevista na lei, para a utilização de trabalhos jornalísticos que mereçam tutela autoral[174].

§ 3.1. Diretores, subdiretores e diretores-adjuntos

De acordo com a LI, as publicações periódicas devem designar diretores (artigo 19.º, n.º 1). O diretor é, definitivamente, uma das figuras mais emblemáticas do jornalismo. Outrora envolta em regulamentações paternalistas e chauvinistas que condicionavam o cargo a um conjunto de apertados requisitos (nacionalidade portuguesa, registo criminal, residência, etc.)[175], a nomeação do diretor é, ainda hoje, de certa forma, o principal ato de gestão política e simbólica no seio da empresa jornalista[176]. O que se compreende dado que, de acordo com as competências que lhe são atribuídas por lei, ele é um autêntico plenipotenciário no giro diário da organização[177], assumindo

[170] Cfr. a alínea c), do n.º 2, da cláusula 43.ª, do CCT AIND.

[171] Ver o caso do ac. de 14/07/2010 do STJ (Vasques Dinis), proc. nr. 08S3846.

[172] Sobre as gratificações no contexto jornalístico, embora num quadro legal geral diverso do atual, ac. de 27/06/2007 do STJ (Maria Laura Leonardo), proc. nr. 07S536.

[173] Liliana Pacheco, «Jornalismo e tecnologia...», cit., p. 53, n. 6.

[174] § 11. Direitos de Autor.

[175] Cfr. artigo 18.º, n.º 1, do Decreto-Lei n.º 85-C/75, de 26 de fevereiro (Lei da Imprensa) ("nenhum periódico iniciará a sua publicação sem que tenha um director, que terá de ser de nacionalidade portuguesa, no pleno gozo dos seus direitos civis e políticos, e não deverá ter sofrido condenação por crime doloso"). A Lei n.º 5/71, de 5 de novembro, estabelecia que "o director de imprensa diária deverá ter residência permanente dentro da comarca em cuja área se situe a sede do periódico" (n.º 5 da Base XVI).

[176] Nuno e Sousa, *A liberdade de imprensa*, cit., p. 207: "o mandato conferido ao director pela empresa estabelece a linha política e técnico-organizativa do jornal, o programa político-editorial".

[177] Segundo o artigo 20.º, n.º 1, da LI, ao diretor compete: a) orientar, superintender e determinar o conteúdo da publicação; b) elaborar o estatuto editorial; c) designar os jornalistas com funções de chefia e coordenação; d) presidir ao conselho de redação; e) representar o periódico perante quaisquer autoridades em tudo quanto diga respeito a matérias da sua competência e às funções inerentes ao seu cargo. Segundo o n.º 2, o diretor tem direito a: a) ser ouvido pela entidade proprietária em tudo o que disser respeito à gestão dos recursos humanos na área jornalística, assim como à oneração ou alienação dos imóveis onde funcionem serviços da redação que dirige; b) ser informado sobre a situação económica e financeira da entidade proprietária e sobre a sua estratégia em termos editoriais.

uma espécie de posição de charneira entre a classe jornalística e os proprietários da empresa[178].

Acontece que, até por causa disso, não é perfeitamente claro qual o estatuto destes profissionais ou, melhor dito, qual a natureza jurídica do vínculo com a empresa jornalística. A lei não oferece uma resposta, sabendo-se apenas que o EJ os equipara aos jornalistas, embora apenas "para efeitos de garantia de acesso à informação, de sujeição às normas éticas da profissão e ao regime de incompatibilidades" (artigo 15.º, n.º 1), determinando ainda que devem possuir um cartão de identificação próprio (n.º 2).

A questão permanece em aberto. E, mais concretamente, a questão de saber se estes profissionais detêm um vínculo laboral com a empresa jornalística, pois a natureza das funções[179] bem como o quadro legal acima referido podem justamente lançar a dúvida legítima quanto à laboralidade do vínculo destes profissionais. Por exemplo, de acordo com a lei, parece que a empresa pode "demitir" livremente estes profissionais (cfr. artigo 19.º, n.º 2, da LI), o que, à primeira vista, indicia uma natureza extralaboral do vínculo. E, nos termos da mesma disposição legal, essa prerrogativa é da competência da entidade proprietária da publicação, ou seja, parece que esta faculdade pode pertencer a uma entidade que não aquela a quem o diretor está formalmente vinculado...

No entanto, pensamos que estas normas não afastam, definitivamente, a natureza laboral destes profissionais. A nosso ver, elas devem ser lidas de forma integrada: tal como é sugerido pela contratação coletiva aplicável ao setor[180], estes profissionais podem ser contratados em regime de comissão de serviço, distinguindo-se até, assim parece, a modalidade interna[181]

[178] Nuno e Sousa, *A liberdade de imprensa*, cit., p. 209, fala de uma "figura com uma certa autonomia ante a empresa e distinto dos administradores ou gerentes".

[179] Nuno e Sousa, *A liberdade de imprensa*, cit., p. 211: "o quadro profissional do director resulta da conexão da liberdade de imprensa e da liberdade profissional".

[180] Dando o exemplo da contratação coletiva aplicável ao jornalista, Luís Miguel Monteiro, «Regime jurídico do trabalho em comissão de serviço» in: António Monteiro Fernandes [Coord.], *Estudos de Direito do Trabalho em Homenagem ao Prof. Manuel Alonso Olea*, Almedina, Coimbra, 2004, pp. 507-528, pp. 523-524.

[181] Cfr. a cláusula 12.ª do CCT AIND: "os directores, os chefes de redacção ou editores chefes, os editores e os editores fotográficos, bem como os respectivos adjuntos, são jornalistas investidos em funções de direcção e chefia, podendo o desempenho dos correspondentes cargos cessar por iniciativa de qualquer das partes, mediante comunicação escrita à outra, e devendo o empregador, em qualquer caso, definir, por escrito, a situação futura do jornalista" (n.º 3), acrescentando-se, no n.º 5, que "cessando o desempenho de cargos de direcção ou chefia, o jornalista tem direito: a) a exercer as funções da respectiva categoria profissional".

e externa[182]. Pensamos que esta prerrogativa de demissão do diretor enquadra-se justamente na faculdade de cessação do contrato que assiste ao empregador nas relações de comissão de serviço[183]. Repare-se que, no passado, o Supremo Tribunal de Justiça chegou a decidir que as funções de jornalista não podem ser exercidas em regime de comissão de serviço[184],

[182] Cfr. cláusula 30.ª do AE Lusa ("o exercício de cargos de direcção e chefia considera-se no regime de comissão de serviço") e cláusula 13.ª do CCT AIND ("o empregador pode recrutar externamente jornalistas em regime de comissão de serviço directamente para os cargos de director, subdirector ou director-adjunto, mediante acordo escrito"). Em geral, sobre esta figura, António Menezes Cordeiro, «Da constitucionalidade das comissões de serviços laborais», *Revista de Direito e de Estudos Sociais*, 1991, I-II, pp. 129-148, Jorge Leite, «Código do Trabalho – algumas questões de (in)constitucionalidade», *Questões Laborais*, 22 (2003) pp. 245-278, Irene Gomes, «Principais aspectos do regime jurídico do trabalho exercido em comissão de serviço» in: António Monteiro Fernandes [Coord.], *Estudos de Direito do Trabalho em Homenagem ao Prof. Manuel Alonso Olea*, Almedina, Coimbra, 2004, pp. 241-265, Id., «A comissão de serviço» in: *A reforma do Código do Trabalho*, Coimbra Editora, Coimbra, 2004, pp. 365-380, Luís Miguel Monteiro, «Regime jurídico do trabalho em comissão de serviço» in: António Monteiro Fernandes [Coord.], *Estudos de Direito do Trabalho em Homenagem ao Prof. Manuel Alonso Olea*, Almedina, Coimbra, 2004, pp. 507-528, Irene Ferreira Gomes, «A comissão de serviço à luz do Código do Trabalho» in: António Cândido de Oliveira [Coord.], *Estudos em comemoração do 10.º aniversário da Licenciatura em Direito da Universidade do Minho*, Almedina, Coimbra, 2004, pp. 613-630, João Leal Amado, «Comissão de serviço e segurança no emprego: uma dupla inconciliável?», *Revista de Legislação e de Jurisprudência*, 3966 (2011), pp. 170-180, Filipe Fraústo da Silva, «Irreversibilidade de estatuto dirigente e comissão de serviço – anotação ao acórdão do STJ de 6 de Julho de 2005», *Questões Laborais*, 42 (2014), pp. 597-624 e Maria Leonor Ruivo, «Da comissão de serviço sujeito a termo resolutivo», *Revista Internacional de Direito do Trabalho*, 2022, III, pp. 239-295.

[183] Cfr., com interesse histórico, o Parecer do Grémio Nacional da Imprensa ao projeto apresentado pelo Sindicato Nacional dos Jornalistas para um Contrato Colectivo de Trabalho dos Profissionais da Imprensa Diária, publicado no *Boletim do Sindicato dos Jornalistas*, 2 (1941), p. 27: "o Grémio é de parecer que da classificação dos jornalistas, apresentada no projecto, devem desaparecer as categorias de chefe e sub-chefe de redacção. Na verdade, a chefia da redacção corresponde a missão de confiança da direcção do jornal ou da emprêsa e não propriamente a uma categoria especial na profissão do jornalismo. Entende o Grémio que a atribuição de tal cargo deve ficar inteiramente livre à emprêsa, sem que, para tanto, ela tenha necessàriamente de escolher um jornalista, no sentido profissional do termo, tal como sucede na escolha do director ou do editor. Quando exercido por um jornalista, o cargo de chefe de redacção deve entender-se que êle está em comissão de serviço ou missão de confiança. Como tal, esta pode ser-lhe retirada se assim convier à emprêsa, regressando o jornalista automàticamente ao exercício das atribuições que lhe competirem de harmonia com a sua categoria profissional, à qual não deixou de pertencer pelo facto de ter-lhe sido confiada a chefia da redacção. Idênticas considerações são de aplicar, e por análogas razões, ao cargo de sub-chefe da redacção que, evidentemente, só por si, não constitue uma categoria jornalística especial".

[184] Assim, ver ac. de 25/09/2002 do STJ (Mário Torres), proc. nr. 02S1197 (recusando a aplicação da figura da comissão de serviço a um jornalista "responsável pela escolha, elaboração e edição de notícias, com a responsabilidade pelo desempenho de 6 a 8 jornalistas do sector internacional,

mas no caso concreto estavam em causa funções genéricas de jornalista, ainda que com funções de coordenação[185]. Pensamos que as funções de diretor, subdiretor e diretor-adjunto podem ser exercidas em regime de comissão de serviço[186] e, nesse contexto, estes normativos podem ter explicação. Assim, e em resumo, na medida em que se verifique a subordinação jurídica, estes profissionais podem ser titulares de um contrato de trabalho.

§ 3.2. Jornalistas estrangeiros

A respeito do âmbito de aplicação do regime, merece uma especial menção o exercício desta atividade por trabalhadores estrangeiros. A legislação pretérita condicionava o exercício da atividade jornalística à titularidade de nacionalidade portuguesa e, repare-se, já não apenas das pessoas investidas na posição de diretores[187]. Hoje, a lei não exige que os jornalistas sejam nacionais. Por razões que parecem evidentes, não surpreende que uma semelhante exigência legal pudesse ser compatível com a CRP76 e com o Direito da União Europeia[188]. Não só a atividade não pode ser vedada como, inclusivamente,

nomeadamente de distribuição, controlo do serviço e das notícias a emitir, dependendo em primeiro lugar do editor do sector internacional"). Esta decisão confirmou o ac. de 03/10/2001 do TRL (Sarmento Botelho), proc. nr. 0026944 (sumário).

185 As funções de chefia não se confundem com as funções de diretor da publicação. Sirva de exemplo o CCT AIND onde se descreve que o Diretor "é o jornalista responsável pela orientação editorial do respectivo órgão de comunicação social" e que o Chefe de Redação "é o jornalista que dirige e coordena os serviços redactoriais do órgão de comunicação social e substitui o director nas suas ausências ou impedimentos, quando não exista director-adjunto ou subdirector" (cláusula 12.ª).

186 Francisco Javier Calvo Gallego, «Algunas reflexiones sobre la nueva Ley de cláusula de conciencia», *Relaciones Laborales – Revista crítica de teoría y práctica*, 1998, I, pp. 390-424, p. 395.

187 Em obra publicada no ano de 2005, Luís Brito Correia, *Direito da Comunicação Social...*, cit., p. 400, escrevia que "a exigência de cidadania (ou nacionalidade portuguesa) visa evitar que a imprensa portuguesa seja influenciada por estrangeiros, que prossigam interesses estranhos aos nacionais" (!).

188 Forçando a nota, o artigo 64.º, do Regulamento de Competições da Liga Portuguesa de Futebol Profissional, estabelece que "a carteira profissional de jornalista, certificada pela Comissão da Carteira Profissional de Jornalista, é o único documento de identificação exigível aos jornalistas profissionais e colaboradores da imprensa, para serem devidamente acreditados com acesso às salas de imprensa, bancada de imprensa e outros locais a que lhes seja permitido aceder nos termos deste regulamento" (n.º 1), mas o n.º 2 acrescenta que "as sociedades desportivas podem admitir, para serem acreditados, com acesso às salas de imprensa, bancada de imprensa e outros locais a que lhes seja permitido aceder nos termos deste regulamento... os jornalistas estrangeiros identificados para o efeito pelo órgão de comunicação social que representam".

existe a obrigação de reconhecimento dos títulos profissionais obtidos no estrangeiro, competindo esse poder à Comissão da Carteira Profissional de Jornalista[189]. No mais, são de aplicar as regras gerais quanto à formação do contrato de trabalho de um jornalista estrangeiro[190].

[189] Cfr. Portaria n.º 75/2012, de 26 de março.

[190] Sobre os trabalhadores estrangeiros, em geral, PEDRO ORTIS BETTENCOURT, «Trabalho de estrangeiros» in: ANTÓNIO MOREIRA [Coord.], *VI Congresso Nacional de Direito do Trabalho – Memórias*, Almedina, Coimbra, 2004, pp. 31-37.

§ 4. FORMAÇÃO DO CONTRATO DE TRABALHO

Como se disse introdutoriamente, os diplomas legais que regularam a atividade jornalística apontaram sempre a sua mira às condições de acesso à atividade. Dado o interesse público que rodeia esta atividade profissional, a lei continua a estabelecer certas condicionantes ao contrato de trabalho (mas também ao contrato de prestação de serviços), como a realização de um estágio profissional ou a titularidade de um título profissional, como veremos.

Sem prejuízo destas regras deontológicas e estatutárias, o EJ não regula a formação do contrato de trabalho. Assim, pode concluir-se que o contrato de trabalho está sujeito às regras e aos princípios gerais, como, por exemplo, o princípio da liberdade de forma[191], a aplicação das modalidades de contratação[192] ou a vinculação das partes a um dever de informação

[191] Assim, Luís Brito Correia, *Direito da Comunicação Social...*, cit., p. 404.

[192] Considerando suficiente indicar como motivo justificativo a "necessidade de satisfazer compromissos públicos da informação regional", cfr. o ac. de 18/05/2005 do TRL (Sarmento Botelho), proc. nr. 1601/2005-4. Temos algumas reservas em relação a esta decisão, pois o tribunal valorou que "do teor deste clausulado, se verifica que o mesmo é claro ao estipular que o acréscimo de actividade sentido pela Recorrente se fundava na necessidade de fazer face aos compromissos públicos de informação regional por ela assumidos, sendo certo, também, que, como vem provado, o início da actividade do Centro de Emissão Regional de Castelo Branco, com emissões regulares, se iniciou apenas em Setembro de 1999, ou seja, apenas três meses antes da data da celebração do contrato em causa, com início de vigência em 16/12/99. E, não vindo provado que tal motivo seja falso, é razoável concluir-se que aquele início de emissões regulares a partir de Setembro de 1999 do Centro de Emissão Regional de Castelo Branco traria sempre um acréscimo de actividade para a Ré, pois tratava-se de um novo serviço público de informação de âmbito regional. E, segundo entendemos, não seria exigível que a recorrente tivesse de concretizar, no contrato escrito, os compromissos de informação regional que teria assumido perante a opinião pública. A Autora perante aquela justificação do contrato a termo (actividade resultante da necessidade de satisfazer compromissos públicos de informação regional") estava em condições de compreender as razões

pré-contratual. Em relação ao dever de informação, há quem entenda que o empregador, para além do cumprimento do dever de informação genérico[193], deve ainda informar o trabalhador quanto ao seu estatuto editorial[194], sendo legítimo à empresa jornalística de tendência perguntar ao trabalhador, em sede de recrutamento, quais as suas convicções para esses efeitos[195].

A respeito da formação do contrato de trabalho, é comum que o trabalhador preste trabalho para um grupo económico. Mas aqui é preciso distinguir os casos em que o trabalhador efetivamente presta trabalho para as várias empresas do grupo – aquilo que MILENA ROUXINOL designa, numa expressão que nos parece bem conseguida, de mobilidade editorial[196] –, podendo gerar uma situação de pluralidade de empregadores[197], e os casos em que,

da recorrente na celebração do contrato e dos verdadeiros motivos que a levaram a afastar a regra geral da estabilidade do emprego, no início de prestação de um novo serviço público, no Centro de Emissão Regional de Castelo Branco". Ver também ac. de 14/04/1997 do TRP (PINTO DOS SANTOS), proc. nr. 9640745 (sumário).

[193] Sobre este dever, com maior desenvolvimento, DIOGO PEREIRA DUARTE, «A formação do contrato de trabalho e o período experimental» in: *Estudos do Instituto de Direito do Trabalho*, vol. VIII, Almedina, Coimbra, 2020, pp. 49-90, pp. 52 ss. e PAULA MEIRA LOURENÇO, «Os deveres de informação no contrato de trabalho», *Revista de Direito e de Estudos Sociais*, 2003, I-II, pp. 29-157.

[194] Assim, exatamente, MILENA ROUXINOL, *A vinculação autoral do trabalhador...*, cit., p. 244. No mesmo sentido, JOAQUÍN FRÍGOLA VALLINA / JOSÉ FRANCISCO ESCUDERO MORATALLA, *Honor, secreto profesional y cláusulas de conciencia en los medios de comunicación – límites y aspectos jurídicos, civiles y penales*, Ediciones Revista General de Derecho, Valencia, 1998, p. 119.

[195] Dando o exemplo do jornalista, MARIA MALTA FERNANDES, *Os limites à subordinação jurídica do trabalhador – em especial, ao dever de obediência*, Quid Iuris, Lisboa, 2008, p. 151.

[196] Ver, *ex multis*, MILENA ROUXINOL, *A vinculação autoral do trabalhador...*, cit., pp. 231 ss.

[197] Com efeito, quando a subordinação jurídica se revela simultaneamente perante duas ou mais entidades, isto é, quando o trabalhador presta trabalho em moldes subordinados para uma pluralidade de entidades, é a figura da pluralidade de empregadores que deve receber aplicação ainda que entre alguma das entidades envolvidas (ou até todas) e o trabalhador não haja um vínculo formal. Se é certo que a disposição legal que regula a figura da pluralidade de empregadores exige a verificação de um formalismo negocial, parecendo mesmo opor-se à sua constituição em caso de inobservância dessas formalidades, a verdade é que a doutrina e jurisprudência têm feito uma leitura bastante inteligente da norma possibilitando ao trabalhador a invocação da figura mesmo nesses casos. Essencialmente, a doutrina e a jurisprudência amparam-se na filosofia de que "é a realidade factual que determina a forma jurídica e não o inverso" ou, mais enfaticamente, "é a realidade factual, a sua vida e a sua dinâmica que determina a forma jurídica e não o inverso, ou seja, a vontade das partes não pode afastar a subordinação jurídica quando ela estiver presente" (nestes termos, CATARINA DE OLIVEIRA CARVALHO, *Da mobilidade dos trabalhadores no âmbito dos grupos de empresas nacionais*, UCP Editora, Porto, 2001, p. 340, afirmação recuperada depois, ID., «Algumas questões sobre a empresa e o direito do trabalho no novo código do trabalho» in: *A reforma do Código do Trabalho*, Coimbra Editora, Coimbra, 2004, pp. 437-474, p. 440, ID., «Contrato de trabalho e pluralidade de empregadores», *Questões Laborais*, 26 (2005), pp. 209-239,

p. 228, Id., «O equívoco jurisprudencial quanto à (in)admissibilidade do contrato de trabalho com pluralidade de empregadores antes da vigência do código do trabalho – comentário ao acórdão do STJ de 18/05/2006», *Questões Laborais*, 30 (2007), pp. 223-244, p. 240, e Id., «As perplexidades suscitadas pela regulamentação positiva de uma figura não inovadora: o contrato de trabalho celebrado com pluralidade de empregadores», *Prontuário de Direito do Trabalho*, 87 (2010), pp. 45-83, p. 52).
Estando prevista no artigo 101.º e, já antes, no artigo 92.º, do CT03, onde surge positivada pela primeira vez, a pluralidade de empregadores já era aceite no período que antecedeu o movimento codificador. Como escrevia João Zenha Martins, *Cedência de trabalhadores e grupos de empresas*, Almedina, Coimbra, 2002, p. 233, n. 469, devem existir "tantas entidades patronais quantas as entidades que conformam materialmente a actividade prestacional do trabalhador". No entanto, ao contrário do que sucedia anteriormente, estas normas codicísticas exigem agora o preenchimento de requisitos formais. Efetivamente, o artigo 101.º, n.º 2, tal como já antes o artigo 92.º, n.º 1, do CT03, exige forma escrita, formalismo esse particularmente exigente porque são várias as menções que devem constar no documento. Aparentemente, a inobservância dos requisitos formais só concede ao trabalhador "o direito de optar pelo empregador ao qual fica vinculado" (cfr. artigo 101.º, n.º 5, e, igualmente, o artigo 92.º, n.º 5, do CT03). Durante a vigência do CT03, Júlio Gomes, *Direito do Trabalho*, vol. I – *relações individuais de trabalho*, Coimbra Editora, Coimbra, 2007, p. 233, escrevia que o legislador parecia "ter pretendido evitar que a nossa jurisprudência viesse a reconhecer a existência, de facto, no âmbito dos grupos de situações de genuína pluralidade de empregadores", acrescentando exclamativamente, em n. 625), "resta saber se se deverá aceitar tão flagrante violação do princípio do realismo que domina o direito do trabalho".
Sancionar a inobservância dos requisitos formais com a simples atribuição ao trabalhador de um direito de optar por uma das entidades introduzia resultados perversos. Na pluralidade de empregadores constituída licitamente, todas as entidades seriam chamadas à responsabilidade e em regime de solidariedade. Já no caso da pluralidade de empregadores constituída à revelia dos requisitos formais, o trabalhador apenas poderia, aparentemente, optar pelo empregador perante o qual queria ficar vinculado perdendo a hipótese de acionar os restantes. Esta interpretação surgia avalizada pelo teor literal do artigo 92.º, n.º 3, que fazia depender a responsabilidade solidária da celebração do contrato "nos termos dos números anteriores", ou seja, com respeito pelas formalidades. A doutrina questionava se não deveria valer também aqui aquele princípio elementar do Direito de quem não cumpre a lei não pode ficar em melhor posição do que aquele que a cumpre. Durante a vigência do CT03, uma parte da doutrina propunha uma interpretação corretiva-extensiva da norma por forma a abranger os casos de pluralidade irregular. Maria do Rosário Palma Ramalho, *Grupos empresariais e societários – incidências laborais*, Almedina, Coimbra, 2008, p. 410, mostrava-se cética em relação à possibilidade de uma pluralidade de facto, mas acabava por admiti-lo por intervenção "judicial" e "corretiva" dos tribunais, por forma a contornar situações materialmente injustas. Também José Andrade Mesquita, *Direito do Trabalho*, cit., pp. 103-104, propunha uma "interpretação enunciativa lata" por forma a abranger as situações em que o contrato deveria ter sido celebrado de acordo com aquelas formalidades, defendendo que a inércia do trabalhador não impede o reconhecimento de uma situação de pluralidade de empregadores. Na jurisprudência, ver, entre outros, ac. de 27/03/2006 do TRP (Machado da Silva), proc. nr. 0516603, e ac. de 15/10/2007 do TRP (Domingos Morais), proc. nr. 0711034. Contra, registava-se, na doutrina, Joana Vasconcelos, «Contrato de trabalho com pluralidade de empregadores», *Revista de Direito e Estudos Sociais*, 2005, II-III-IV, pp. 283-299, pp. 292 ss.

tal como a lei consente, apenas há uma "circulação da obra por diversos órgãos de comunicação social, ainda que detidos, todos eles, pela mesma empresa"[198], como veremos a respeito dos direitos de autor[199].

§ 4.1. Capacidade

Segundo o artigo 2.º, do EJ, podem ser jornalistas os cidadãos maiores de 18 anos no pleno gozo dos seus direitos civis. Embora seja uma norma de natureza estatutária, desta disposição legal só pode decorrer que as regras gerais para a celebração de um contrato de trabalho não são aplicáveis, em todo o seu alcance, ao contrato de trabalho de jornalista, ou seja, não é possível celebrar um contrato de trabalho para o exercício de atividade de jornalista com um menor de 16 ou 14 anos, nos termos permitidos pelo CT09. Como se vê, apenas com a maioridade é possível a celebração de um contrato de trabalho para o exercício desta atividade, um pouco como acontece, de certa forma,

Em face do CT09, é suficiente uma interpretação declarativa porque desapareceu a referência ao "contrato de trabalho celebrado nos termos dos números anteriores" da norma do CT03. Por outro lado, a norma não fecha a possibilidade de o trabalhador invocar a situação de pluralidade de facto. Literalmente, o legislador concede ao trabalhador a possibilidade de optar por um dos empregadores ficando em aberto a hipótese para o trabalhador, intencionalmente ou por inércia, de não tomar qualquer opção. Nada dizendo (da parte do trabalhador, bem entendido), deverá valer a responsabilidade solidária. Assim, exatamente, ac. de 29/02/2012 do STJ (Gonçalves Rocha), proc. nr. 163/09.0TTMTS.P1.S1. Contudo, a opção do trabalhador por um dos empregadores não deve precludir a responsabilidade solidária dos empregadores que estiverem envolvidos na execução da prestação pelas dívidas emergentes dessa situação. No limite, é o regime das invalidades que deve intervir aqui. No ac. de 12/09/2007 do STJ (Laura Leonardo), proc. nr. 07S820, o Tribunal considerou que se aplicava o regime de solidariedade porque não obstante a inobservância dos requisitos formais, sendo o negócio nulo, por essa razão, o negócio produz efeitos como se fosse válido. Igual posição é defendida por Maria do Rosário Palma Ramalho, *Grupos empresariais e societários...*, cit., p. 421 que também entende que deve valer um regime de solidariedade durante o tempo em que o contrato esteve em execução. Na jurisprudência mais recente ver o ac. de 19/06/2013 do TRL (Paula Sá Fernandes), proc. nr. 314/11.4TTFUN.L1-4, e o ac. de 11/03/2015 do TRL (Paula Sá Fernandes), proc. nr. 559/12.0TTLSB.L1-4 e ac. de 25/11/2021 do TRE (Moisés Silva), CJ, 2021, V, pp. 244-245. Contra, embora critique a norma legal, Luís Manuel Teles de Menezes Leitão, *Direito do Trabalho*, cit., p. 234. Também em sentido contrário, cfr. ac. de 14/06/2007 do TRC (Azevedo Mendes), proc. nr. 1190/04.9TTCBR.C1, ac. de 21/09/2005 do TRL (Ramalho Pinto), proc. nr. 3275/2005-4, e ac. de 12/05/2014 do TRP (Eduardo Petersen da Silva), proc. nr. 170/09.2TTOAZ.P1.

[198] Milena Rouxinol, *A vinculação autoral do trabalhador...*, cit., p. 238.

[199] § 11. Direitos de Autor.

com o contrato de trabalho de transporte rodoviário em que a exigência de uma habilitação legal de condução de veículos pesados não permite, na prática, a celebração um contrato de trabalho naquelas idades permitidas pelo regime laboral comum.

A este respeito, importa dar nota de que, ao contrário do que chegou a ser aventado no passado, tema que gerou vivo debate[200], não são exigidas especiais qualificações académicas para o exercício desta atividade e, portanto, para a celebração de um contrato de trabalho. Ainda que haja hoje uma visível oferta académica no jornalismo[201], tem prevalecido a convicção de que o jornalismo se caracteriza mais pelo empirismo do que pelo ensino académico ou institucionalizado[202], que o jornalismo deve ser uma "profissão aberta", pronta a acolher alguém que "se formou na dura escola da vida"[203], privilegiando

[200] Foi o que se pretendeu com a Proposta de Lei n.º 76/X e Decreto n.º 130/X onde se estabelecia a exigência de um título de ensino superior ("podem ser jornalistas os cidadãos no pleno gozo dos seus direitos civis que detenham uma habilitação académica de nível superior"). Acontece que este diploma viria a ser objeto de veto político por parte do Presidente da República. Veto que foi saudado pelo Sindicato dos Jornalistas em comunicado ("1. As considerações preliminares da mensagem correspondem à preocupação há largo tempo expressa e repetidamente transmitida pelo Sindicato dos Jornalistas de que o Estatuto que o Governo e o Partido Socialista fizeram aprovar não reflecte o mínimo consenso parlamentar nem criou condições para que os jornalistas portugueses se revissem neste importante instrumento legal para a sua actividade. Aliás, as múltiplas expressões de opiniões nos tempos recentes confirmaram a consistência dos avisos do SJ. (...) 3. O Sindicato regista as dúvidas levantadas pelo Senhor Presidente da República quanto às restrições do acesso à profissão, condicionando-o a uma licenciatura. A propósito recorda que tem defendido como condição habilitante a frequência de um curso de estágio, independentemente das habilitações de origem do candidato à profissão. Anota, por outro lado, que a sugestão do PR de que as habilitações mínimas sejam objecto de auto-regulação entre os empregadores e os jornalistas coincide com a prática que vem sendo seguida pelo Sindicato e pelas associações patronais e empresas com as quais celebra instrumentos de regulamentação colectiva").

[201] A Base XII da Cfr. Base IV da Lei n.º 5/71, de 5 de novembro, estabelecia que "para assegurar a formação de profissionais de imprensa de harmonia com as exigências culturais, científicas e técnicas da sua missão de interesse público, o Governo promoverá a organização do ensino do jornalismo".

[202] NUNO E SOUSA, *A liberdade de imprensa*, cit., p. 168.

[203] Parecer n.º 27/X da Câmara Corporativa (ponto 55). Como escrevia LUIZ TEIXEIRA no *Boletim do Sindicato Nacional dos Jornalistas*, 1 (1941), p. 6, "o recrutamento do pessoal dos quadros redactoriais dos nossos diários faz-se, geralmente, por tentativas de experiência, incertas e pouco seguras nos seus resultados. A carreira profissional do jornalista começa com base em indícios nítidos de vocação e tendência natural e desenvolve-se sempre ao sabor da revelação de espontâneas qualidades pessoais. Reconhecemos que falta o encaminhamento necessário que oriente e aproveite para uma finalidade justa o esfôrço do autodidacta que faz do jornalismo o seu modo de vida e põe ao seu serviço as melhores energias intelectuais, quási sempre com apaixonante dedicação".

a formação no terreno e ao longo da vida[204] e, por isso mesmo, à margem dos graus ou títulos académicos ou, pelo menos, tornando essa formação obrigatória para o exercício da profissão[205].

§ 4.2. Estágio profissional

Ao contrário da generalidade das atividades profissionais, o acesso à profissão de jornalista depende da frequência e aproveitamento num estágio: "a profissão de jornalista inicia-se com um estágio obrigatório, a concluir com aproveitamento, com a duração de 12 meses, em caso de licenciatura na área da comunicação social ou de habilitação com curso equivalente, ou de 18 meses nos restantes casos" (artigo 5.º do EJ)[206]. Portanto, o estágio é condição de acesso à profissão de jornalista[207], estando regulamentado na Portaria n.º 318/99, de 12 de maio.

Figura muito comum no jornalismo, importa não confundir o estágio profissional de acesso à profissão, que confere ao estagiário um título provisório de jornalista ("jornalista-estagiário"), com o estágio curricular, enquanto componente letiva com vista à obtenção de um grau académico, como é comum acontecer nas Licenciaturas em Comunicação Social, ainda que, como frequentemente sucede, esses estágios curriculares possam ser precedidos da celebração de um protocolo de estágio. Portanto, os estagiários curriculares não são jornalistas para efeitos de aplicação do EJ[208], embora

[204] Diferente é a formação ao longo da vigência do contrato de trabalho. Sobre isto, o Projeto de Lei n.º 525/XI/2.ª propunha que "sem prejuízo das disposições previstas no Código do Trabalho e nos instrumentos de regulamentação colectiva de trabalho aplicáveis, os jornalistas têm direito a frequentar, durante o período normal de trabalho e até ao máximo de 50 horas num período de dois anos, acções de formação ministradas por entidades certificadas".

[205] Para Jónatas E. M. Machado, *Liberdade de expressão – dimensões constitucionais...*, cit., p. 545, "não é certo que a liberdade de imprensa conduza ineliminavelmente à inconstitucionalidade da existência de uma acreditação e da exigência de um título universitário".

[206] No mesmo sentido, cfr. artigo 6.º, n.º 1, do Decreto-Lei n.º 70/2008, de 15 de abril: "a profissão de jornalista inicia-se com um estágio que se realiza em regime de ocupação principal, permanente e remunerada".

[207] Alberto Arons de Carvalho / António Monteiro Cardoso / José Pedro Figueiredo, *Direito da Comunicação Social...*, cit., p. 151: "destina-se a uma apreensão da vivência da actividade, através do contacto pessoal com o normal funcionamento de um órgão de comunicação social, tendo por fim familiarizar o jornalista estagiário com os actos e termos mais usuais da prática jornalística".

[208] Cfr. parecer do CCPJ (https://www.ccpj.pt/pt/deliberacoes/pareceres/).

a duração desses estágios curriculares possa ser computada, em parte, na duração dos estágios profissionais[209].

Em relação aos estágios profissionais, é natural que, mesmo em contexto jornalístico, o estágio implique estar sujeito a ordens e instruções[210], mas isso não significa que os jornalistas estagiários são titulares, nesse caso, de um contrato de trabalho[211].

Ainda em relação ao período de estágio, segundo o n.º 5, do artigo 5.º, do EJ, "para o cálculo da antiguidade profissional dos jornalistas é contado o tempo do estágio". Não é perfeitamente claro qual o alcance desta disposição legal, até porque, como já dissemos até à saciedade, o EJ não tem uma vocação laboral, pretendendo regular os mais variados aspetos da atividade jornalística. Como se sabe, no regime laboral comum, o contrato de estágio não é um contrato de trabalho e, portanto, o trabalhador que, antes do vínculo laboral, foi titular de um contrato de estágio, não pode computar esse período no cálculo da sua antiguidade. É certo que o contrato de estágio pode ter repercussões na execução do contrato de trabalho – estamos a pensar na

[209] Cfr. n.º 4 da Portaria n.º 318/99, de 12 de maio: "os estágios organizados no âmbito de acordos de colaboração entre empresas de comunicação social e estabelecimentos de ensino superior ou entidades acreditadas pelo Instituto para a Inovação na Formação, adiante designado por INOFOR, são contabilizados para efeitos de contagem de tempo de duração do estágio até ao máximo de três meses".

[210] Em contexto jornalístico, cfr. ac. de 06/02/2005 do TRL (Ramalho Pinto), proc. nr. 1598/2005-4: "os contratos de formação profissional ou de estágio não geram relações de trabalho subordinado, sendo que tais acções de formação implicam, necessariamente, que sejam dadas ordens ao estagiário sobre as tarefas da sua formação".

[211] Cfr. ac. de 12/05/2007 do STJ (Mário Pereira), proc. nr. 06S2963 ("é de qualificar como de aprendizagem, e não de trabalho, o contrato celebrado entre o autor e a ré – no seguimento de um processo de recrutamento de estagiários em jornalismo"). Sobre o regime dos estágios profissionais, ver, com outro desenvolvimento, João Zenha Martins, «Estágios, formação profissional e trabalho: contratos e retratos», *Revista Electrónica de Direito*, 19 (2019), pp. 98-134, Id., «Estágios profissionais, contratos de trabalho e emprego: algumas reflexões», *Minerva – Revista de Estudos Laborais*, 2019, I, pp. 51-91, Ana Lambelho, «O contrato de aprendizagem e o(s) contrato(s) de estágio», *Questões Laborais*, 42 (2014), pp. 321-346 e João Leal Amado / Margarida Porto, «Primeiras notas sobre o regime jurídico dos estágios profissionais», *Revista de Legislação e Jurisprudência*, 3975 (2012), pp. 348-366. Luís Brito Correia, *Direito da Comunicação Social...*, cit., p. 404, escreve que "o estágio deve preceder a celebração do contrato de trabalho ou de prestação de serviço como jornalistas, embora seja normal que o início do estágio seja precedido de um contrato de trabalho ou de prestação de serviço como estagiário" (!). A este respeito, também o Projeto de Lei n.º 525/XI/2.ª propunha que "o estágio referido no número anterior realiza-se em regime de contrato de trabalho, durante o qual o estagiário se integra na estrutura da redacção de um órgão informativo, e nas diversas secções da redacção, sendo acompanhado por um jornalista habilitado para tal, de forma a obter o conhecimento efectivo da actividade jornalística".

norma que determina a redução ou, no limite, a supressão do período experimental, caso o trabalhador tivesse ocupado o mesmo posto de trabalho ao abrigo de um contrato de estágio[212] –, mas não conta, salvo melhor opinião, para o cálculo da antiguidade do trabalhador.

Aparentemente, o legislador quis estabelecer, para efeitos laborais, que o período de estágio é contabilizado para efeitos do cômputo da antiguidade do trabalhador, o que pode ter relevância a vários níveis: pense-se na resolução do contrato de trabalho do jornalista, com fundamento na cláusula de consciência, que atribui ao jornalista uma indemnização de um mês e meio por cada ano de antiguidade. Ou, pensando na resolução do contrato de trabalho promovida pelo empregador, por causas objetivas, na compensação calculada também em função da antiguidade. Pense-se ainda no cálculo da compensação isenta/sujeita a tributação em sede de IRS e Segurança Social no âmbito de um acordo de revogação do contrato de trabalho[213]. Por outro lado, a progressão entre categorias profissionais, tal como previsto nos Instrumentos de Regulamentação Coletiva de Trabalho, está dependente de uma certa antiguidade.

§ 4.3. Carteira profissional

Devido ao interesse público que rodeia esta atividade, o exercício do jornalismo deve estar credenciado. Com efeito, remontando ao Passe de Imprensa[214], à Carteira de Identidade[215], ao Bilhete de Identidade dos Jornalistas[216] e à Carteira de Identidade dos Jornalistas[217], o exercício da profissão de jornalista está sujeito

[212] § 5. Período experimental.

[213] Sobre isto, Teresa Teixeira Motta, «Breves notas sobre a tributação em IRS das importâncias auferidas pela cessação da relação laboral» in: *Estudos dedicados ao Professor Doutor Bernardo da Gama Lobo Xavier*, Universidade Católica Editora, vol. III, Lisboa, 2015, pp. 567-596, especialmente, pp. 588 ss. e Paula Rosado Pereira, «Incidência do IRS sobre as compensações pela cessação do contrato de trabalho – problemas e soluções», *Revista Internacional de Direito do Trabalho*, 2021, I, pp. 1169-1201, especialmente, pp. 1181 ss.

[214] Sobre esta figura, Rosa Maria Sobreira, *Os jornalistas portugueses...*, cit., p. 98.

[215] Decreto n.º 10401, de 22/12/1924, que criou a "Carteira de Identidade", destinada unicamente aos profissionais da imprensa que dela necessitem para o desempenho da sua missão.

[216] Decreto n.º 19493, de 23/03/1931, que criou o bilhete de identidade dos jornalistas da pequena imprensa e da imprensa regional.

[217] Decreto-Lei n.º 24006, de 13/06/1934, que criou a carteira de identidade dos jornalistas como título da sua categoria profissional, posteriormente alterada pelo Decreto-lei 26474, de 30/03/1936.

à obtenção de carteira profissional. É o que exige o artigo 4.º, do EJ, cujo n.º 1 é bem claro nesse sentido: "é condição do exercício da profissão de jornalista a habilitação com o respectivo título, o qual é emitido e renovado pela Comissão da Carteira Profissional de Jornalista, nos termos da lei".

Acrescenta o EJ que "nenhuma empresa com actividade no domínio da comunicação social pode admitir ou manter ao seu serviço, como jornalista profissional, indivíduo que não se mostre habilitado, nos termos do número anterior, salvo se tiver requerido o título de habilitação e se encontrar a aguardar decisão". Portanto, a carteira profissional não é meramente facultativa[218] e não ser titular dela é uma circunstância que, segundo pensamos, se repercute na validade do contrato de trabalho, mais concretamente, determina a sua nulidade por impossibilidade (legal) do objeto (ou na caducidade do contrato, em caso de cassação da "carteira de jornalista")[219].

A competência para a atribuição da carteira profissional compete à Comissão da Carteira Profissional de Jornalista (artigo 18.º-A, n.º 3, do EJ), organismo igualmente competente para a sua suspensão ou cassação[220].

[218] Embora, como muito bem observa Luís Brito Correia, *Direito da Comunicação Social...*, cit., pp. 408-409, o artigo 1.º, n.º 3, do EJ, ao estatuir que "são ainda considerados jornalistas os cidadãos que, independentemente do exercício efectivo da profissão, tenham desempenhado a actividade jornalística em regime de ocupação principal, permanente e remunerada durante 10 anos seguidos ou 15 interpolados, desde que solicitem e mantenham actualizado o respectivo título profissional", parece sugerir que, pelo menos para estes casos, o título profissional surge mais como "comprovante de legitimação" do que como requisito de acesso.

[219] Forçando a nota, João Pacheco de Amorim, *Direitos fundamentais e ordens profissionais – em especial, do direito de inscricao nas ordens*, Almedina, Coimbra, 2016, p. 1257, escreve que "por força do art.º 47.1 CRP, julgamos estar necessariamente afastada a possibilidade de qualificação como um ilícito penal da violação da norma de proibição, bem como a hipótese da cominação da sanção da nulidade para os contratos realizados pelo exercente não autorizado com os destinatários dos seus serviços". Sobre isto, ver também Michele Caro, «Rassegna della giurisprudenza sul rapporto di lavoro giornalistico di fatto», *Rivista Italiana del Lavoro*, 1998, pp. 3-21.

[220] No passado, a competência para a emissão da carteira profissional era das Associações Sindicais, o que o TC declarou inconstitucional nos anos 90. Com efeito, no ac. n.º 445/93 do TC (Antero Alves Monteiro Dinis), BMJ, 429 (1993), pp. 251-268, o TC declarou a inconstitucionalidade, com força obrigatória geral, as normas da Lei n.º 62/79, de 20 de setembro, e do Decreto-Lei n.º 513/79, de 24 de dezembro, quando atribuíam a sindicatos a competência para a emissão da carteira profissional de jornalista. Posteriormente, o Decreto-Lei n.º 291/94, de 16 de novembro, veio determinar que tal função passasse a ser exercida por uma comissão da carteira profissional, presidida por um magistrado e constituída por jornalistas profissionais e representantes dos diferentes meios de comunicação social. Sobre isto, com referência aos jornalistas, ver, com outro desenvolvimento, João Pacheco de Amorim, *Direitos fundamentais e ordens profissionais – em especial, do direito de inscrição nas ordens*, Almedina, Coimbra, 2016, pp. 1386 ss.

§ 5. PERÍODO EXPERIMENTAL

Em relação ao período experimental, o EJ é omisso. A carência de regulamentação só pode significar a aplicação das regras gerais previstas no CT09.

No entanto, uma primeira questão que se pode colocar é a de saber se o contrato de trabalho jornalista é compatível com a existência de período experimental. Não se subestime a pergunta porque, no âmbito de outros contratos de trabalho com regime especial, como no caso dos praticantes desportivos profissionais ou dos profissionais da área da cultura, há quem defenda que os respetivos contratos são incompatíveis com a existência de período experimental. Isto com o pretenso argumento de que, dada a notoriedade dos respetivos profissionais, não há sentido útil para o período experimental. Semelhante raciocínio poderia ser ensaiado para o jornalista, sobretudo para aqueles que conseguem granjear uma maior notoriedade. De resto, a própria contratação coletiva parece ter isso em vista[221].

Rejeitamos, porém, em tese, esse princípio. Tal como sublinhámos a propósito dos desportistas[222] e dos profissionais da área da cultura[223], mesmo relativamente ao jornalista mediático pode existir necessidade de avaliar não só as competências técnicas, mas também o seu entrosamento dentro da (nova) organização. Por outro lado, importa ter sempre presente que, em bom rigor,

[221] Cfr. cláusula 5.ª, n.º 8, do CCT AIND: "salvo acordo escrito que os reduza ou exclua, quando a admissão seja feita por convite, os períodos referidos no número anterior são reduzidos a metade". Acrescenta o n.º 9 que "para os efeitos do número anterior, considera-se admissão por convite aquela em que o empregador prescinde do recurso a processo de selecção com publicitação de oferta de trabalho, limitando-se a dirigir expressamente a um jornalista determinado uma proposta de admissão que contenha, inequivocamente, pelo menos, as funções a exercer e a respectiva retribuição".

[222] Victor Hugo Ventura, *O regime do contrato de trabalho do praticante desportivo*, AAFDL Editora, Lisboa, 2020, pp. 117 ss.

[223] Victor Hugo Ventura, *O Estatuto dos Profissionais da Área da Cultura...*, cit., pp. 134 ss.

o período experimental aproveita a ambas as partes e, portanto, também ao próprio trabalhador tem interesse na existência de um período experimental[224]. Sem prejuízo, claro está, de as próprias partes o poderem excluir, nos termos gerais.

Outra questão que se coloca diz respeito à duração do período experimental. Mais concretamente, pode perguntar-se se o jornalista desempenha uma função de especial complexidade técnica ou responsabilidade que justifique um alargamento do período experimental de 90 para 180 dias. Neste contexto, a Relação de Lisboa já decidiu que "quaisquer destas funções [de jornalista] podem ser exercidas com um grau maior ou menor de responsabilidade, tudo dependendo das circunstâncias concretas em que as mesmas são desempenhadas, designadamente em termos da organização em que se enquadram" de maneira que "só nos casos em que o exercício das funções envolve um maior grau de responsabilidade, o período experimental será de 180 dias"[225].

A este respeito, o CCT AIND estabelece um período experimental, em regra, de 180 dias, reservando os 240 dias para os trabalhadores que exercem funções de direção[226]. Repare-se que a validade desta cláusula pode ser discutida, pois o CT09 apenas permite à contratação coletiva a redução do período experimental e não, claro está, a fixação de um período experimental superior[227]. A contratação coletiva parece partir da premissa de que a atividade jornalista envolve sempre tarefas de complexidade técnica, elevado grau de responsabilidade, pressupõem uma especial qualificação ou funções de confiança. Acontece que, como, aliás, se decide no acórdão acima referido, essa ponderação deve ser feita caso a caso. Assim, esta cláusula do CCT AIND pode considerar-se nula na medida em que prevê um período experimental de duração superior àquela que, em princípio, seria aplicável, isto é, de 90 dias, se, claro está, não estiverem em causa funções que justifiquem o período experimental de 180 dias.

[224] Sublinhando que o período experimental (também) serve os interesses do trabalhador, Maria Irene Gomes, «Calcorreando o período experimental ou período de prova» in: *Para Jorge Leite – Escritos Jurídico-Laborais*, vol. I, Coimbra Editora, Coimbra, 2014, pp. 349-365, p. 351 e Tatiana Guerra de Almeida, «Período experimental – breves notas para o estudo comparativo dos regimes jurídicos português e espanhol» in: *Estudos de Direito do Trabalho em Homenagem ao Professor Manuel Alonso Olea*, Almedina, Coimbra, 2004, pp. 589-611, especialmente, pp. 592-593.

[225] Ver ac. de 12/03/2003 do TRL (Maria João Romba), proc. nr. 0085934 (sumário).

[226] Cfr. cláusula 5.ª, n.º 7, do CCT AIND: "nos contratos de trabalho celebrados por tempo indeterminado que não o tenham excluído ou reduzido, o período experimental terá a duração de 180 dias, salvo para os jornalistas admitidos para cargos de direcção, que será de 240 dias".

[227] Cfr. artigo 112.º, n.º 5, do CT09: "a duração do período experimental pode ser reduzida por instrumento de regulamentação colectiva de trabalho ou por acordo escrito entre partes".

Ainda a respeito da duração do período experimental, também importa lembrar que o acesso à profissão de jornalista depende, como vimos, da frequência de um estágio profissional[228] e, de acordo com as regras gerais, aqui aplicáveis, "o período experimental... é reduzido ou excluído, consoante a duração de anterior... estágio profissional para a mesma atividade, tenha sido inferior ou igual ou superior à duração daquele, desde que em qualquer dos casos sejam celebrados pelo mesmo empregador" (artigo 112.º, n.º 4)[229]. Portanto, a frequência deste estágio é computada na duração do período experimental, naturalmente nos casos em que o trabalhador é admitido na mesma entidade para a qual realizou o estágio profissional. Já temos dúvidas de que a mesma conclusão se aplique à frequência dos estágios curriculares. Pese embora a sua vocação "profissionalizante", estes não são estágios profissionais e a lei não o diz expressamente, isto é, não determina que estes estágios devem ser considerados para estes efeitos.

A respeito da contratação coletiva aplicável ao jornalismo, é preciso ainda considerar um conjunto de normas de relevante importância. Isto porque aí se prevê que antes de terminar o período experimental, o conselho de redação deve pronunciar-se, a título consultivo, sobre a admissão dos jornalistas profissionais[230]. Esta cláusula suscita algumas dúvidas de interpretação. Por um lado, esta cláusula parece estar pensada para os casos em que o período experimental está perto de findar e a empresa jornalística pretende que a relação de trabalho se consolide, devendo para isso consultar o conselho de redação[231]. Aparentemente, ficam de fora os casos em que o empregador pretende pura e simplesmente denunciar o contrato durante o período experimental, pois aí não estará em causa a "admissão" (expressão tecnicamente imprópria dado que o período experimental corresponde já a uma fase do contrato).

[228] § 4.2. Estágio profissional.

[229] Pensamos que é esse o sentido da cláusula 5.º, n.º 10, do CCT AIND, quando estatui que "o período experimental integra-se na duração do estágio". Luís Brito Correia, *Direito da Comunicação Social...*, cit., p. 404, refere que "este estágio precede a atribuição da carteira profissional e é independente do período experimental, que existe, em regra, no início de cada relação de trabalho", mas pensamos que a afirmação do Autor deve ser contextualizada atendendo ao quadro legal em vigor à data.

[230] Cfr. a cláusula 9.ª, n.º 3, alínea b), do AE Lusa e cláusula 5.ª, n.º 10, do CCT AIND, com idêntica redação ("a admissão de candidatos à profissão de jornalista obedecerá sempre às seguintes disposições: b) Antes de terminar o período experimental, a empresa, ouvido o conselho de redacção, deve pronunciar-se sobre a admissão do candidato").

[231] Para Nuno e Sousa, *A liberdade de imprensa*, cit., p. 214, parecer que não é vinculativo.

§ 6. LOCAL DE TRABALHO

O EJ não regula a matéria ligada ao local de trabalho. É certo que, tipicamente, numa boa parte do seu tempo, o jornalista está na redação, elaborando as peças jornalísticas. Embora as tecnologias de informação permitam ainda a prestação do trabalho em regime de teletrabalho, as reportagens ou o jornalismo de investigação exigem deslocações e, em certos casos, até destacamentos (pense-se no jornalismo de Guerra)[232]. De certa forma, o jornalismo pode ser encarado como uma daquelas atividades em que o local de trabalho corresponde "ao âmbito potencial de realização da prestação"[233]. Como dizia FERNANDO ALBERTO PIMENTEL, "o jornalista está, como um soldado, no sector onde é necessário"[234] ou, tomando agora de empréstimo a expressão de JOÃO LEAL AMADO, utilizada noutro contexto, o jornalista pode ser considerado, pelo menos num certo sentido, um verdadeiro trabalhador *on the road*[235].

Se o EJ é omisso nessa matéria, dúvidas parecem não existir de que também para o jornalista devem valer as regras gerais nesta matéria. Desde logo, a garantia da inamovibilidade, ainda que também sujeito às regras gerais

[232] Cfr. cláusula 4.ª do Anexo II (Regulamento de deslocações em serviços) ao AE Lusa: "nas deslocações para zonas de conflito, guerra e perturbações da ordem pública ou assolados por catástrofes, epidemias ou acentuada carência de meios de subsistência o valor das ajudas de custo será acrescido de 40 %" (n.º 3) e "sempre que particulares circunstâncias do país para o qual o trabalhador é deslocado o justifiquem, e as partes assim acordem, aplicar -se -á também o acréscimo previsto no número anterior" (n.º 4).

[233] PEDRO MADEIRA DE BRITO, «Local de trabalho» in: *Estudos do Instituto de Direito do Trabalho*, vol. I, Almedina, Coimbra, 2001, pp. 355-385, p. 361.

[234] FERNANDO ALBERTO PIMENTEL, «O elogio do jornalista», *Boletim do Sindicato Nacional dos Jornalistas*, 5 (1945), pp. 142-145, p. 143.

[235] JOÃO LEAL AMADO, «Modificação substancial das condições de trabalho...», cit., p. 171.

em matéria de mobilidade geográfica[236] e às cláusulas de definição do local de trabalho. Neste último caso, os problemas serão particularmente significativos, pois, segundo pensamos, o contrato de trabalho não pode habilitar o empregador a definir o local de trabalho de forma tal que ele coincida com o *mapa-mundi* e com isso assegurar que o jornalista possa cobrir qualquer evento noticioso, onde quer que se realize (no território nacional ou no estrangeiro)[237].

[236] A convenção coletiva aplicável ao jornalismo prevê, no entanto, "os jornalistas podem trabalhar para órgão de informação diferente daquele a cujo quadro redactorial pertencem, por acordo com o empregador", dizendo-se também que "a transferência dos jornalistas para quadro redactorial diferente pode ser realizada mediante acordo com o empregador". Estamos a citar, respectivamente, os n.ºs 2 e 3 da cláusula 38.ª do CCT AIND.

[237] Sobre isto, com reservas sobre o caráter ilimitado destas cláusulas, José João Abrantes, «Cláusulas de mobilidade geográfica do trabalhador – algumas questões» in: Júlio Gomes / Catarina de Oliveira Carvalho [Coord.], *Direito do Trabalho + Crise = Crise do Direito do Trabalho? Actas do Congresso de Direito do Trabalho*, Coimbra Editora, Coimbra, 2011, pp. 29-36, João Leal Amado, «Modificação substancial das condições de trabalho: o caso da mobilidade geográfica (ou a submissão do novo Direito do Trabalho ao «imperalismo do contrato»)?», *Questões Laborais*, 32 (2010), pp. 169-181, Joana Nunes Vicente, «Cláusulas de definição do local de trabalho», *Questões Laborais*, 42 (2013), pp. 217-239 e Pedro Madeira de Brito, «Local de trabalho» in: *Estudos do Instituto de Direito do Trabalho*, vol. I, Almedina, Coimbra, 2001, pp. 355-385, pp. 368 ss.

§ 7. TEMPO DE TRABALHO

Como sabemos, o mercado da informação é altamente imprevisível e volátil, os eventos noticiosos precipitam-se, ocorrendo a cada passo, e não é possível definir, à partida, de forma previsível, a agenda noticiosa para um determinado dia ou semana: as calamidades, a criminalidade, os sinistros, os falecimentos, etc., não dão pré-aviso... Estes eventos exigem frequentemente aos profissionais da informação verdadeiras maratonas informativas ou *tours de force* em que estes profissionais têm de ficar disponíveis para trabalhar, dia e noite[238], caso aconteça qualquer evento com dignidade noticiosa. Como escrevia a Câmara Corporativa, "os jornalistas profissionais asseguram a vida do jornal sem olhar a horas de trabalho"[239].

O EJ é omisso em relação a esta matéria, como seria de esperar[240]. Isso significa a aplicação das regras gerais nesta matéria. O que também equivale a dizer que o conceito de tempo de trabalho, tal como ele tem sido interpretado, é aplicável ao jornalismo nos mesmos termos em que é aplicável à generalidade dos trabalhadores. Por outras palavras, não só é tempo de trabalho

[238] Helena Ângelo Veríssimo, *Os jornalistas nos anos 30/40...*, cit., p. 99: "quanto a horários de trabalho, sabemos que o trabalho na maioria dos jornais era acentuadamente nocturno, exigindo aos jornalistas piquetes seguidos, muitas vezes, de uma nova jornada de trabalho, sem um período mínimo aceitável para descanso".

[239] Cfr. Parecer n.º 27/X da Câmara Corporativa (ponto 53). Daí, aliás, na Contraproposta do Grémio Nacional da Imprensa ao projeto apresentado pelo Sindicato Nacional dos Jornalistas para um Contrato Coletivo de Trabalho dos Profissionais da Imprensa Diária, publicada no *Boletim do Sindicato dos Jornalistas*, 2 (1941), estabelecer-se, na cláusula 18.ª, que "não é aplicável aos jornalistas, em virtude da natureza especial da sua função, horário fixo de trabalho" (!).

[240] Cfr., a respeito das férias, com interesse histórico, o Projeto apresentado pelo Sindicato Nacional dos Jornalistas para um Contrato Coletivo de Trabalho dos Profissionais da Imprensa Diária, publicado no *Boletim do Sindicato dos Jornalistas*, 2 (1941), onde se previa um direito a férias para "os jornalistas dos quadros permanentes das emprêsas com mais de um ano de bom e efectivo serviço".

o tempo de trabalho efetivo, mas também o chamado tempo de disponibilidade, isto é, o tempo durante o qual o trabalhador está disponível para trabalhar, se o trabalhador tiver de permanecer disponível no local de trabalho ou em local determinado pelo empregador (por exemplo, a sala de redação)[241].

[241] Como sabemos, no Direito do Trabalho português, por força do Direito da União Europeia, o conceito de "tempo de trabalho" é um conceito que não se esgota na noção de tempo de trabalho efetivo, pois, segundo a jurisprudência consolidada do TJ, à luz da qual esta matéria deve ser compreendida, e sobretudo aplicada, o conceito de tempo de trabalho deve ser lido com uma amplitude que abranja o chamado "tempo de disponibilidade", sobretudo quando essa disponibilidade se revela no local de trabalho ou em local determinado pelo empregador. Em síntese, em diversas ocasiões, o TJ foi chamado a interpretar o sentido e alcance do artigo 2.º, n.º 1, da Diretiva n.º 2003/88/CE, de 4 de novembro de 2003 (ou de versões anteriores desta Diretiva), segundo o qual é "tempo de trabalho" "qualquer período durante o qual o trabalhador está a trabalhar ou se encontra à disposição da entidade patronal e no exercício da sua actividade ou das suas funções, de acordo com a legislação e/ou a prática nacional". Sobre este conceito, cfr. os acõrdãos *Vorel*, (proc. nr. C-437/05), *Simap* (proc. nr. C-303/98), *Jaeger* (proc. nr. C-151/02) e *Dellas* (proc. nr. C-14/04). Mais recentemente, esta jurisprudência conheceu um reforço nos acórdãos *Matzak* (proc. nr. C 518/15) *D. J. v. Radiotelevizija Slovenija* (proc. nr. C-344/19), *RJ v. Stadt Offenbach am Main* (proc. nr. C-580/19), *XR vs. Dopravní podnik hl. m. Prahy, akciová společnost* (proc. nr. C-107/19) e *MG vs. Dublin City Council* (proc. nr. C-214/20), precisando-se, nesta última jurisprudência, que "se resultar de uma apreciação global de todas as circunstâncias do caso, nomeadamente da amplitude e das modalidades dessa faculdade de exercer outra atividade profissional, e da inexistência de uma obrigação de participar em todas as intervenções asseguradas a partir desse quartel, que as restrições impostas ao referido trabalhador durante esse período não são de uma natureza tal que afetem objetiva e muito significativamente a faculdade de este último gerir livremente, durante o referido período, o tempo durante o qual os seus serviços profissionais enquanto sapador bombeiro não são solicitados".
Sobre isto, numa análise que, naturalmente, já vem dos regimes legais anteriores à codificação, ver Francisco Liberal Fernandes, «Sobre o conceito de tempo de trabalho no Código do Trabalho», *Questões Laborais*, 27 (2006), pp. 135-137, pp. 135 ss., Id., «Notas sobre a flexibilização do tempo de trabalho» in: *Nos 20 anos do Código das Sociedades Comerciais — Homenagem aos Profs. Doutores A. Ferrer Correia, Orlando de Carvalho e Vasco Lobo Xavier*, Vol. II, Coimbra Editora, Coimbra, 2007, pp. 705-740, Id., *O tempo de trabalho – comentários aos artigos 197 a 236.º do Código do Trabalho (revisto pela Lei n.º 23/2012, de 25 de Junho)*, Coimbra Editora, Coimbra, 2012, Id., «Um breve olhar sobre a Directiva N.º 2003/88/CE, relativa à organização do tempo de trabalho», *Prontuário de Direito do Trabalho*, 93 (2012), pp. 101-121, Maria de Fátima Ribeiro, «Breves notas críticas sobre a evolução de alguns aspectos do regime da duração e organização do tempo de trabalho», *Questões Laborais*, 28 (2006), pp. 219-240, Id., «O tempo de trabalho e a Lei n.º 21/96» in: Juris *et de Jure – nos 20 Anos da Faculdade de Direito da Universidade Católica Portuguesa – Porto*, Publicações Universidade Católica, Porto, 1998, pp. 987-1029, Albino Mendes Baptista, «Tempo de trabalho efectivo, tempos de pausa e tempo de "terceiro tipo"», *Revista de Direito e de Estudos Sociais*, 2002, I, pp. 29-53 (também publicado em *V Congresso Nacional de Direito do Trabalho – Memórias*, Almedina, Coimbra, 2003, pp. 177-191 e *Jurisprudência do trabalho anotada – relação individual de trabalho*, 3.ª ed., Quid Iuris, Lisboa, 1998, pp. 363-372), António Vilar, «Tempo de trabalho – quando o trabalhador

No entanto, não deixa de ser interessante constatar que o CT09 prevê, embora despercebidamente, como desvio à regra geral que determina o direito a um descanso diário básico de onze horas, a "actividade caracterizada pela necessidade de assegurar a continuidade do serviço ou da produção, nomeadamente... imprensa, rádio, televisão"[242].

Relativamente aos intervalos de descanso são aplicáveis as regras gerais, mas não deixa de ser interessante assinalar que o CCT AIND fala de "uma interrupção, não superior a trinta minutos, durante a qual o jornalista deve permanecer no espaço habitual de trabalho ou próximo dele, adstrito à realização da prestação, para poder ser chamado a prestar trabalho normal em caso de necessidade, considerando -se, por isso, tal interrupção compreendida no tempo de trabalho" (cláusula 22.ª, n.º 3).

Ainda em relação ao regime do tempo de trabalho, é interessante também reparar que a contratação coletiva contém disposições sobre o regime de isenção de horário de trabalho. O CCT AIND estabelece que podem ser sujeitos a regime de isenção "os jornalistas cujas funções o justifiquem... pelas condições em que exerçam a sua actividade, nomeadamente quando afectos à cobertura de eventos de verificação imprevisível, incerta ou irregular"[243]. De recordar que, de acordo com o artigo 218.º, n.º 2, do CT09, "o instrumento de regulamentação colectiva de trabalho pode prever outras situações de admissibilidade de isenção de horário de trabalho". Embora sabendo-se que

permanece adstrito à realização da prestação, mas não está a desempenhar a actividade» in: *VIII Congresso Nacional de Direito do Trabalho – Memórias*, Almedina, Coimbra, 2006, pp.133-144, Miguel Lopes Cardoso, «A duração e organização do tempo de trabalho – evolução de 2003 para 2009», *Revista de Ciências Empresariais e Jurídicas*, 15 (2009), pp. 285-310. Mais recentemente, Catarina de Oliveira Carvalho, «Reflexões sobre o conceito de tempo de trabalho no direito europeu e respetiva articulação com o direito nacional» in: *Estudos de Direito do Trabalho em Homenagem ao Professor António Monteiro Fernandes*, Parte I, Nova Causa, 2017, pp. 279-313, Francisco Liberal Fernandes, «Tempo de trabalho e tempo de descanso» in: Maria do Rosário Palma Ramalho / Teresa Coelho Moreira [Coord.], *Tempo de trabalho e tempos de não trabalho*, APODIT, Lisboa, 2018, pp. 11-23, João Zenha Martins, «Tempo de trabalho e tempo de repouso: qualificação e delimitação de conceitos» in: Maria do Rosário Palma Ramalho / Teresa Coelho Moreira [Coord.], *Tempo de trabalho e tempos de não trabalho*, APODIT, Lisboa, 2018, pp. 25-67 (= *Revista do CEJ*, 2017, II, pp. 209-249) e Pedro Ferreira de Sousa / Fábio Nave Moreira, «O tempo de disponibilidade do trabalhador — perspetiva laboral, fiscal e contributiva», *Prontuário de Direito do Trabalho*, 2018, II, pp. 195-216.

[242] Cfr. artigo 207.º, n.º 2, alínea e), subalínea iii), *ex vi* art. 214.º, n.º 2, alínea d), do CT09.

[243] Cfr. cláusula 24.ª do CCT AIND.

esta delegação na contratação coletiva não é livre[244], pensamos que, pelo menos neste último caso, está de acordo com a teleologia do regime de isenção de trabalho.

Por outro lado, importa ter sempre presente – e a nossa jurisprudência já decidiu, e bem, nesse sentido no contexto do jornalismo – que a implementação do regime de isenção de horário de trabalho está sempre dependente de acordo com o trabalhador[245].

[244] Neste sentido, António Nunes de Carvalho, «Isenção de horário de trabalho – alguns problemas» in: Maria do Rosário Palma Ramalho / Teresa Coelho Moreira [Coord.], *Tempo de trabalho e tempos de não trabalho – o regime nacional do tempo de trabalho à luz do Direito Europeu e Internacional*, APODIT, Lisboa, 2018, pp. 185-229, p. 219, escreve justamente que "o novo regime se orientava, apenas, no sentido de permitir, ainda que com as necessárias cautelas, a resposta à novas ou mais amplas necessidades empresariais, pelo que apenas poderiam, então como hoje, estabelecer-se, por esta via, novos casos de isenção quando ocorra uma fundamentação objectiva (no fundo, ocorrendo analogia *juris* com as situações legalmente previstas), já que, a não ser assim, estaria encontrada uma via de contornar o regime legal do horário de trabalho – e, bem assim, por força da sua estrita relação com este, do quadro legal de prestação de trabalho suplementar. Continuamos a entender assim. A isenção de horário de trabalho sempre foi estruturada em torno de uma ideia de necessidade objectiva e material, apta a legitimar o afastamento das garantias subjacentes ao regime da duração e organização do tempo de trabalho. Não parece que se tenha pretendido romper com esta tradição, nem tal seria compatível como enquadramento constitucional. Impõe-se, portanto, uma interpretação restritiva do n.º 2 do artigo 218.º, sendo indispensável que o alargamento da isenção de horário de trabalho, por via da autonomia colectiva, tenha sustentação material, em necessidades organizativas ou outras que, na linha da valoração subjacente às situações enumeradas no n.º 1, possam afastar as garantias inerentes à aplicação dos limites à duração do trabalho e à fixação do horário de trabalho. O espaço concedido pelo n.º 2 do artigo 218.º do Código do Trabalho à autonomia colectiva – e só a esta, tendo em consideração o n.º 5 do artigo 3.º – está, pois, materialmente balizado. Na medida em que sejam ultrapassados estes limites materiais os preceitos convencionais colectivos padecerão de ilicitude, inquinando os acordos de isenção que venham ser celebrados no seu quadro".

[245] Assim, exatamente, ac. de 14/07/2010 do STJ (Vasques Dinis), proc. nr. 08S3846.

§ 8. ESTATUTO DEONTOLÓGICO

Como procurámos sublinhar a traço carregado na introdução, a dimensão deontológica é um dos aspetos mais salientes desta relação de trabalho. O que se compreende porque o jornalista está vinculado a um múnus deontológico, onde pontifica a vinculação a um dever de objetividade[246] e a um "cânon da veracidade"[247].

Até por causa da sua vocação "estatutária", mais do que laboral, não espanta que o EJ contenha expressamente um rol de deveres dessa natureza, que a lei designa mesmo por "deveres fundamentais", designação plena de significado: eles são um "conjunto de direitos filiados no direito constitucional à informação"[248] que o jornalista deve cumprir por "mandato constitucional"[249]. Deveres esses que, não estando estritamente pensados para a relação laboral, têm uma projeção óbvia na execução da prestação de trabalho.

Assim, para citar os exemplos mais representativos, constantes do artigo 14.º, do EJ, o jornalista deve "recusar funções ou tarefas susceptíveis de comprometer a sua independência e integridade profissional" (alínea b) do n.º 1), deve "procurar a diversificação das suas fontes de informação, e atribuir as opiniões recolhidas aos respectivos autores" (alínea f) do n.º 1), deve "abster-se de formular acusações sem provas e respeitar a presunção de inocência" (alínea c) do n.º 2) ou deve "abster-se de recolher declarações ou

[246] Maria da Glória Carvalho Rebelo, *A responsabilidade civil pela informação...*, cit., p. 40, fala justamente que "o jornalista deve ter uma atitude de procura de objectividade".

[247] Maria da Glória Carvalho Rebelo, *A responsabilidade civil pela informação...*, cit., p. 37.

[248] Alberto Arons de Carvalho / António Monteiro Cardoso / José Pedro Figueiredo, *Direito da Comunicação Social...*, cit., p. 82. Maria da Glória Carvalho Rebelo, *A responsabilidade civil pela informação...*, cit., p. 39, fala aqui em "cânones da profissionalidade informativa".

[249] Maria da Glória Carvalho Rebelo, *A responsabilidade civil pela informação...*, cit., p. 131.

imagens que atinjam a dignidade das pessoas através da exploração da sua vulnerabilidade psicológica, emocional ou física" (alínea d) do n.º 2).

Se o jornalista está deontologicamente vinculado ao cumprimento destes deveres e dúvidas não há de que a sua violação pode representar infração estatutária punida, no limite, com a suspensão do exercício da atividade profissional até 12 meses[250], questão diversa é a de saber se a sua violação pode constituir ainda infração disciplinar de um ponto de vista laboral.

Pensamos que o jornalista que viole estes deveres também pode incorrer numa infração disciplinar laboral. Embora o escopo destes deveres seja a proteção do prestígio da classe e, claro está, a preservação da credibilidade de uma atividade que desempenha um papel social de grande importância, a violação destas obrigações pode repercutir-se na relação empresa-jornalista na medida em que reflexamente pode provocar a lesão da imagem da empresa. Por exemplo, o jornalista que, num artigo de opinião, assina um texto de conteúdo discriminatório, transgride, em primeira linha, os seus deveres deontológicos, mas um texto com esse conteúdo pode também atingir a imagem do empregador junto do público, causando-lhe um dano reflexo que não pode ser ignorado[251]. É o que vulgarmente também se designa como a "transferência negativa" da imagem. De resto, a publicação até pode responder civilmente pelos danos causados, existindo até um regime legal especial para esse efeito.

É certo que o comportamento do jornalista que constitua infração disciplinar, perante a sua classe, não constitui, necessariamente, infração do ponto de vista laboral, mas tal pode acontecer, como nos casos acima referidos. Portanto, e salvo melhor opinião, a violação destes deveres pode constituir uma infração disciplinar laboral, punível nos termos gerais[252]. Até porque também está hoje estabilizado o entendimento de que não há uma violação do *non bis in idem* se o trabalhador é punido laboralmente por uma conduta simultaneamente punida administrativa ou penalmente.

Diferentes são os casos em que é o próprio empregador que instiga o jornalista à violação destes deveres ou, pelo menos, é complacente com essa transgressão. Assim, se é o empregador que "força" o jornalista à divulgação

[250] Repare-se, contudo, que o EJ parece limitar as infrações à violação dos deveres que decorrem do artigo 14.º, n.º 2, excluindo, portanto, os deveres que decorrem do n.º 1 (cfr. artigo 21.º, n.º 1, do EJ: "constituem infracções profissionais as violações dos deveres enunciados no n.º 2 do artigo 14.º").

[251] Cfr. a cláusula 5.ª, n.º 1, alínea i), do AE Lusa ("o trabalhador deve... não exercer qualquer actividade que prejudique a dignidade ou independência da profissão e da Lusa ou que contrarie as normas éticas e os deveres deontológicos a que estiver sujeito ou a que deva obediência").

[252] Neste sentido, claramente, Luís Brito Correia, *Direito da Comunicação Social...*, cit., p. 426.

de uma notícia sensacionalista de conteúdo acusatório ou condenatório de arguido ainda não condenado, fazendo letra morta da alínea b), do n.º 2, do artigo 14.º, do EJ, norma que ordena o jornalista a guardar respeito pelo princípio da presunção de inocência, é inadmissível, pela natureza torpe do comportamento, que o empregador pretenda punir disciplinarmente o trabalhador.

Na qualidade de trabalhador subordinado, o jornalista está sujeito, claro, ao poder de direção do empregador[253]. De facto, a tutela do jornalista não pode fazer esquecer que a sua posição deve ser ponderada e "contrabalançada" com outros fatores que merecem tutela. Desde logo, é necessário ter sempre presente que, em geral, a propriedade privada e a livre iniciativa do empregador gozam também de dignidade constitucional. Como corolário disso mesmo, o jornalista está subordinado ao estatuto editorial da publicação[254], vinculação particularmente forte se pensarmos que, em certos casos, o jornalista presta trabalho numa organização de tendência[255]. O jornalista é, para todos os efeitos, "um trabalhador de uma empresa"[256] e, portanto, goste-se ou não, o jornalista "faz parte da engrenagem produtiva da empresa para que e em que labora"[257]. E, como tal, deve pautar o seu comportamento de acordo com o interesse do empregador[258]. O que faz tanto mais sentido quando, como dissemos, a empresa jornalística é uma organização de tendência.

[253] No entanto, de acordo com o artigo 12.º, n.º 2, do EJ, "os jornalistas podem recusar quaisquer ordens ou instruções de serviço com incidência em matéria editorial emanadas de pessoa que não exerça cargo de direcção ou chefia na área da informação".

[254] MILENA ROUXINOL, *A vinculação autoral do trabalhador jornalista*, Coimbra Editora, Coimbra, 2015, p. 49, refere-se aqui a uma "moldura dentro da qual pode, livremente, actuar a respetiva liberdade informativa".

[255] Embora, como adverte NUNO E SOUSA, *A liberdade de imprensa*, cit., p. 203, "uma empresa de imprensa, pelo simples facto de o ser, não se classificará automaticamente como empresa de tendência". No mesmo sentido, RAQUEL TAVARES REIS, «As organizações de tendência e o contrato de trabalho do trabalhador de tendência», *Direito e Justiça*, 2004, I, pp. 237-312, p. 269. Dando também como exemplo a imprensa, ver ANTÓNIO DIAS COIMBRA, «"Empresas" de tendência e trabalho dependente», *Revista de Direito e de Estudos Sociais*, 1989, I-II, pp. 197-241, pp 213 ss.

[256] FERNANDO CORREIA, *Os jornalistas e as notícias...*, cit., p. 235.

[257] MILENA ROUXINOL, *A vinculação autoral do trabalhador...*, cit., p. 235.

[258] JÚLIO GOMES, *Direito do Trabalho...*, cit., pp. 241-242: "o cumprimento do contrato pelo trabalhador não se esgota na realização de certos comportamentos, mas consiste numa genuína colaboração que tem que atender ao fim visado pelo empregador e ao modo como a prestação vai ser combinada pelo empregador com outros factores produtivos (...) no contrato de trabalho exige-se que o trabalhador se abstenha de comportamentos que retirem utilidade à prestação de trabalho que realiza e que comprometam o fim visado pelo seu empregador".

Acontece que, segundo pensamos, os deveres deontológicos configuram também garantias do jornalista prevalecendo sobre quaisquer interesses exclusivamente mercantilistas. Mesmo na ausência de norma legal expressa nesse sentido[259] – como acontece, concretamente, quanto aos advogados[260] – e independentemente da discussão sobre a eficácia horizontal ou *Drittwirkung* destes direitos constitucionalmente protegidos[261], não serão válidas cláusulas contratuais que possam periclitar o cumprimento dos deveres deontológicos do jornalista e, claro está, estas normas são garantias que o jornalista também pode opor perante ordens ou instruções com o mesmo efeito[262] e protegendo-o contra quaisquer sanções disciplinares que lhe sejam aplicadas[263]. Por exemplo, o jornalista pode invocar a completa ausência de fontes para recusar a publicação de uma notícia ou recusar-se a publicar conteúdo que legitimamente considera não noticioso[264], como também terá o direito a não revelar, por exemplo, perante o diretor de redação, quais as suas fontes[265] (o que se compreende porque o sigilo quer também assegurar uma relação de confiança entre a fonte (ou "confidente") e o jornalista).

Ainda este respeito, merece mesmo menção especial o artigo 12.º, do EJ, onde se prevê que "os jornalistas não podem ser constrangidos a exprimir ou subscrever opiniões nem a abster-se de o fazer, ou a desempenhar tarefas

[259] Mas que está prevista na contratação coletiva. Segundo o AE Lusa, "é vedado à Lusa... exigir aos trabalhadores qualquer conduta que colida com os deveres éticos e deontológicos inerentes à sua profissão, nomeadamente com os deveres emergentes do Código Deontológico e do Estatuto do Jornalista" (cláusula 1.ª, n.º 1, alínea g)).

[260] Tal como previsto no artigo 73.º, n.ºs 2 e 3, do Estatuto da Ordem dos Advogados, aprovado pela Lei n.º 145/2015, de 9 de setembro, "são nulas as cláusulas de contrato celebrado com advogado que violem aqueles princípios" e "são igualmente nulas quaisquer orientações ou instruções da entidade empregadora que restrinjam a isenção e independência do advogado ou que, de algum modo, violem os princípios deontológicos da profissão".

[261] Sobre isto, com outro desenvolvimento, Nuno e Sousa, *A liberdade de imprensa*, pp. 103 ss.

[262] Luís Brito Correia, *Direito da Comunicação Social...*, cit., p. 394: "o empregador não pode dar ordens que colidam com a liberdade e a consciência do jornalista nem com os seus deveres deontológicos".

[263] Cfr. cláusula 96.ª, n.º 1, do AE Lusa: "consideram-se abusivas as sanções disciplinares aplicadas sem observância das disposições desta convenção e sempre que motivadas pelo facto de o trabalhador... g) Recusar-se a revelar as suas fontes de informação; h) Opor-se a que a empresa o obrigue a desvirtuar ou escamotear a verdade; i) Opor-se a redigir notícias ou comentários que colidam com a sua dignidade e deontologia profissional".

[264] Ver o caso narrado na Deliberação n.º 3/DJ/2012 da ERC.

[265] Segundo o AE Lusa, "é vedado à Lusa... exigir ao jornalista que revele as suas fontes de informação, não podendo o seu silêncio sofrer qualquer sanção, ainda que indirecta" (cláusula 1.ª, n.º 1, alínea h)).

profissionais contrárias à sua consciência, nem podem ser alvo de medida disciplinar em virtude de tais factos" (n.º 1). O EJ introduz aqui uma faculdade de oposição sob a forma de uma objeção de consciência[266], reconhecendo ao trabalhador o direito a objetar, repudiar ou, pelo menos, não "tolerar"[267] o desempenho de funções que possam ser contrárias à sua consciência[268].

Esta faculdade de oposição compreende-se porque o jornalista não é uma mera correia de transmissão de conteúdos com uma certa orientação ou propósito, surgindo assim a cláusula de consciência "como meio de contestar qualquer desvio à imagem do periodista fazendo dele um mercenário da informação"[269], por forma a evitar que os jornalistas se tornem "meros instrumentos dessa orientação"[270] e visando "colocar [o jornalista] a salvo o seu trabalho de considerações mercantilistas"[271]. Se a existência de um código ético e deontológico repudia o mercantilismo puro, o *laissez-faire*, a roda vida do mercado livre de bens e serviços[272], "a cláusula de consciência é um direito que protege o património deontológico do profissional de informação"[273] ou, nas palavras enfáticas de ALBERTO ARONS DE CARVALHO, "significa

[266] Em Espanha, a norma mereceu mesmo gala constitucional, concretamente no artigo 20.º, n.º 1, alínea e), quando estatui que "se reconhece e protege o direito...a comunicar e receber livremente informação verdadeira por qualquer meio de difusão. A lei regulará o direito à cláusula de consciência e ao segredo profissional destas liberdades". Sobre a objeção de consciência, com uma referência às relações laborais, CATARINA SANTOS BOTELHO, «Direito fundamental à objeção de consciência na "sociedade de risco" – abrir a caixa de Pandora?» in: CARLA AMADO GOMES / RICARDO PEDRO / RUTE SARAIVA / FERNANDA MAÇÃS [Ed.], *Garantia de Direitos e Regulação: perspectivas de Direito Administrativo*, AAFDL, Lisboa, 2020, pp. 75-104.

[267] Sobre o "imperativo de tolerância", ver o interessante estudo de PAULO MOTA PINTO, «Nota sobre o "imperativo da tolerância" e seus limites» in: *Direitos de personalidade e direitos fundamentais – estudos*, Gestlegal, Coimbra, 2018, pp. 185-222.

[268] Para JÓNATAS E. M. MACHADO, *Liberdade de expressão – dimensões constitucionais...*, cit., p. 585, esta prerrogativa vale inclusivamente nas organizações de tendência, embora reconheça que essa questão assume uma "particular delicadeza".

[269] CRISTÓBAL MOLINA NAVARRETE, *Empresas de comunicación...*, cit., p. 23.

[270] ALBERTO ARONS DE CARVALHO / ANTÓNIO MONTEIRO CARDOSO / JOSÉ PEDRO FIGUEIREDO, *Direito da Comunicação Social...*, cit., p. 232.

[271] COVADONGA FERNÁNDEZ ALVAREZ, «El derecho de cláusula de conciencia...», cit., p. 378.

[272] CAROLINA BLASCO JOVER, «La contratación en el sector de la información...», cit., p. 1083.

[273] MARC CARRILLO, «La Ley Orgánica de la cláusula de conciencia...», cit., p. 193. JOSÉ MARÍA DESANTES GUANTER, «La cláusula de conciencia desde la perspectiva profesional» in: *Persona y derecho: Revista de fundamentación de las Instituciones Jurídicas y de Derechos Humanos*, Universidad de Navarra, Volume IV, 1977, pp. 11-128, p. 47: "se considerarmos que a cláusula de consciência se estabelece em benefício mediato da informação e do público que a ela tem direito, os princípios juslaborais enunciados recebem um consistente reforço com os princípios emanados da sua situação de encruzilhada entre o Direito do Trabalho e o Direito à Informação".

a supremacia evidente da relação moral entre jornal e jornalista sobre o vínculo contratual entre ambos"[274].

É certo que a liberdade de consciência e de pensamento é uma garantia genérica, que assiste a qualquer trabalhador[275]. Mas pode afirmar-se, como Carolina Blasco Jover, que o jornalista é, por causa do seu contexto, um "titular qualificado" desse direito[276]. O que se percebe porque, a partir do momento em que a cláusula de consciência está sintonizada, em especial, com a liberdade de imprensa e de informação, rapidamente ela encontra uma especial ancoragem constitucional, lá onde a CRP76 dá dignidade constitucional (também) a esses bens. Aliás, previsto na Constituição espanhola[277], não deixa de ser interessante notar que a literatura espanhola também considere que, entre nós, esse direito radica na Constituição[278], podendo considerar-se um direito constitucional com projeção imediata nas relações jurídico-privadas jornalísticas (fala-se mesmo de uma "cláusula contratual de origem constitucional"[279]).

[274] Alberto Arons de Carvalho, *A liberdade de informação...*, cit., p. 189.

[275] E, que, por isso, é pressuposto básico da própria cláusula de consciência. Como observa pertinentemente José María Desantes Guanter, «La cláusula de conciencia...», cit., p. 29, "naturalmente, a implementação e eficácia jurídica da cláusula de consciência somente são viáveis num contexto político-social que permita o livre exercício do direito à informação com todas as suas consequências, entre elas o direito a manter e comunicar livremente ideias e opiniões".

[276] Carolina Blasco Jover, «La contratación en el sector de la información...», cit., p. 1086.

[277] Com efeito, a alínea d), do n.º 1, do artigo 20.º, da Constituição espanhola, proclama o direito "a comunicar ou receber informação verdadeira por qualquer meio de difusão. A Lei regulará o direito à cláusula de consciência e ao segredo profissional no exercício desta liberdade". Por sua vez, a *Ley Orgánica* n.º 2/1997, de 19 de junho, no seu artigo 1.º, escreve que "a cláusula de consciência é um direito constitucional dos profissionais de informação que tem por objecto garantir a independência no desempenho da sua função profissional".

[278] A observação é de Cristóbal Molina Navarrete, *Empresas de comunicación...*, cit., p. 34: "a constitucionalização tácita ou implícita da cláusula de consciência como direito fundamental dos periodistas na Constituição Portuguesa de 1976 que marca um primeiro passo significativo na evolução do Direito Constitucional Comparado".

[279] Nestes termos, Cristóbal Molina Navarrete, *Empresas de comunicación...*, cit., pp. 6-7. Para Maria Lidia Suárez Espino, «Algunas reflexiones sobre el estatuto jurídico...», cit., p. 44, "este direito entende-se incluído no contrato de trabalho, não constitui uma opção que se põe à disposição dos contraentes, pelo contrário, vem imposta pelo constituinte, de certa forma supõe uma ruptura com o princípio do Direito Privado da autonomia das partes na hora de celebrar um contrato". Por sua vez, Luis Escobar de La Serna, «El TC y la cláusula de conciencia», *Doxa Comunicación*, 1 (2003), pp. 131-139, p. 132, diz, em moldes em tudo semelhantes, que "a constitucionalização da cláusula de consciência converte este direito numa cláusula tácita, que não é necessário que se reflicta no texto do contrato".

Repare-se que esta objeção de consciência é uma faculdade que o jornalista pode opor a todos os terceiros que podem potencialmente perturbar a prestação, como investidores ou patrocinadores da empresa jornalística[280]. Contudo, claro está que este direito conhece limites, desde logo, quando o trabalhador age contraditoriamente. De facto, é de excluir o seu exercício "em circunstâncias que manifestamente excluam a razoabilidade de invocação da cláusula de garantia ou de comprovado *venire contra factum proprium* do jornalista que a invoca"[281].

Ainda a propósito desta faculdade de oposição, convém ter presente que, segundo alguma doutrina generalista, as ordens e instruções da entidade empregadora gozam, em geral, de uma espécie de presunção de licitude e, assim sendo, o trabalhador é colocado numa situação de *solvete et repete*, isto é, o trabalhador executa primeiro e reclama depois. Contudo, pensamos que a natureza delicada da atividade jornalística justifica o reconhecimento de um "direito de resistência" do trabalhador, pelo menos quando estão em causa ordens patentemente ilegais ou que colocam flagrantemente em causa a deontologia do trabalhador[282]. Estamos em crer, de facto, que aqueles princípios, compreensíveis no âmbito da generalidade das relações de trabalho, podem ter um custo demasiado alto nesta relação de trabalho. De que adiantaria ao jornalista ver reconhecida razão depois de a peça, produto dos mais variados atropelos deontológicos, ter sido publicada?

Ainda a respeito desta faculdade, MILENA ROUXINOL considera que este "direito a uma legítima desobediência" é perfeitamente invocável perante "ordens que impliquem a prestação de actividade em órgão de comunicação social cuja orientação editorial não haja sido dada a conhecer oportunamente e que a sua consciência jornalística repudie"[283]. A Autora está a pensar nas

[280] JÓNATAS E. M. MACHADO, *Liberdade de expressão – dimensões constitucionais...*, cit., p. 585, diz que "é o direito de os jornalistas recusarem quaisquer ordens ou instruções de serviço com incidência em matéria editorial emanadas de pessoa não habilitada com título profissional ou equiparado". Cfr., a este respeito, o Projeto de Lei n.º 342/X: "a liberdade de criação, de expressão e de divulgação dos jornalistas não está sujeita a impedimentos ou discriminações nem subordinada a qualquer tipo ou forma de censura, nem a quaisquer condicionalismos económicos, designadamente face ao poder dos accionistas, da empresa ou dos anunciantes" (artigo 7.º).

[281] Citando a Deliberação da ERC n.º 3/DJ/2012, p. 16 (ponto 23).

[282] Sobre isto, MARIA MALTA FERNANDES, *Os limites à subordinação jurídica do trabalhador...*, cit., pp. 97 ss.

[283] MILENA ROUXINOL, *A vinculação autoral do trabalhador...*, cit., p. 248. A Autora sustenta o seu entendimento naquilo que detecta ser uma "certa analogia, por similitude *problemática*, mas também, até certo ponto, *judicativa*, com o disposto no n.º 3 do artigo 12.º do EJ". Adiante, p. 249,

situações de mobilidade editorial, em que o jornalista é colocado a trabalhar para outra empresa do grupo, entendendo que o jornalista pode invocar razões de ordem deontológica se considerar fundadamente que não se revê no estatuto dessa empresa. Esta solução está, aliás, em sintonia com a opinião, sufragada também pela Autora, de que, no caso de alteração da orientação editorial numa situação de contrato de trabalho com uma pluralidade de empregadores, o trabalhador pode resolver o contrato em relação a apenas um dos empregadores, mantendo em relação aos demais[284].

Convém ter presente, contudo, que esta faculdade de oposição redunda, como se vê, num direito de recusar a execução de certas tarefas. Mas, claro está, mantém intacta a relação de trabalho. Como veremos, a "cláusula de consciência" comporta uma outra dimensão que pode conduzir, no limite, à cessação do contrato de trabalho[285].

Finalmente, e forçando a nota, atentas as especificidades que rodeiam esta atividade profissional[286], o poder de direção do empregador conhece outras limitações que não as que estão relacionadas com a dimensão ética desta atividade profissional[287]. Desde logo, importa não perder de vista que esta profissão tem, de certa forma, uma componente criativa. Com efeito, o jornalista pertence à categoria dos chamados *brainworkers*, isto é, a sua prestação é marcadamente intelectual o que, como acontece tipicamente, reclama uma autonomia em relação ao poder de direção do empregador[288]. Para usar o paralelismo curioso de CARLOS CAMPONEZ, aceitar que a empresa jornalística pode dirigir a execução da prestação nos mesmos termos em que isso acontece num trabalho tipicamente fabril seria colocar o jornalista na mesma

considera que "recebendo o jornalista uma ordem de inserção em dado órgão de comunicação social cuja orientação editorial não pôde conhecer no momento em que se vinculou a aí poder desenvolver actividade jornalística, se para tanto fosse convocado, coloca-se-lhe problema bem semelhante ao que enfrenta em caso de mutação sensível de um estatuto editorial em que, até então, se revia" (itálicos da autora).

284 § 13.3.1. Pressupostos objetivos.

285 § 13.3. Cessação com fundamento na "cláusula de consciência".

286 § 1. Introdução e razões da especialidade.

287 NUNO E SOUSA, *A liberdade de imprensa*, cit., p. 212: "o redactor não se sujeita a um poder absoluto da direcção".

288 JOSÉ LUÍS GARCIA / JOSÉ MARMELEIRA / JOSÉ NUNO MATOS, «Incertezas, vulnerabilidades e desdobramento de atividades» in: JOSÉ REBELO [Org.], *As novas gerações de jornalistas em Portugal*, Mundos Sociais, Lisboa, 2014, pp. 9-19, p. 17: "o próprio contrato de trabalho, associado a outros dispositivos de gestão, surge como um instrumento de gestão, contribuindo para que seja o próprio trabalhador a adequar, através de diversas formas de autocontrolo, o seu próprio comportamento, aproximando-o dos objectivos consignados pela empresa".

situação de um médico que tivesse de receitar a panaceia, não de acordo com o seu alto critério, mas de acordo com as indicações do próprio paciente ou pela administração hospitalar...[289] Tal não invalida, claro está, que essa autonomia seja completa ou total, como até veremos a respeito dos direitos de autor[290].

[289] Carlos Camponez, «Novos desafios para velhos temas candentes» in: José Nuno Matos / Carla Baptista / Filipa Subtil [Org.], *A crise do jornalismo em Portugal*, Deriva, 2017, pp. 169-178, p. 172.

[290] § 11. Direitos de Autor.

§ 9. LIBERDADE DE EXPRESSÃO

Embora o EJ nada diga, certamente que o jornalista é titular dos direitos de personalidade reconhecidos à generalidade dos trabalhadores[291]. Contudo, neste ponto merece uma especial menção a liberdade de expressão do jornalista.

A razão deixa-se facilmente adivinhar: pela própria natureza das coisas, o uso da palavra tem um papel de primeira grandeza nesta relação de trabalho[292], a tal ponto que Menezes Cordeiro escreve mesmo que os "profissionais da informação" poderiam ser chamados de "profissionais da expressão"[293]. Não espanta que o EJ proclame que "a liberdade de expressão e criação dos jornalistas não está sujeita a impedimentos ou discriminações

[291] Sobre a limitação dos direitos de personalidade, José João Abrantes, «Contrato de trabalho e direitos fundamentais» in: António Moreira [Coord.], *II Congresso nacional de direito do trabalho – memórias*, Almedina, Coimbra, 1999, pp. 105-114, Id., «O novo Código do Trabalho e os direitos de personalidade do trabalhador» in: *Estudos sobre o Código do Trabalho*, Coimbra Editora, Coimbra, 2004, pp. 145-167 (= *A reforma do Código do Trabalho*, Coimbra Editora, Coimbra, 2004, pp. 139-160), Id., «Princípio da proporcionalidade e tutela da personalidade do trabalhador» in: *Estudos dedicados ao Professor Doutor Bernardo da Gama Lobo Xavier*, Universidade Católica Editora, Vol. II, Lisboa, 2015, pp. 319-332, Id., «Labour contract and fundamental rights» in: *Estudos sobre o Código do Trabalho*, Coimbra Editora, Coimbra, 2004, pp. 169-187 e Maria do Rosário Palma Ramalho, «Contrato de trabalho e direitos fundamentais da pessoa» in: *Estudos de Direito do Trabalho*, vol. I, Almedina, Coimbra, 2003, pp. 157-178. Sobre um caso de assédio envolvendo jornalistas, ver o caso do ac. de 21/09/2015 do TRP (Rui Penha), proc. nr. 993/13.8TTMTS.P1.

[292] Como observa Milena Rouxinol, *A vinculação autoral do trabalhador...*, cit., p. 46, "assume um conteúdo, sentido e estrutura distintos dos que se lhe reconhecem enquanto direito subjectivamente indiferenciado". A autora enfatiza, p. 47, que o legislador constituinte lhe deu primazia "alcandorando-a a posição de topo adentro da panóplia de posições jurídicas, de sentidos, conteúdos, estruturas e titularidades distintas, integrantes do artigo 38.º [da CRP76]".

[293] António Menezes Cordeiro, «A liberdade de expressão do trabalhador» in: *II Congresso Nacional de Direito do Trabalho – Memórias*, Almedina, Coimbra, 1999, pp. 23-43, pp. 40-41.

nem subordinada a qualquer tipo ou forma de censura" (artigo 7.º)[294]. E, dentro do mesmo espírito, também a LI sentencia que "constituem direitos fundamentais dos jornalistas... a liberdade de expressão e de criação" (alínea a) do artigo 22.º).

Como se sabe, a liberdade de expressão é uma espécie de direito-mãe ou *cluster right*, abrangendo diversas manifestações ou dimensões[295]. Em primeiro lugar, e desde logo, uma dimensão primária ou básica, a liberdade de expressão geral ou de opinião, reconhecida à generalidade dos trabalhadores, mas tendo como limite a ofensa ou a lesão do crédito e o bom nome da organização onde presta trabalho[296]. Embora essa dimensão seja básica, a lei não deixa de prever também expressamente que o jornalista tem o direito a "pronunciar-se sobre todos os aspectos que digam respeito à sua actividade profissional, não podendo ser objecto de sanções disciplinares pelo exercício desses direitos" (artigo 13.º, do EJ, e artigo 38.º, n.º 2, alínea a), da CRP76)[297].

Pensamos, porém, que esta norma não deve sobrestimada quanto ao seu alcance. Concretamente, e salvo melhor opinião, ela apenas é uma reafirmação da liberdade de expressão e de opinião do jornalista, pois não nos parece que o legislador tenha querido reservar ao jornalista uma espécie de direito de consulta em relação a vicissitudes do contrato de trabalho, por exemplo, um direito do trabalhador a pronunciar-se previamente em caso de transferência de local de trabalho ou se o empregador pretender colocar temporariamente o trabalhador a desempenhar outras funções[298].

[294] Também Cristóbal Molina Navarrete, *Empresas de comunicación...*, cit., p. 12, fala de "uma protecção particularmente intensa, chegando inclusivamente a reconhecer-se amplos direitos à crítica, seja reivindicativa seja de denúncia, a respeito de decisões de gestão empresarial, relaxando ou flexibilizando ao mesmo tempo os deveres de diligência e colaboração de boa fé contratual e legalmente a cargo dos trabalhadores".

[295] J. J. Gomes Canotilho / Jónatas E. M. Machado, *"Reality shows" e liberdade de programação*, Coimbra Editora, Coimbra, 2003, p. 13.

[296] Sobre isto, ver, por todos, João Leal Amado, «Liberdade de expressão e infracção disciplinar», *Questões Laborais*, 37 (2011), pp. 129-143 e Jorge Leite, «Liberdade de expressão, infracção disciplinar e justa causa de despedimento», *Questões Laborais*, 37 (2011), pp. 145-167.

[297] Nuno e Sousa, *A liberdade de imprensa*, cit., p. 215, refere-se aos casos do jornalista "sistematicamente silenciado".

[298] Sobre uma situação de mobilidade funcional, cfr. o caso decidido no ac. de 16/06/2004 do STJ (Vítor Mesquita), proc. nr. 03S837 ("considerando que a entidade patronal não pode baixar a categoria do trabalhador, tendo este sido contratado para trabalhar como redactor e repórter, competindo-lhe redigir, com carácter definitivo, artigos, crónicas, entrevistas, reportagens e noticiários, não podia a ré/entidade patronal, posteriormente, sem o seu consentimento,

Acontece que, a somar a esta dimensão ancilar, a liberdade de expressão conhece outro alcance nesta atividade. Como consequência do estatuto deontológico que envolve esta atividade, a tutela da liberdade de expressão do jornalista também comporta uma dimensão negativa, a saber, o jornalista não é obrigado a exprimir ou subscrever peças jornalísticas com as quais não se identifica (mais concretamente, é-lhes "lícito recusar a associação do seu nome a uma peça jornalística em cuja redacção final se não reconheçam ou que não mereça a sua concordância", segundo se lê no artigo 7.º-A, n.º 4, do EJ, *in fine*)[299] ou que possam representar com elevada probabilidade um atropelo aos seus deveres deontológicos. Em suma, e como já fizemos referência, o empregador está proibido de "obrigar os jornalistas a exprimir opiniões ou a cometer actos profissionais contrários à sua consciência ou à ética profissional"[300].

Como não poderia deixar de ser, essa liberdade não é, naturalmente, total ou absoluta. Importa sempre ter presente que ela convive com direitos da empresa jornalística, que também merecem dignidade constitucional, como a liberdade de imprensa. Embora a liberdade de expressão do jornalista também radique e tenha o seu fundamento último na liberdade de imprensa[301], aceita-se que, neste jogo de equilíbrio e concordância prática, a liberdade de expressão do jornalista possa sofrer certos constrangimentos. Essas limitações são, porém, de intensidade variável. Pensando na situação porventura mais flagrante, o jornalista que presta trabalho para uma organização de tendência, que pressupõe uma certa comunhão ideológica entre empregador e trabalhador[302], não pode exprimir opiniões contrárias à ideologia ou

transferi-lo para a "secção de agenda", onde o seu trabalho consistia em proceder à leitura de diferentes jornais para pesquisar assuntos de interesse jornalístico, escutar e gravar em fita magnética os blocos informativos das rádios, cassetes gravadas em programas de televisão e fazer um resumo escrito do conteúdo dos mesmos").

299 Referindo-se, a este respeito, a um "direito ao anonimato", FRANCISCO JAVIER CALVO GALLEGO, «Algunas reflexiones sobre la nueva Ley...», cit., p. 405.

300 Assim, expressamente, a alínea g), do n.º 1, da cláusula 38.ª, do CCT AIND.

301 Cfr. artigo 38.º, n.º 2, alínea a), da CRP76, quando aí se dispõe que "a liberdade de imprensa implica... a liberdade de expressão e criação dos jornalistas e colaboradores". Como repara JOSÉ DE MELO ALEXANDRINO, "por razões essencialmente históricas, o estatuto jusfundamental particular do jornalista continua radicado na liberdade de imprensa e, só por intermediação desta, no direito de informação, tendo o legislador tentado fazer a ponte entre essas duas estruturas constitucionais" (in: JORGE MIRANDA / RUI MEDEIROS, *Constituição portuguesa anotada*, cit., p. 852).

302 Dando o exemplo do jornalista, GUILHERME DRAY, *O princípio da proteção do trabalhador*, Almedina, Coimbra, 2015, p. 574.

à religião da publicação para a qual presta trabalho[303]. Aliás, precisamente a este respeito, José João Abrantes pergunta mesmo se um jornal, que expressamente assume uma linha editorial em consonância com um determinado partido político, não poderá despedir um jornalista que deixou de ser militante desse partido[304]?

Para além destes casos, o jornalista também deve tolerar que os seus atos de produção, corporizados em trabalhos e peças, possam sofrer condicionamentos de ordem estilística[305] ou por falta de espaço[306], o que, de resto, o próprio EJ determina expressamente ("os jornalistas não podem opor-se a modificações formais introduzidas nas suas obras ditadas por necessidades de dimensionamento ou correção linguística", segundo se lê no n.º 4 do artigo 7.º-A). Mas, a este respeito, já temos mais dúvidas que um jornal possa, sem consultar o jornalista, e obter o seu consentimento, alterar o título de um artigo ou de uma entrevista, para um cunho mais sensacionalista[307]. De resto, o EJ estabelece expressamente que "os jornalistas têm o direito de se opor a toda e qualquer modificação que desvirtue as suas obras ou que possa afectar o seu bom nome ou reputação" (artigo 7.º-A, n.º 3).

Ao mesmo tempo, também aceitamos que o empregador pode recusar a publicação de peças jornalísticas[308], mormente se não estiver seguro quanto à credibilidade da fonte, porque o jornalista legitimamente não a quer revelar[309]. Lembramos, aliás, que as notícias podem ser especialmente férteis

[303] Nuno e Sousa, *A liberdade de imprensa*, Coimbra, 1984, pp. 120-121. Segundo o AE Lusa, "é vedado à Lusa... obrigar o jornalista a produzir opiniões que estejam em conflito aberto com as suas ideias políticas ou religiosas" (cláusula 1.ª, n.º 1, alínea i)). Esta cláusula deve ser compreendida no contexto específico deste Acordo de Empresa, dado que a Lusa não é uma organização de tendência...

[304] José João Abrantes, «Princípio da proporcionalidade e tutela da personalidade do trabalhador» in: *Estudos dedicados ao Professor Doutor Bernardo da Gama Lobo Xavier*, Universidade Católica Editora, Vol. II, Lisboa, 2015, pp. 319-332, p. 328.

[305] Assim, por exemplo, Milena Rouxinol, *A vinculação autoral do trabalhador...*, cit., p. 49, considera que esses constrangimentos podem ser "quanto ao *tom* ou *estilo* a imprimir aos trabalhos que se produzam – em consonância com o registo adoptado, *v. g.*, mais ou menos sensacionalista, mais ou menos marcado por notas humorísticas, etc. –, porventura mesmo quanto às suas dimensões" (itálicos da autora).

[306] Nuno e Sousa, *A liberdade de imprensa*, cit., p. 167

[307] Sobre isto, Alberto Arons de Carvalho, *A liberdade de informação...*, cit., pp. 309 ss.

[308] Jónatas E. M. Machado, *Liberdade de expressão – dimensões constitucionais...*, cit., pp. 545-546: "a liberdade de expressão do jornalista não confere ao jornalista o direito, oponível ao redactor, de ver publicados os seus trabalhos".

[309] Assim, exatamente, Cristóbal Molina Navarrete, *Empresas de comunicación...*, cit., p. 78. Mais em geral, Milena Rouxinol, *A vinculação autoral do trabalhador...*, cit., p. 49, defende que

na produção de danos (danos patrimoniais e não patrimoniais) e as empresas jornalísticas estão sujeitas a um regime de responsabilidade civil que as responsabiliza pelos danos causados por notícias "lesivas"[310]). Pense-se também, no exemplo dado por Raquel Tavares dos Reis, da empresa jornalística que recusa a publicação de uma peça jornalística em que o trabalho exprime uma preferência declarada por certo candidato eleitoral[311].

A liberdade de expressão do jornalista conhece ainda uma dimensão institucional, exprimindo-se na própria organização interna. Isto porque, segundo a LI e o EJ, o jornalista tem "o direito de participação na orientação do respectivo órgão de informação" (alínea e), do artigo 22.º, e alínea e), do artigo 6.º, respetivamente). No fundo, está em causa o direito a intervir na definição da orientação editorial[312], mas esta intervenção já não é aplicável caso se trate de uma empresa jornalística que tenha natureza doutrinária ou confessional (cfr. artigo 38.º, n.º 2, alínea a), da CRP76)[313], caso em que o próprio conselho de redação também não pode intervir. Forçando a nota, no caso da RTP está inclusivamente previsto o direito de os trabalhadores elegerem um representante para ter assento no "Conselho de Opinião"[314].

o jornalista pode ver recusada a publicação de trabalhos seus com fundamento numa "reserva de redacção" que se reconhece à empresa jornalística. Mas a autora também acrescenta, adiante, p. 51, que, à luz dos estatutos redactoriais, "[não] deverá ser-lhes recusada a publicação de um trabalho jornalístico com base em motivos que não se mostrem, a essa luz, insindicáveis".

310 Cfr. artigo 29.º, n.º 2, da LI: "no caso de escrito ou imagem inseridos numa publicação periódica com conhecimento e sem oposição do director ou seu substituto legal, as empresas jornalísticas são solidariamente responsáveis com o autor pelos danos que tiverem causado".

311 Raquel Tavares Reis, «As organizações de tendência...», cit., p. 271.

312 Como assinala Milena Rouxinol, *A vinculação autoral do trabalhador...*, cit., p. 243, está em causa "uma recíproca interacção entre a visão editorial adoptada pelo jornalista e a assumida pelo respectivo órgão de comunicação social".

313 Confrontem-se ainda os artigos 17.º e 23.º da LI, 34.º da Lei da Rádio e 36.º da Lei da Televisão. Como repara Jorge Miranda, "até à revisão de 1997, o preceito afastava também os jornalistas da orientação editorial de órgãos de comunicação social pertencentes ao Estado. O desaparecimento de jornais estatizados terá levado à supressão desse inciso; todavia, ele continua a fazer todo o sentido no serviço público de rádio e televisão, em nome da garantia da possibilidade de expressão e confronto das diversas correntes de opinião" (in: Jorge Miranda / Rui Medeiros, *Constituição portuguesa anotada*, cit., p. 866).

314 Cfr. artigo 31.º, n.º 1, alínea f), da Lei n.º 39/2014, de 9 de julho.

§ 10. LIMITAÇÕES À LIBERDADE DE TRABALHO

Tal como os demais trabalhadores, o jornalista está vinculado a um dever de não concorrência durante a vigência do contrato de trabalho, como afloramento do dever de lealdade ao empregador. No contexto jornalístico, o cumprimento do dever de não concorrência é especialmente sensível, bastando pensar que o *selling power* ou credibilidade do conteúdo noticioso depende muitas vezes do prestígio do seu autor (que funciona, frequentemente, como verdadeiro *anchor-man* da empresa jornalística mediática) e, portanto, os leitores de uma certa publicação tendem a ser fiéis a certos jornalistas, sobretudo no chamado "jornalismo de investigação".

Naturalmente, o dever de não concorrência, como o próprio nome já sugere, está limitado às atividades que se possam considerar... concorrentes. Assim, o jornalista não está impedido de produzir conteúdo e desenvolver atividade para outros meios não jornalísticos. Por exemplo, o jornalista que exerce atividade de investigação académica, publicando os seus estudos nesse âmbito, não fere o seu dever de não concorrência.

A este respeito, o Supremo Tribunal de Justiça já teve de se pronunciar sobre um caso em que um jornalista, que prestava trabalho para o jornal "Correio da Manhã", publicou trabalhos noutras publicações (8 artigos em 7 suplementos dominicais do "Diário de Notícias" e do "Jornal de Notícias" e o "Notícias Magazine"). Numa decisão que nos parece, no mínimo, discutível, o Tribunal entendeu que não se verificou a violação do dever de concorrência porque essas publicações não seriam suficientes para desviar a "clientela" do jornal para o qual o trabalhador prestava trabalho ("não tem a virtualidade de motivar o público leitor do "Correio da Manhã", para os referidos diários, seus concorrentes")[315].

[315] Ver ac. de 09/10/2002 do STJ (Azambuja Fonseca), proc. nr. 02S1905.

Naturalmente, e dada a notoriedade de certos jornalistas, as partes podem celebrar um pacto de não concorrência para produzir efeitos após a cessação do contrato de trabalho. Este pacto obedece aos requisitos gerais previstos no CT09, tal como entendidos pela doutrina e pela jurisprudência dos nossos tribunais. Assim, não só será de exigir um interesse sério e legítimo do empregador — o que muitas vezes acontecerá dada a natureza muitas vezes "diferencial" da prestação do trabalhador jornalístico —, como a obrigação de não concorrência pós-contratual está dependente do pagamento de uma compensação. Essa compensação deve ser adequada e, segundo o entendimento mais corrente, paga no momento da cessação do contrato de trabalho ou durante a vigência da obrigação de não concorrência[316].

Em relação à cessação do acordo, alguma doutrina e a jurisprudência têm entendido, embora com recente resistência, que o trabalhador pode renunciar[317], mas já não o empregador[318]. Por outro lado, relativamente ao incumprimento da obrigação de não concorrência, quer a doutrina como

[316] Maria Irene Gomes, «Questões a propósito dos requisitos exigidos para a lícita constituição da cláusula de não concorrência no âmbito do contrato de trabalho», *Questões Laborais*, 42 (2013), pp. 241-263, p. 254. Admitindo o pagamento apenas no fim do período de inatividade, Beatriz Gonçalves, «As cláusulas de não concorrência no contrato de trabalho desportivo» in: Alexandre Miguel Mestre [Coord.], *Compêndio de Direito do Desporto*, Gestlegal, Lisboa, 2020, pp. 287-310, p. 297.

[317] A favor dessa possibilidade, João Zenha Martins, *Dos pactos de limitação à liberdade de trabalho*, Almedina, Coimbra, 2016, p. 741 ("a desvinculação *ad nutum* do trabalhador não suscita grandes dificuldades"), Maria Irene Gomes, «Questões a propósito dos requisitos...», cit., p. 261 e Beatriz Gonçalves, «As cláusulas de não concorrência...», cit., p. 290. Contra, mais recentemente, Pedro Petrucci de Freitas, «Da livre renúncia ao pacto de não concorrência pelo trabalhador após a cessação do contrato de trabalho», *Revista de Direito Público*, 9 (2013), pp. 63-73, Benjamim Mendes / Sara Leitão, «Da (in)admissibilidade da revogação unilateral do pacto de não concorrência por iniciativa do trabalhador», *Revista Internacional de Direito do Trabalho*, 2021, II, pp. 267-298 e Joana Vasconcelos, «Sobre a aplicação do artigo 81.º do Código Civil às cláusulas de limitação da liberdade de trabalho» in: *Estudos dedicados ao Professor Doutor Bernardo da Gama Lobo Xavier*, Vol. II, UCP Editora, Lisboa, 2015, pp. 201-223.

[318] Neste sentido, João Zenha Martins, *Dos pactos de limitação...*, cit., pp. 741 ss. Júlio Gomes, «Algumas novas questões sobre as cláusulas ou pactos de não concorrência em Direito do Trabalho», *Revista do Ministério Público*, 127 (2011), pp. 77-99, pp. 97 ss. e Maria Irene Gomes, «Questões a propósito dos requisitos...», cit., p. 261. Defendendo a validade de uma estipulação nesse sentido, mesmo na ausência de qualquer acordo, pela via do artigo 437.º, do Código Civil, Rui Valente, «Proteção do segredo, cláusula penal...», cit., pp. 362 ss. e Ricardo Nascimento, *Da cessação do contrato de trabalho...*, cit., pp. 361 ss.

a jurisprudência têm admitido a estipulação de cláusulas penais[319], sem prejuízo do controlo do valor abusivo[320].

Para além de um pacto de não concorrência, para vigorar após a cessação do contrato de trabalho, as partes podem estipular um pacto de exclusividade, para vigorar durante a vigência do contrato de trabalho. Como dissemos, o trabalhador já está vinculado a um dever de não concorrência durante a vigência do contrato de trabalho, mas tal não impede o trabalhador de exercer outras atividades, desde que elas não sejam justamente concorrentes.

Ao contrário do pacto de não concorrência, o pacto de exclusividade não vem regulado na lei. No entanto, não só ele é pacificamente admitido pela nossa doutrina e jurisprudência como até está expressamente regulado nos Instrumentos de Regulamentação Coletiva de Trabalho aplicáveis a este setor[321], onde inclusivamente se prevê a pronúncia por parte do Conselho de Redação[322].

O pacto de exclusividade permite ao empregador garantir que o trabalhador está devotado apenas ao exercício da sua atividade jornalística[323] ou, como se lê na contratação coletiva aplicável ao setor, "é um instrumento que visa fomentar a iniciativa e melhorar a qualidade da prestação profissional e reforçar os laços que devem ligar os trabalhadores à empresa"[324].

No entanto, a este respeito é preciso distinguir o pacto que estabelece um verdadeiro regime de exclusividade dos casos em que as partes pretendem (apenas) aclarar o dever de não concorrência do trabalhador (que, como dissemos, durante a vigência do contrato de trabalho, já decorre da lei).

[319] Pronunciando-se favoravelmente, JOÃO ZENHA MARTINS, *Dos pactos de limitação...*, cit., pp. 771 ss. RUI VALENTE, «Proteção do segredo, cláusula penal e desvinculação do pacto de não concorrência» in: LOURDES MELLA MÉNDEZ [Dir.] / DUARTE ABRUNHOSA E SOUSA [Coord.], *Los actuales cambios sociales y laborales: nuevos retos para el mundo del trabajo – cambios en la relación individual de trabajo: España, Portugal, México, Francia*, Vol. IV, Peter Lang, Suíça, 2017, pp. 351-376, especialmente, pp. 356-357, MARIA IRENE GOMES, «Questões a propósito dos requisitos...», cit., p. 263 e BEATRIZ GONÇALVES, «As cláusulas de não concorrência...», cit., p. 291.

[320] Cfr. o ac. nr. 256/04 do TC (ARAÚJO TORRES), proc. nr. 674/02: "se tiver sido estabelecida "cláusula penal", que a doutrina justifica como meio de obviar à dificuldade de prova e de quantificação dos danos sofridos pelo antigo empregador (isto é, como liquidação antecipada desses prejuízos), existirá sempre a possibilidade da sua redução pelo tribunal de acordo com a equidade, quando for manifestamente excessiva (artigo 812.º, n.º 1, do Código Civil)".

[321] Cfr. cláusula 12.ª AE Lusa.

[322] O AE Lusa estabelece que compete ao Conselho de Redação "dar parecer sobre a atribuição de contratos de exclusividade a jornalistas" (cláusula 7.ª, n.º 3, alínea b)).

[323] Foi o que aconteceu no ac. de 25/09/2002 do STJ (MÁRIO TORRES), proc. nr. 02S1197, já citado.

[324] Cláusula 12.ª, n.º 1, do AE Lusa.

Como decidiu, e bem, o Supremo Tribunal de Justiça, "ficando clausulado no contrato de trabalho firmado entre as partes que a actividade do autor é "...em regime de exclusividade no campo das publicações periódicas", o autor conservou o direito de exercer a sua actividade profissional, fazendo--o por conta própria ou de outrem, vg. em empresas de comunicação social de rádio e televisão e em publicações não periódicas, e ficou submetido a um regime que se aproxima da não concorrência"[325]. E, por outro lado, cumpre sempre ter presente que, tal como acontece com o pacto de não concorrência, também o pacto de exclusividade deve andar sintonizado com um interesse legítimo do empregador, proibindo a exclusividade arbitrária. Assim, a obrigação de exclusividade não pode prejudicar outras iniciativas ou ocupações do jornalista[326].

Em relação aos requisitos gerais, entende-se, de forma consensual, que a obrigação de exclusividade implica o pagamento de uma compensação, o que, aliás, vem expressamente previsto na contratação coletiva[327], entendimento que também corresponde ao sentido da nossa jurisprudência[328].

Em regra, estando estipulado pelas partes, o pacto de exclusividade dura pelo período de vigência do próprio contrato de trabalho. Acontece que, a este respeito, de acordo com o AE Lusa, o pacto de exclusividade tem a duração de 2 anos, renováveis por iguais períodos, podendo ser denunciado por qualquer uma das partes[329]. E este AE prevê inclusivamente a faculdade de denúncia do pacto de exclusividade, por acordo entre as partes, por iniciativa do trabalhador (mediante pré-aviso de 60 dias) ou da empresa, mediante pré-aviso de 60 dias ou "a qualquer momento, quando o trabalhador tenha fornecido informações falsas para a celebração do contrato de exclusividade,

[325] Ac. de 24/10/2007 do STJ (Sousa Grandão), proc. nr. 07S2623.

[326] O AE Lusa vem justamente prever que "não carecem, porém, de qualquer autorização ou acordo a publicação de obras que resultem da livre criação artística, de actividade independente de investigação científica e das relacionadas com o direito de opinião" (cláusula 12.ª, n.º 5).

[327] Cfr. cláusula 12.º, n.º 6, do AE Lusa: "a celebração de contrato de exclusividade confere ao trabalhador o direito a uma prestação pecuniária a acordar entre as partes, cujo montante não poderá ser inferior ao subsídio de isenção de horário de trabalho". No entanto, reparamos que o n.º 3, desta cláusula, determina, na sua alínea d), que o pacto de exclusividade obriga o trabalhador a "vincular -se ao regime de isenção de horário de trabalho previsto na lei geral, considerando--se a respectiva retribuição especial incluída na prestação pecuniária prevista no n.º 6". Temos fundadas dúvidas quanto à validade desta disposição, pois, no fim de contas, permite à entidade empregadora pagar o regime de exclusividade e o regime de isenção de horário de trabalho através do valor pago para este último...

[328] Cfr. ac. de 10/08/2003 do TRL (Paula Sá Fernandes), proc. nr. 107/2003-4.

[329] Cfr. cláusula 12.ª, n.º 8.

tenha sonegado dolosamente informações com o intuito de o manter ilegitimamente, ou no caso de violação culposa, por parte do trabalhador, das obrigações decorrentes do contrato de exclusividade"[330].

Merece uma última referência a possibilidade de acertar um pacto de permanência, isto é, celebrar um acordo mediante o qual "o trabalhador se obriga a não denunciar o contrato de trabalho, por um período não superior a três anos, como compensação ao empregador por despesas avultadas feitas com a sua formação profissional" (artigo 137.º, n.º 1, do CT09). A este respeito, a contratação coletiva aplicável ao jornalismo prevê que "sem prejuízo do disposto na lei sobre pacto de permanência, os jornalistas, incluindo os estagiários, aos quais tenha sido garantida a retribuição durante acções de formação de média e longa duração, ou tenham beneficiado de encargos extraordinários por parte do empregador, podem ser obrigados a prestar serviço até três anos a contar do termo de cada acção, nos termos do acordo escrito obrigatoriamente celebrado"[331].

[330] Cfr. cláusula 12.ª, n.º 9.

[331] Estamos a citar o n.º 1, da cláusula 66.ª, do CCT AIND, e a cláusula 35.ª, n.º 4, do AE Lusa.

§ 11. DIREITOS DE AUTOR[332]

Como vimos em ponto anterior, a liberdade de expressão desdobra-se em diversas dimensões nesta atividade. Das suas variadas manifestações atrás estudadas, importa autonomizar os casos em que a expressão do jornalista diz respeito à execução do contrato de trabalho – a produção de conteúdo jornalístico, nos termos atrás estudados – e isso se salde na produção de uma obra. Ora, tratando-se de um trabalho predominantemente intelectual, gerador mesmo de uma espécie de contrato misto[333], é natural que o trabalho prestado pelo jornalista receba a incidência de normas jus-autorais[334].

Dada a singularidade do trabalho jornalístico, não espanta que a matéria conheça regras especiais. De resto, a matéria dos direitos de autor sempre foi aquela que mais preocupação[335] e fluxo de propostas gerou nas várias

[332] Em geral, ALBERTO DE SÁ E MELLO, «Trabalho criativo subordinado – a criação de obras intelectuais em execução de contrato de trabalho» in: *Estudos dedicados ao Professor Doutor Bernardo da Gama Lobo Xavier*, vol. I, Universidade Católica Editora, Lisboa, 2015, pp. 79-110. LUÍS BRITO CORREIA, *Direito da Comunicação Social*, vol. II, *Direito de Autor e da Publicidade*, Almedina, Coimbra, 2005.

[333] MILENA ROUXINOL, *A vinculação autoral do trabalhador...*, cit., p. 82, fala na "prevalência da causa objectiva própria dos contratos de trabalho, a qual, neste conjunto de casos, carece, para se cumprir, de que a vinculação negocial do trabalhador compreenda elementos típicos de negócios jurídicos de disposição do direito de autor".

[334] Assim, ALEXANDRE DIAS PEREIRA, «Jornalismo e Direito de Autor», *Boletim da Faculdade de Direito*, 75 (1999), pp. 591-597, p. 591, escreve que "o jornalismo é uma actividade estreitamente relacionada com o Direito de Autor. Com efeito, o jornalismo é um ofício que consiste no exercício habitual e constante da actividade de escrever em jornais ou outras publicações periódicas. Nestes termos, o exercício do Jornalismo traduz-se na profissão de jornalista, no âmbito da qual são produzidos textos escritos. Estes textos serão assimiláveis, via de regra, às *obras literárias*" (itálico do Autor).

[335] Por ocasião do veto do Presidente da República ao diploma, o Sindicato dos Jornalistas não deixou de referir que "sendo positiva a notícia da devolução do diploma à Assembleia da República, e coincidindo os fundamentos desse envio com parte das objecções do Sindicato dos Jornalistas,

tentativas ensaiadas para a revisão do EJ, referidas no ponto introdutório[336]. No entanto, importa notar, desde já, que estas regras especiais não resultam apenas do próprio EJ: o "material normativo para definir o estatuto contratual-autoral do jornalista"[337] está disperso entre o EJ o CDADC e ainda é preciso contar com a contratação coletiva. Cumpre então, pois, analisar essas regras legais.

Em primeiro lugar, a tutela autoral abrange aquilo que o CDADC designa de "trabalhos jornalísticos"[338]. Concretizando, e segundo o EJ, gozam desta tutela "as criações intelectuais dos jornalistas por qualquer modo exteriorizadas, designadamente os artigos, entrevistas ou reportagens" (artigo 7.º-A, n.º 1). Portanto, apenas merecem tutela as criações que tenham sido por qualquer modo exteriorizadas, o que, em bom rigor, corresponde já ao entendimento geral em matéria de Direito de Autor, pois as criações meramente espirituais, nascidas e contidas no puro ânimo interno, não poderiam merecer a tutela do Direito[339].

Contudo, importa ter presente que não é qualquer trabalho jornalístico que merece esta proteção, pois o EJ delimita o conceito de obra protegida, ao excluir aqueles trabalhos "que se limitem à divulgação de notícias do dia ou ao relato de acontecimentos diversos com o carácter de simples informações" (n.º 1 do artigo 7.º-A)[340], o que, aliás, também resulta do CDADC[341]. Nesses casos, pode considerar-se que a obra não tem aquele *Spielraum* que merece

a Direcção do SJ lamenta, no entanto, que a mensagem seja completamente omissa em relação outras matérias de extrema importância para os jornalistas e para os cidadãos. É o caso dos direitos de autor, já que os termos em que a lei pretendeu regulamentar esta matéria coloca em crise garantias como a integridade da obra, legaliza a apropriação ilegítima das criações jornalísticas e abre caminho à uniformização informativa e à redução do pluralismo e da diversidade informativa. Infelizmente, o Senhor Presidente da República parece não ter sido sensível às preocupações transmitidas pelo SJ e apoiadas por cerca de três mil jornalistas e outros criadores intelectuais".

336 § 2. Evolução legislativa.

337 Milena Rouxinol, *A vinculação autoral do trabalhador...*, cit., p. 180.

338 Criticando a falta de uma noção legal, Alberto de Sá e Mello, *Manual de Direito de Autor e Direitos Conexos*, 3.ª ed., Almedina, Coimbra, 2019, p. 299, n. 448.

339 Sobre isto, Luís Manuel Teles de Menezes Leitão, *Direito de Autor*, cit., p. 71.

340 Maria Manuel Bastos / Neuza Lopes, *Comentário à Lei de Imprensa...*, cit., p. 192: "será muito difícil a demonstração do carácter criativo de uma notícia ou relato de informações do dia".

341 Cfr. artigo 7.º, n.º 1, alínea a), do CDADC: "não constituem objecto de protecção... as notícias do dia e os relatos de acontecimentos diversos com carácter de simples informações de qualquer modo divulgados".

a tutela autoral[342], pois pretende-se, para merecer tutela autoral, que "a obra represente uma criação de valores que se distinga, quer do património intelectual já existente, quer da realidade concreta que pretenda representar"[343].

Acrescenta o n.º 2, do artigo 7.º-A, do EJ, que "os jornalistas têm o direito de assinar, ou de fazer identificar com o respectivo nome profissional, registado na Comissão da Carteira Profissional de Jornalista, as obras da sua autoria ou em que tenham tido participação, bem como o direito de reivindicar a qualquer tempo a sua paternidade, designadamente para efeitos do reconhecimento do respectivo direito de autor". No fundo, está em causa o reconhecimento do direito à paternidade, direito alienável que o jornalista pode reclamar a todo o tempo (cfr. os artigos 9.º, n.º 3, e 56.º, n.º 1, ambos do CDADC)[344].

Segundo o n.º 3, do artigo 7.º-A, do EJ, "os jornalistas têm o direito de se opor a toda e qualquer modificação que desvirtue as suas obras ou que possa afectar o seu bom nome ou reputação". Proclama-se aqui o direito à integridade da obra, também já previsto em geral (cfr. os artigos 9.º, n.º 3, e 56.º, n.º 1, ambos do CDADC)[345].

Quanto à titularidade dos direitos de autor sobre os trabalhos jornalísticos, importa notar que, segundo a regra geral, eles pertencem ao seu autor[346]. Acontece que a regra geral ressalva a aplicação do artigo 174.º, do CDADC,

[342] Sobre isto, com outro desenvolvimento, MARIA VICTÓRIA ROCHA, «Contributos para a delimitação da "originalidade" como requisito de protecção da obra pelo Direito de Autor» in: *Estudos em Homenagem ao Prof. Doutor António Castanheira Neves*, vol. II, Coimbra Editora, Coimbra, 2008, pp. 733-792.

[343] LUÍS MANUEL TELES DE MENEZES LEITÃO, *Direito de Autor*, cit., p. 74.

[344] Sobre isto, LUÍS MANUEL TELES DE MENEZES LEITÃO, *Direito de Autor*, cit., pp. 150 ss.

[345] Sobre isto, LUÍS MANUEL TELES DE MENEZES LEITÃO, *Direito de Autor*, cit., pp. 150 ss.

[346] Cfr. artigo 14.º do CDADC: "a titularidade do direito de autor relativo a obra feita por encomenda ou por conta de outrem, quer em cumprimento de dever funcional quer de contrato de trabalho, determina-se de harmonia com o que tiver sido convencionado. Na falta de convenção, presume-se que a titularidade do direito de autor relativo a obra feita por conta de outrem pertence ao seu criador intelectual. A circunstância de o nome do criador da obra não vir mencionado nesta ou não figurar no local destinado para o efeito segundo o uso universal constitui presunção de que o direito de autor fica a pertencer à entidade por conta de quem a obra é feita. Ainda quando a titularidade do conteúdo patrimonial do direito de autor pertença àquele para quem a obra é realizada, o seu criador intelectual pode exigir, para além da remuneração ajustada e independentemente do próprio facto da divulgação ou publicação, uma remuneração especial: a) Quando a criação intelectual exceda claramente o desempenho, ainda que zeloso, da função ou tarefa que lhe estava confiada; b) Quando da obra vierem a fazer-se utilizações ou a retirar-se vantagens não incluídas nem previstas na fixação da remuneração ajustada".

justamente com a epígrafe "trabalhos jornalísticos por conta de outrem". De acordo com esta disposição legal, "o direito de autor sobre trabalho jornalístico produzido em cumprimento de um contrato de trabalho que comporte identificação de autoria, por assinatura ou outro meio, pertence ao autor" (n.º 1). Salvo melhor opinião, a norma visa todos os trabalhos, qualquer que seja o seu formato[347], o que, de resto, está em sintonia com o próprio âmbito desta atividade, como vimos[348].

De acordo com esta norma, é necessário distinguir. Tratando-se de trabalho que está identificado ou assinado, a lei atribui ao jornalista o direito de autor sobre as peças[349]. Recorde-se que, como já dissemos, assinar as peças é um direito do jornalista ("os jornalistas têm o direito de assinar, ou de fazer identificar com o respectivo nome profissional... as obras da sua autoria ou em que tenham tido participação"). Assim, e a título de exemplo, estando assinados, a empresa não pode publicar, autonomamente, uma coletânea de todos os artigos escritos pelo jornalista, sem o seu consentimento[350].

Segundo pensamos, apenas com a identificação é possível o exercício destes direitos[351]. Por outras palavras, quando a lei se refere à "identificação de autoria, por assinatura ou outro meio", pensamos que a referência a "outro meio" se deve entender como qualquer elemento que, na peça jornalística, permita a identificação do seu autor. Por exemplo, a peça não está assinada, mas é acompanhada da fotografia do jornalista. De excluir, parece-nos, é a possibilidade de, na ausência total de elementos que permitam inferir a autoria do seu autor a partir da peça jornalística, o jornalista pretenda fazer prova da sua autoria com elementos externos ao trabalho, por exemplo,

[347] Por exemplo, fotografias. Neste sentido, Alberto de Sá e Mello, *Manual de Direito de Autor...*, cit., p. 300.

[348] § 3. Âmbito e objeto do EJ.

[349] Ver, também, o n.º 4, da cláusula 38.ª, do CCT AIND.

[350] O Partido Comunista Português (PCP) criticava esta "tendência que tem vindo a impor-se no sector da comunicação social, de, em nome da evolução tecnológica, tornar o trabalho jornalístico numa espécie de "produto branco" que as empresas proprietárias de uma miríade de órgãos de comunicação social utilizam no âmbito do respectivo grupo empresarial quando e onde entendam, sendo o jornalista privado de qualquer protecção quanto à autoria dos seus trabalhos e de qualquer compensação remuneratória pela sua reutilização. Nesta, como em outras matérias, pretende-se que a adaptação às novas condições do "mercado" ditadas pela inovação tecnológica, seja feita exclusivamente à custa dos direitos dos trabalhadores" (nota introdutória ao Projeto de Lei n.º 333/X).

[351] Antunes Varela, *Lei da liberdade religiosa e lei de imprensa – edição revista e anotada*, Coimbra, 1972, p. 206, n. 1, escrevia, embora noutro contexto legal, que "estabeleceu-se, como presunção, o carácter colectivo da publicação periódica (...). A presunção cede perante a subscrição do autor do artigo ou comentário inserto no periódico ou em face de outro meio de prova da sua autoria individual".

comprovando o envio do trabalho para publicação ou alegando que o trabalho tem um estilo que ostensivamente denuncia a sua autoria. Aliás, se assim não fosse a norma não teria qualquer efeito útil, pois hoje em dia os trabalhadores jornalísticos têm sempre algum rasto eletrónico que permite identificar a sua autoria.

Segundo o n.º 4, e como consequência, "se os trabalhos referidos não estiverem assinados ou não contiverem identificação do autor, o direito de autor sobre os mesmos será atribuído à empresa a que pertencer o jornal ou a publicação em que tiverem sido inseridos, e só com autorização desta poderão ser publicados em separado por aqueles que os escreveram". Portanto, a assinatura acaba por funcionar, na prática, como elemento quase constitutivo em relação à própria atribuição do direito de autor[352], embora, como se disse, ela possa ser provada por outros elementos que permitam a sua identificação, desde que decorram do *corpus* do trabalho jornalístico.

Numa solução compromissória com os interesses da empresa jornalística, a lei proíbe o jornalista de a publicar em separado antes de volvidos 3 meses sobre a sua publicação, salvo consentimento da empresa (artigo 175.º, n.º 2, do CDADC).

Não estando assinado ou identificado, parece, interpretando a norma *a contrario sensu*, que, nesses casos, o autor jornalista não pode publicar em separado, mesmo depois de decorrido aquele prazo[353]. Seja como for, segundo propõe Milena Rouxinol o alcance desta proibição deve sempre considerar a finalidade da proteção conferida. Consequentemente, no entender da Autora, o jornalista não estaria impedido de, por hipótese, divulgar o seu trabalho jornalístico no estrangeiro ou num contexto informativo completamente diferente daquele onde trabalha: em condições normais, não haverá um interesse real e legítimo da empresa jornalística nesses casos[354].

A respeito da utilização da obra pela empresa jornalística, o n.º 2, do artigo 7.º-B, do EJ, estatui que "considera-se incluído no objecto do contrato de trabalho o direito de utilização de obra protegida pelo direito de autor, para fins informativos e pelo período de 30 dias contados da sua primeira disponibilização ao público, em cada um dos órgãos de comunicação social, e respectivos

[352] Luís Manuel Teles de Menezes Leitão, *Direito de Autor*, 3.ª ed., Almedina, Coimbra, 2020, p. 149.

[353] Patrícia Akester, *Código do Direito de Autor e Direitos Conexos*, 2.ª ed., Almedina, Coimbra, 2019, p. 251. Milena Rouxinol, *A vinculação autoral do trabalhador...*, cit., pp. 206-207, filia esta proibição na ideia do dever de lealdade, mais concretamente, no dever de não concorrência do trabalhador.

[354] Milena Rouxinol, *A vinculação autoral do trabalhador...*, cit., p. 210.

sítios electrónicos, detidos pela empresa ou grupo económico a que os jornalistas se encontrem contratualmente vinculados".

Dentro do mesmo espírito, o n.º 4, do artigo 7.º-B, acrescenta: "presumem-se autorizadas pelo autor, na pendência da formalização de novo acordo com o empregador e durante um período máximo de três meses, as utilizações de obras produzidas na vigência de um contrato de trabalho que envolvam modos de exploração inexistentes ou indetermináveis à data da celebração dos acordos de utilização antecedentes". No fundo, o espírito que preside a esta disposição legal é a mesma que está presente na própria definição de atividade jornalística: da mesma forma que se considera jornalista qualquer profissional que desenvolve essa atividade nos meios tradicionais (rádio, televisão, imprensa escrita...) e "qualquer outro meio electrónico de difusão", também aqui o legislador pretendeu acautelar as várias possibilidades abertas pelo rápido galope da evolução tecnológica, permitindo à empresa jornalística a utilização dos trabalhos jornalísticos noutros meios ou plataformas de difusão de notícias. Se à data essa realidade era embrionária, hoje é comum que as empresas jornalísticas divulguem excertos noticiosos (em texto ou imagem) nos seus sítios ou até nas redes sociais.

Em relação às contrapartidas pela utilização da obra, o n.º 1, do artigo 7.º-B, determina que "os jornalistas que exerçam a sua actividade em execução de um contrato de trabalho têm direito a uma remuneração autónoma pela utilização das suas obras protegidas pelo direito de autor". Essa remuneração pode ser fixada contratualmente, podendo decorrer de instrumento de regulamentação coletiva de trabalho compensações suplementares[355]. A respeito do direito à remuneração, importa introduzir uma precisão. É que só têm direito a esta remuneração especial os jornalistas cujas obras protegidas sejam utilizadas pela empresa jornalística. Portanto, esta não é uma remuneração autónoma que caiba a qualquer jornalista, mas apenas àqueles que são titulares de obras protegidas, nos termos já estudados. Assim, o *pivot* que apresenta o noticiário televisivo não pode exigir o pagamento de uma remuneração especial, na medida em que, como se disse, a sua prestação não envolve uma obra que mereça tutela autoral nesta sede.

[355] Em relação à compensação, a cláusula 6.ª, do AE Lusa, estabelece que "a cedência de textos e imagens em exclusivo por parte da Lusa a um dos seus clientes confere ao respectivo autor o direito a uma compensação, a estabelecer por acordo, que, em caso de comercialização, não será inferior a 50 % do valor de venda".

§ 12. SUSPENSÃO DO CONTRATO DE TRABALHO

O EJ não dispõe sobre a suspensão do contrato de trabalho. No entanto, embora o regime não regule a matéria, convocando a aplicação das regras gerais, a contratação coletiva aplicável ao setor contém uma disposição curiosa que merece menção. Diz-se na cláusula 15.º, n.º 3, do CCT AIND, que "o jornalista que seja detido preventivamente ou condenado por acto cometido no âmbito da actividade profissional prestada ao empregador em defesa de valores e princípios deontológicos da profissão, ou para defender a liberdade de informação e o direito a informar, tem direito a receber desta a retribuição correspondente ao período de prisão preventiva ou de cumprimento de pena".

Estamos em crer que esta cláusula é uma reminiscência do período autoritário de perseguição ao jornalista, que chegou a culminar não só na censura e nas pilhagens, mas também na própria detenção de jornalistas, como fizemos referência introdutoriamente[356]. No atual período histórico, em que os poderes públicos estão sob permanente vigilância mediática, dificilmente se conceberá que um jornalista seja detido ou preso pelo exercício "inoportuno" das suas funções. De resto, basta recordar o escândalo recente que envolveu a ordem do Ministério Público para a vigilância e escuta de jornalistas, o que se pôde considerar inédito no regime democrático.

Seja como for, é sabido que ainda hoje anda vivo o debate à volta da repercussão da prisão do trabalhador na execução do contrato de trabalho, mais concretamente, a questão de saber se a prisão do trabalhador determina a suspensão do contrato de trabalho. Independentemente da controvérsia

[356] § 1. Introdução e razões da especialidade.

doutrinal e jurisprudencial nessa matéria[357], a contratação coletiva aplicável ao jornalismo quis esclarecer que a impossibilidade ditada por aquelas razões não determina a perda de retribuição podendo legitimamente entender-se que se concebem esses casos como situações de impossibilidade por causa não imputável ao trabalhador-jornalista. Nada impede, na lei, que a contratação coletiva disponha sobre estas matérias, sobretudo quando a solução é mais favorável ao trabalhador. Sublinhamos, porém, que a contratação

[357] Considerando injustificadas as faltas por prisão preventiva, ver ac. de 25/02/1993 do STJ (Chichorro Rodrigues), CJ (STJ), 1993, I, pp. 260-262, p. 262 ("a prisão preventiva, pelos requisitos que pressupõe existirem, importa um juízo de probabilidade de verificação de conduta punível mais exigente do que qualquer medida preventiva de natureza disciplinar. Assim, encontra plena justificação a instauração do processo disciplinar ao recorrente"), ac. de 17/05/1993 do TRP (Leitão Santos), CJ, 1993, III, pp. 268-269, p. 268 ("com efeito, foi um facto cometido pelo apelante e reconhecidamente criminoso por acórdão transitado em julgado – homicídio – praticado pelo apelante em plena liberdade e responsabilidade e quando lhe era exigível um outro comportamento"), ac. de 17/05/1995 do TRL (Diniz Roldão), CJ, 1995, III, pp. 183-186, p. 185 ("não fôra sempre o anterior comportamento ilícito e reprovável do trabalhador e ele não daria aso à prisão preventiva e, com ela, à ausência do serviço decorrente da sua detenção"), ac. de 13/12/2000 do TRL (Manuela Gomes), proc. nr. 0036114 ("o A. esteve preso, preventivamente e depois em cumprimento de pena de prisão, 226 dias, continuamente, pondo em causa a relação de confiança que subjazia ao vínculo laboral"), ac. de 21/11/2007 do TRL (Isabel Tapadinhas), proc. nr. 7008/2007-4 ("efectivamente, a responsabilidade pela prisão preventiva é imputável ao apelante, que demonstrou um comportamento gravemente censurável pelos crimes cometidos e pela qualidade da vítima e da sua relação com próprio Banco apelado, não se vendo que neste contexto seja possível a manutenção da relação laboral e a aplicação de uma sanção do tipo conservatório") e, mais recentemente, ac. de 24/03/2022 do TRE (Moisés Silva), proc. nr. 1907/21.7T8PTM.E1 ("constitui justa causa de despedimento a prisão preventiva da trabalhadora durante cerca de um ano, sem nada dizer ou justificar a falta à empregadora, a qual se viu assim privada da atividade que era devida por aquela"). Sobre isto, na doutrina, especificamente sobre as faltas por prisão ver Albino Mendes Baptista, «Faltas por motivo de prisão», *Questões Laborais*, 11 (1998), pp. 47-64; Id., *Jurisprudência do trabalho anotada – relação individual de trabalho*, Quid Iuris, 3.ª ed., 2000, especial. pp. 420 ss., Teresa Coelho Moreira, «O respeito pela esfera privada do trabalhador: natureza jurídica das faltas cometidas por motivo de prisão baseada em crimes praticados fora do trabalho», *Questões Laborais*, 18 (2001), pp. 155-189, Abílio Neto, «Natureza e consequências das faltas dadas por um trabalhador, motivadas por condenação em prisão», *Revista de Direito e Estudos Sociais*, 1987, I, pp. 49-55, Eduardo Maia Costa, «Comentário ao acórdão do STJ de 14-5-97», *Revista do Ministério Público*, 70 (1997), pp. 147-157, Manuel Simas Santos, «Comentário ao acórdão do STJ de 26-10-1987», *Revista do Ministério Público*, 35/36 (1988), pp. 167-184, Rita Canas da Silva, «Alguns problemas sobre o regime jurídico das faltas» in: Maria do Rosário Palma Ramalho / Teresa Coelho Moreira [Coord.], *Tempo de trabalho e tempos de não trabalho – o regime nacional do tempo de trabalho à luz do Direito Europeu e Internacional*, APODIT, Lisboa, 2018, pp. 275-284, Cristina Martins da Cruz, «Ausências ao trabalho por motivo de prisão e não prestação de trabalho por impossibilidade ou recusa do trabalhador», *Revista do CEJ*, 2018, II, pp. 258-278, especialmente, pp. 261 ss. e Pedro Mota Pinho, *A prisão do trabalhador e as suas consequências no contrato de trabalho*, Nova Causa, Braga, 2019.

coletiva limita aos casos em que a prisão preventiva ou a pena transitada em julgado diga respeito a "atos cometidos no âmbito da atividade profissional prestada ao empregador" exigindo também que esses atos saiam em "defesa de valores e princípios deontológicos da profissão, ou para defender a liberdade de informação e o direito a informar".

Naturalmente, não são apenas os casos de detenção ou prisão que podem gerar uma impossibilidade de prestar trabalho e, durando mais de 30 dias, a suspensão do contrato de trabalho. Uma semelhante impossibilidade pode decorrer, por exemplo, da suspensão da carteira profissional do jornalista, se, claro está, não for imputável ao jornalista. Sem ela, o trabalhador não pode trabalhar e, portanto, estará numa situação de impossibilidade de prestar trabalho. Essas situações, não sendo imputáveis ao trabalhador, darão origem a faltas justificadas ou à suspensão do contrato, consoante a duração (previsível) do impedimento[358].

[358] José Andrade Mesquita, *Direito do Trabalho*, cit., p. 432.

§ 13. CESSAÇÃO DO CONTRATO DE TRABALHO

O EJ é omisso quanto às formas de cessação do contrato de trabalho do jornalista ou em relação a outras matérias relacionadas[359]. Também a contratação coletiva aplicável ao setor é frugal, bastando-se com uma remissão total para o regime legal[360]. No entanto, o EJ contém algumas normas em matéria de cessação do contrato de trabalho que importa estudar.

§ 13.1. Cessação promovida pelo empregador

À semelhança da generalidade dos trabalhadores subordinados, o jornalista titular de um contrato de trabalho está protegido, claro está, pela proibição constitucional e legal dos despedimentos sem justa causa[361]. O que, de resto, acaba por ser, de certa forma, uma forma de proteção da liberdade e independência do profissional jornalista[362]. Aliás, uma das grandes

[359] Forçando a nota, os nossos tribunais já decidiram que, em caso de litígio, a legitimidade passiva cabe à entidade que explora as publicações e com as quais o trabalhador está formalmente vinculado. Sobre isto, ver o curioso ac. de 23/02/1984 do TRC (Eduardo de Barros Lopes), CJ, 1984, I, pp. 94-95.

[360] De facto, a cláusula 14.ª prevê que "a cessação do contrato individual de trabalho obedece ao disposto na presente lei e na presente CCT". No mesmo sentido, Luís Brito Correia, *Direito da Comunicação Social...*, cit., p. 426.

[361] Cfr. o projeto apresentado pelo Sindicato dos Jornalistas para um Contrato Coletivo de Trabalho dos Profissionais da Imprensa Diária onde era vedado às empresas o despedimento do jornalista sem justa causa (cláusula 7.ª ss.), publicado no *Boletim do Sindicato dos Jornalistas*, 2 (1941). Para um relance histórico da proibição dos despedimentos sem justa causa no âmbito do jornalismo, ver Rosa Maria Sobreira, *Os jornalistas portugueses...*, cit., pp. 82-83.

[362] Nuno e Sousa, *A liberdade de imprensa*, cit., p. 214.

reivindicações sindicais sempre foi a de bloquear o despedimento dos jornalistas, como dissemos[363].

Contudo, tal também equivale a dizer que, embora o EJ não o preveja, o trabalhador jornalista também pode ser despedido com justa causa, nos termos gerais. Assim, o empregador pode despedir o trabalhador jornalista por motivos disciplinares (despedimento com justa causa subjetiva[364]) ou por razões objetivas (despedimento coletivo[365], por extinção do posto de trabalho ou por inadaptação), nos termos em que o regime laboral comum prevê.

No entanto, quanto ao procedimento[366], é necessário contar com algumas regras especiais, contidas no EJ, cujo sentido e alcance é, pelo menos, enigmático. Assim, importa lembrar que o Conselho de Redação deve ser ouvido para a admissão e "demissão" do diretor (artigo 13º, n.º 4, alínea b) e artigo 23.º, n.º 2, alínea a), da LI). Como vimos, a relação do diretor com a empresa proprietária pode ser encarada como uma relação laboral, naturalmente, se se verificar a existência de subordinação jurídica[367]. Aparentemente, o legislador permite a desvinculação pura e simples do diretor. Por outras palavras, parece que o conceito de demissão, usado naquela norma, se distingue do despedimento, que é um ato motivado e, mais concretamente, que exige justa causa[368].

Estamos em crer que, a partir do momento em que o diretor, subdiretor ou diretor-adjunto são contratados com base num contrato de trabalho, uma semelhante interpretação só pode considerar-se inconstitucional, por violação do imperativo da proibição constitucional sem justa causa (artigo 53.º da CRP76). Salvo se, como vimos, estes trabalhadores tenham sido contratados em regime de comissão de serviço, na sua modalidade externa, caso em que, pese embora toda a controvérsia à mistura, o despedimento *ad nutum*

[363] § 1. Introdução e razões da especialidade.

[364] Com alguns exemplos, Nuno e Sousa, *A liberdade de imprensa*, cit., p. 214.

[365] Envolvendo um jornalista, ac. de 26/06/2013 do TRL (Alcina da Costa Ribeiro), proc. nr. 4916/12.3TTLSB.L1-4.

[366] O AE Lusa prevê que "a infracção disciplinar prescreve ao fim de um ano a contar do momento em que teve lugar, tenha ou não sido desencadeado procedimento disciplinar, ou logo que cesse o contrato de trabalho" (cláusula 90.ª, n.º 1). A referência à cessação do contrato de trabalho é redundante, dado que o poder disciplinar cessa com a cessação do contrato de trabalho...

[367] § 3.1. Diretores, subdiretores e diretores-adjuntos.

[368] Neste sentido, Maria Manuel Bastos / Neuza Lopes, *Comentário à Lei de Imprensa...*, cit., p. 66: "esclareça-se ainda que a "demissão" prevista neste artigo não equivale ao "despedimento", que só se poderá verificar nos termos do Código do Trabalho".

é admitido, ou na modalidade interna, em que o trabalhador regressa às suas funções de origem[369], tal como vimos[370].

Por outro lado, o empregador que pretenda despedir trabalhador com justa causa deve comunicar ao Conselho de Redação essa intenção, entregando a esta entidade cópia do processo[371]. É o que vem previsto nos artigos 13.º, n.º 4, alínea h), do EJ, e 23.º, n.º 2, alínea f), da LI, quando aí se prevê, numa redação idêntica, que compete ao Conselho de Redação "pronunciar-se acerca da admissão e da responsabilidade disciplinar dos jornalistas profissionais, nomeadamente na apreciação de justa causa de despedimento, no prazo de cinco dias a contar da data em que o processo lhe seja entregue"[372].

A formulação abrangente destes normativos ("responsabilidade disciplinar") sugere que este dever de consulta do Conselho de Redação diz respeito à aplicação de qualquer sanção disciplinar, desde a repreensão simples (!) até ao despedimento[373].

Segundo nos quer parecer, esta intervenção limita-se aos casos de infração disciplinar, conducentes, portanto, à aplicação de uma sanção disciplinar, o que é sugerido pela referência à responsabilidade disciplinar. Portanto, tal equivale a dizer que o Conselho de Redação não se pronuncia, desde logo, sobre um despedimento coletivo ou por extinção do posto de trabalho promovido pela empresa, ainda que no coletivo de trabalhadores a despedir ou o posto de trabalho a extinguir inclua ou diga respeito a um jornalista[374].

Estamos conscientes de que a norma poderia ser objeto de uma leitura atualista dada a evolução fulgurante dos despedimentos por motivos objetivos desde a aprovação do EJ, em 1999. No entanto, importa lembrar que,

[369] Ac. de 10/07/2000 do TRP (Sousa Peixoto), proc. nr. 0040547 (sumário): "as funções de Subchefe de redacção são funções de chefia e o seu exercício pode cessar por determinação da empresa, regressando o jornalista às funções da sua categoria de origem".

[370] § 3.1. Diretores, subdiretores e diretores-adjuntos.

[371] O AE Lusa obriga também a empresa à comunicação ao Conselho de Redação da nota de culpa (cfr. cláusula 93.ª, n.º 2).

[372] Em relação ao prazo, o AE Lusa estabelece que "sempre que o conselho de redacção seja chamado a pronunciar -se, para efeitos da aplicação do presente AE, entende-se como parecer favorável a ausência de resposta no prazo de cinco dias, salvo se outro prazo for estabelecido por lei ou em regulamento próprio. Em casos de justificada urgência, este prazo pode ser reduzido a 72 horas" (cláusula 7.ª, n.º 2).

[373] Também o AE Lusa estabelece que o Conselho de Redação deve ser auscultado "sobre quaisquer sanções a jornalistas" (cláusula 7.ª, n.º 3, alínea a)). No mesmo sentido, cfr. cláusula 90.ª, n.º 2: "o conselho de redacção pronuncia -se sempre sobre qualquer sanção disciplinar a aplicar a jornalistas".

[374] Jónatas E. M. Machado, *Liberdade de expressão – dimensões constitucionais...*, cit., p. 587, refere-se genericamente a "matéria disciplinar ou em situações de despedimento dos jornalistas".

no despedimento com motivos objetivos, já existe um amparo das estruturas representativas dos trabalhadores, sejam aquelas que pré-existem, sejam aquelas que podem ser constituídas *ad hoc*, pelos trabalhadores visados pelo despedimento[375].

§ 13.2. Cessação promovida pelo trabalhador

Tal como acontece com a entidade empregadora, também o trabalhador jornalista pode fazer cessar o seu contrato de trabalho nos termos gerais previstos no regime laboral comum, seja denunciando o seu contrato de trabalho[376], seja resolvendo o seu contrato de trabalho com justa causa, com fundamento na violação dos seus direitos e garantias, como a falta de pagamento da remuneração[377] ou com fundamento num comportamento assediante do empregador[378], seja com os fundamentos que prescindem da culpa da entidade empregadora, nos termos do CT09.

§ 13.3. Cessação com fundamento na "cláusula de consciência"

A acrescer aos motivos previstos no regime laboral comum, o n.º 4, do artigo 12.º, do EJ, permite ao jornalista a resolução do contrato[379] com fundamento naquilo que tem sido designado na literatura jurídica, talvez impropriamente, como "cláusula de consciência". Concretamente, prevê a norma legal que "em caso de alteração profunda na linha de orientação ou na natureza do órgão de comunicação social, confirmada pela Entidade Reguladora para a Comunicação Social a requerimento do jornalista, apresentado no prazo de 60 dias sobre a data da verificação dos elementos constitutivos da modificação, este pode fazer cessar a relação de trabalho com justa causa, tendo

[375] Sobre isto, Victor Hugo Ventura, «A fase de informações e negociação do despedimento coletivo na ausência de estruturas representativas dos trabalhadores», *Questões Laborais*, 50 (2017), pp. 65-81.

[376] Ver o caso do ac. de 13/11/2002 do TRL (Maria João Romba), CJ, 2002, V, pp. 153-154, em que o jornalista não denunciou o contrato de trabalho com a forma exigida.

[377] Ac. de 27/10/1999 do TRL (Pereira Rodrigues), CJ, 1999, IV, pp. 179-181.

[378] Ac. de 12/11/2002 do TRL (Ferreira Marques), proc. nr. 0063044 (sumário).

[379] Milena Rouxinol, *A vinculação autoral do trabalhador...*, cit., p. 50, fala de uma faculdade de "denúncia do contrato".

direito a uma indemnização correspondente a um mês e meio de retribuição base e diuturnidades por cada ano completo de serviço e nunca inferior a três meses de retribuição base e diuturnidades"[380].

Representando uma conquista histórica destes trabalhadores – embora, verdade seja dita, "um dos direitos menos conhecidos dos jornalistas"[381] e, porventura como prova disso, de rara utilização[382] –, esta previsão merece uma contextualização prévia que, aliás, permitirá compreender devidamente o sentido e alcance dos seus pressupostos legais, como veremos.

Como demos nota, as publicações periódicas informativas devem conter um estatuto editorial, a sua magna carta ou "programa político-editorial" que perfila a empresa no mercado[383] e sinaliza a orientação, vocação e posicionamento da empresa jornalística perante os seus leitores e perante o mercado: como preceitua o artigo 17.º, n.º 1, da LI, o estatuto editorial deve conter a "orientação e os seus objectivos e inclua o compromisso de assegurar

[380] A norma remonta ao n.º 1, do artigo 23.º, do Decreto-Lei n.º 85-C/75, de 26 de fevereiro, que, em moldes semelhantes, dispunha que "se se verificar uma alteração profunda na linha de orientação de um periódico, confirmada pelo Conselho de Imprensa, os jornalistas ao seu serviço poderão extinguir a relação de trabalho por sua iniciativa unilateral, tendo direito à indemnização devida por despedimento sem justa causa e sem aviso prévio" sendo que o n.º 2 autonomizava a norma de que "a extinção da relação de trabalho prevista no número anterior só poderá ter lugar nos trinta dias subsquentes à confirmação daquele facto pelo Conselho de Imprensa". Posteriormente, a Lei n.º 62/79, de 20 de setembro, que aprovava o Estatuto do Jornalista, também previa, no seu artigo 9.º, com a epígrafe "independência do jornalista", que "em caso de alteração profunda na linha de orientação de um órgão de comunicação social, confirmada pelo conselho de imprensa, os jornalistas ao seu serviço poderão extinguir a relação de trabalho por sua iniciativa unilateral, tendo direito a indemnização pelo prejuízo sofrido, que não poderá ser inferior a um mês de vencimento por cada ano de actividade na respectiva empresa" (n.º 2) e o n.º 3 estatuía que "o direito à rescisão unilateral do contrato de trabalho previsto no número anterior deverá ser exercido, sob pena de caducidade, nos trinta dias subsequentes ao conhecimento da confirmação pelo Conselho de Imprensa".

[381] Alberto Arons de Carvalho, *A liberdade de informação...*, cit., p. 183.

[382] Sofia Branco, «Um ano depois do 4.º Congresso», *Jornalismo & Jornalistas*, 66 (2018), pp. 14-19, p. 18, fala de "12 ou 13 casos". Narrando todos esses casos, ver Otília da Conceição Leitão Carvalho, *A proteção do jornalista – a (re)equação da liberdade de consciência e independência, direitos e deveres num novo espaço público*, Dissertação de Doutoramento em Ciências da Comunicação, ISCTE, 2020, pp. 104 ss. Curiosamente, Francisco Javier Calvo Gallego, «Sobre el modo de ejercicio de la cláusula de conciencia y otras cuestiones conexas – Comentario a la STC 225/2002, de 9 de diciembre (RTC 2002, 225)», *Aranzadi social*, 2002, IV, pp. 3334-3340, p. 3334, até refere que a cláusula de consciência conhece uma "dilatada experiência" em ordenamentos jurídicos como o português, embora também acrescente "em menor medida" relativamente a Portugal.

[383] Milena Rouxinol, *A vinculação autoral do trabalhador...*, cit., p. 48, refere-se também a uma "certa postura perante o fenómeno da comunicação social".

o respeito pelos princípios deontológicos e pela ética profissional dos jornalistas, assim como pela boa fé dos leitores". Claro está que, no ecossistema da comunicação social moderna, a diversidade das linhas editoriais é a palavra de ordem: a juntar a um periódico generalista, de notícias do dia-a-dia, é normal que certas publicações do foro religioso ou ideológico adiram a um sistema de valores ou credo, sejam ideologicamente tematizadas ou perfilhem uma certa visão do mundo ou mundividência[384].

Neste contexto, a invocação desta "cláusula de consciência" começou por ter uma explicação contratual. Entendia-se que a política editorial faria parte do objeto do contrato de trabalho e, consequentemente, o editor como que se comprometia, no momento da contratação, a mantê-la não só perante os leitores, mas também perante os próprios jornalistas. Uma vez alterada essa linha editorial, pelo menos quando ocorresse de forma significativa, o jornalista poderia desvincular-se. Tomando de empréstimo a linguagem civilística, a linha editorial serviria de base negocial em que as partes (concretamente, o jornalista) fundariam a sua decisão de contratar[385]. E, assim sendo, o trabalhador jornalista apenas estaria obrigado a manter-se na empresa de acordo com uma certa linha editorial, ou seja, *rebus sic stantibus*, pois uma mudança na orientação editorial significaria uma "quebra do sinalagma de origem"[386]. Quem pretendesse levar a utilização dos cânones civilistas até às suas últimas consequências, poderia mesmo dizer que o editor que alterasse a sua linha editorial entraria, de certa forma, em incumprimento do contrato, possibilitando a desvinculação com justo motivo.

Acontece que esta explicação era, e é, redutora e limitava a compreensão deste tema ao fenómeno epidérmico da contratualidade. Realmente, na possibilidade de fazer o contrato de trabalho com fundamento numa alteração significativa da orientação editorial reentram valores que não se deixam explicar deviamente pelos esquemas conceptuais do contrato, pois escapam

[384] Raquel Tavares Reis, «As organizações de tendência...», cit., p. 273: "são um momento de síntese da liberdade de imprensa e da liberdade de consciência e de religião".

[385] Noutro contexto, Raquel Tavares Reis, «As organizações de tendência...», cit., p. 272, refere-se à linha editorial como uma "condição implícita do contrato de trabalho".

[386] María José Nevado Fernández, *El ejercicio del derecho al honor (por el trabajador) en el contrato de trabajo*, Tirant lo Blanch, Valencia, 1999, p. 47. Milena Rouxinol, *A vinculação autoral do trabalhador...*, cit., p. 252, também fala de uma "frustração das aspirações negociais do jornalista". Em termos próximos, Nuno e Sousa, *A liberdade de imprensa*, cit., p. 130, refere que a cláusula de consciência visa tutelar uma "expectativa de permanência relativamente à orientação global da publicação".

à ideia linear de que o contrato de trabalho é um simples intercâmbio entre a prestação e a retribuição[387].

Desde logo, a explicação meramente contratual não explica devidamente o envolvimento pessoal do jornalista na organização jornalística sobretudo se pensarmos nas publicações de natureza ideológica. Isto porque, nesses casos, o trabalho do periodista não se limita, como é bom de ver, à mera apresentação de informação. O jornalista é, nesses casos, um *Tendenzträger*, isto é, portador de um conjunto de princípios editoriais da publicação, princípios esses que não só enquadrariam o desenvolvimento da prestação como seriam um pressuposto essencial para o próprio trabalhador. Já não seria apenas a organização jornalística a esperar do trabalhador uma comunhão com os propósitos da empresa. O próprio trabalhador, por sua vez, também tem um interesse legítimo na conservação dessa tendência por parte do empregador. A tal ponto que, portanto, a sua alteração poderia justificar a cessação do contrato de trabalho.

Acontece que a cláusula de consciência não pode também ficar limitada às organizações de tendência, desde logo porque, como já dissemos, nem sempre estaremos perante uma organização dessa natureza[388]. A explicação deve ser mais abrangente[389]. Em pormenor, ela deve andar sintonizada com os seus particulares propósitos no contexto da empresa. Escreve-se, de facto, que a cláusula de consciência é um instrumento que pretende sair em defesa da liberdade de pensamento e de consciência[390] do jornalista. Concretamente, a cláusula de consciência serviria para proteger a veracidade, a objetividade

[387] Sobre isto, cfr. § 1. Introdução e razões da especialidade.

[388] Como esclarece corretamente Raquel Tavares Reis, «As organizações de tendência...», cit., p. 244, "não deve confundir-se "tendência" ou "carácter próprio" com "interesse da empresa" ou "com linha de orientação" das empresas jornalísticas a que se refere o nosso legislador no Estatuto do Jornalista, aprovado pela lei n.º 1/99, de 13 de Janeiro, devendo a "tendência" ir para além do "interesse da empresa" e ser portadora de um específico interesse colectivo".

[389] Como desenvolve Hugo Aznar, «Cláusula de conciencia e información: de la ideología a la ética profesional», *Revista de Estudios Políticos*, 100 (1998), pp. 291-310, pp. 295 ss., a conotação ideológica apareceu como algo natural e expectável numa época, como aquela em que a cláusula de consciência nasceu e alastrou, fortemente ligada aos regimes fascistas e com a obrigação de assumir uma postura declaradamente religiosa ou agnóstica, social-comunista ou liberal, regimental ou anarquista, etc.

[390] Para José María Desantes Guanter, «La cláusula de conciencia...», cit., pp. 53-54, "a chamada cláusula de consciência não é outra coisa, na sua essência, senão a sede gramatical e jurídica em que se conecta uma causa determinante - a consciência pessoal - com efeitos jurídicos externos - estabelecidos e vazados na lei - por meio de um nexo, constituído por normas deontológicas que afectam o profissional como pessoa individual, responsável e livre".

e até o pluralismo democrático, garantindo o compromisso do jornalista com a verdade e com o público, este último verdadeiro titular de um "direito" – ou, pelo menos, de uma expetativa legítima –, à informação (evitando assim o anátema do "periodismo amarelo" ou *yellow press*)[391].

No entanto, pensamos que esta visão confunde os propósitos da cláusula de consciência. Explicando-nos melhor, é necessário ter sempre presente que a "cláusula de consciência" tem, é certo, uma evidente função de "defesa" do jornalista. Como vimos oportunamente, é essa dimensão que até permite ao jornalista recusar ordens ou instruções que, de alguma forma, possam ser lesivas de um ponto de vista ideológico[392].

Temos para nós, porém, que, no caso da faculdade de fazer cessar o contrato de trabalho, não estará em causa, em rigor, um ataque ao património deontológico. Desde logo porque, como veremos, a alteração da linha editorial é um direito da empresa jornalística, no quadro da sua liberdade de conformar a sua linha editorial. E, como veremos, uma alteração da linha editorial pode até nem representar qualquer fratura deontológica e, mesmo assim, investir o jornalista na prerrogativa de fazer cessar o seu contrato de trabalho com este fundamento. Concretamente, e como demonstraremos mais adiante, o jornalista pode fazer cessar o seu contrato de trabalho quando a publicação altera a sua tipologia, por exemplo, convertendo-se de uma publicação nacional para uma publicação de dimensão regional. Nesses casos, pensamos que o jornalista pode fazer cessar o seu contrato de trabalho com fundamento na cláusula de consciência, ainda que essa alteração não

[391] Covadonga Fernández Alvarez, «El derecho de cláusula de conciencia de los profesionales de la información (a propósito de la Ley Orgánica 2/1997, de 19 de junio)» in: *Trabajo y Libertades Públicas*, La Ley, Madrid, 1999, pp. 371-396, p. 374: "a cláusula de consciência forma parte integrante do direito fundamental a comunicar e receber informação". Carolina Blasco Jover, «La contratación en el sector de la información...», cit., pp. 1116-1117, vai mais longe: "a razão por que se inclui como causa de resolução contratual a mutação ideológica não é de procurar única e exclusivamente na protecção da liberdade ideológica do periodista, mas também na liberdade do jornalista de informar a sociedade. O que se concede, pois, a estes profissionais é a possibilidade de extinguir o seu contrato por causa de reorientações ideológicas empresariais o que tem a sua razão de ser em evitar que produzam uns acontecimentos de que há dado conta o Tribunal Constitucional: em primeiro lugar, a diminuição do prestígio e credibilidade do periodista para transmitir informações uma vez que ao permanecer no *media* depois da mutação e informar conforme os seus novos critérios, estaria mentindo a si mesmo, à empresa e aos receptores. Em segundo lugar, e como consequência, a perda de confiança dos sujeitos que recebem a informação que o *media* transmite. E, em terceiro lugar, e por último, a quebra na virtualidade dos *media* para a formação de uma opinião pública livre, correctamente informada, plural e não manipulada".

[392] § 8. Estatuto deontológico.

represente, verdadeiramente, pelo menos por si só, uma situação deontologicamente fraturante. Voltaremos ao tema.

Portanto, estamos em crer que, mais do que uma dimensão deontológica, a que, claro está, se dirige precipuamente, a chamada "cláusula de consciência" visa garantir a tutela da profissionalidade do jornalista[393], dando proteção à conservação de uma certa imagem, projeção, trajetória ou perfil profissionais. Mais do que um direito a não trabalhar a *contrecoeur*, trata-se, em suma, do "direito a preterir o seu vínculo laboral face à componente intelectual da sua actividade"[394]. O que fará tanto mais sentido se pensarmos nos jornalistas de maior gabarito, onde "o trabalhador, a ser possível, selecionará, entre várias, a empresa que goze de maior prestígio no meio, assim como aquela que mais eficazmente possa difundir e potenciar a sua vertente criativa para que dessa maneira possa alcançar a sua consolidação tanto pessoal como no

[393] Também FRANCISCO JAVIER CALVO GALLEGO, «Algunas reflexiones sobre la nueva Ley...», cit., p. 397, refere que "a cláusula de consciência passa a tutelar assim não só a liberdade ideológica e de informação do jornalista, mas também a sua simples ou mera profissionalidade".

[394] ALBERTO ARONS DE CARVALHO / ANTÓNIO MONTEIRO CARDOSO / JOSÉ PEDRO FIGUEIREDO, *Direito da Comunicação Social...*, cit., p. 232. Merece transcrição a passagem bem lúcida de DANIEL CAPODIFERRO CUBERO, «Problemas y contradicciones de la regulación de la cláusula de conciencia periodística», *Revista de Derecho Político*, 94 (2015), pp. 219-252, pp. 229-230: "conceber a cláusula de consciência como uma prerrogativa somente ao serviço do direito a receber informação dos cidadãos supõe esvaziá-la de conteúdo útil para o jornalista ainda que, em última instância, se incorpore o factor ideológico na sua esfera de protecção. Neste sentido, a possibilidade para o jornalista de obter a tutela perante uma lesão na sua esfera pessoal por parte da empresa ver-se-á condicionada pela afectação de um bem jurídico abstracto e geral que, sendo consequência última do trabalho que leva a cabo, não constitui o objecto directo do seu contrato de trabalho que é o simples exercício institucionalizado no âmbito da comunicação. Parece pesar mais o interesse da colectividade como destinatária da informação do que as circunstâncias próprias do contrato ou as desavenças que podem surgir durante a sua execução e que afectem a liberdade de comunicação em si mesma e na sua complexidade, no que resulta um tanto ou quanto paradoxal se se tiver em conta que o conjunto de faculdades que compreende a cláusula de consciência vão projectar as suas consequências unicamente no desenvolvimento do próprio vínculo laboral. Ademais, supõe colocar os profissionais de informação numa posição similar à de garante dos direitos dos cidadãos; e, a ser assim, seria muito mais lógico caracterizar a cláusula de consciência como um dever deontológico e não como um direito cujo exercício se deixa nas mãos da vontade do titular. Se se trata de uma reacção motivada por uma possível afectação do direito geral a receber informação verdadeira, e esta circunstância se interpreta como algo particularmente grave que altera a essência do Estado democrático, a sua invocação deveria ser obrigatória para todo o profissional que, no desempenho da sua actividade, se visse diante alguma das circunstâncias objectivas que a motivam". Mais adiante, p. 235, o autor escreve que a cláusula de consciência é, por isso, "uma forma de responder à ruptura da convergência ideológica ideal que deveria existir entre empregador e trabalhador".

mercado"[395]. Portanto, a cláusula de consciência é, no fim de contas, aquilo que Francisco Javier Calvo Gallego descreve como um "instrumento complexo e pluricausal... multinstrumental ou multifuncional para a proteção de muito diversos interesses de relevância constitucional"[396].

Finalmente, e falando precisamente nos jornalistas de maior gabarito, verdade seja dita que esta faculdade acaba por estar acessível apenas a estes profissionais. De facto, a resolução do contrato é, como facilmente se compreende, uma faculdade radical, uma "opção *in extremis*"[397], e, por isso mesmo, só os jornalistas com estatuto, capazes de arranjar emprego ou uma nova ocupação profissional em ato contínuo, é que estarão em reais condições de invocar esta prerrogativa com algum conforto. É que, como diz Marc Carrillo, o comum dos trabalhadores prefere deixar os seus princípios éticos em primeiro lugar e só depois, caso não tenha alternativa, o seu emprego...[398]. Por outro lado, o exercício deste direito não deixa de revelar algumas desvantagens, seja pelo fenómeno de concentração de empresas neste setor, que torna as hipóteses de readmissão no mercado mais diminutas, seja pelo dano reputacional ao próprio trabalhador, que pode ser encarado, por potenciais interessados, como um trabalhador recalcitrante[399]... E, por estas razões, há quem aponte que a proteção conferida por este regime é, por isso,

[395] Aproveitando a ideia, dita noutro contexto, de Alberto Valdés Alonso, «La nota de ajenidad en la relación laboral de los autores asalariados» in: *El Empleador en el Derecho del Trabajo – XVI Jornadas Universitarias Andaluzas de Derecho del Trabajo y Relaciones Laborales*, Tecnos, Madrid, 1999, pp. 99-112, pp. 107-108.

[396] Francisco Javier Calvo Gallego, «Algunas notas sobre la jurisprudencia constitucional y el derecho a la cláusula de conciencia», *Temas Laborales*, 69 (2003), pp. 85-96, p. 88.

[397] Otília da Conceição Leitão Carvalho, *A proteção do jornalista...*, cit., p. 106.

[398] Marc Carrillo, «La Ley Orgánica de la cláusula de conciencia de los periodistas: una garantía atenuada del derecho a la información», *Cuadernos de Derecho Público*, 2 (1997), pp. 177-193, p. 183. Noutro contexto, mas explorando a mesma ideia, Susana Sousa Machado, «Reflexões iniciais sobre liberdade religiosa e contrato de trabalho – reconhecimento da conflitualidade e perspectivação de um dever de adequação», *Questões Laborais*, 39 (2012), pp. 79-126, p. 123: "esta lógica de confrontar o trabalhador com a escolha entre trabalho e religião esvazia de qualquer sentido a liberdade religiosa constitucionalmente consagrada".

[399] Neste sentido, Alberto Arons de Carvalho / António Monteiro Cardoso / José Pedro Figueiredo, *Direito da Comunicação Social...*, cit., p. 232: "a invocação da cláusula de consciência, implicando a demissão do órgão de comunicação social e, eventualmente até, a saída de um grupo de media encontra-se, na prática, limitada pelas condições oferecidas pelo mercado de trabalho. Num contexto de desemprego ou de um elevado grau de concentração no sector, este dispositivo perde eficácia, devido ao receio dos jornalistas de poderem não dispor de uma nova oportunidade de trabalho. Além disso, a invocação deste direito pode conferir ao jornalista que o exerce uma imagem de intransigência, que pode dificultar a sua contratação por outra empresa".

meramente ilusória[400] e que a cláusula de consciência[401], qual tigre de papel, acaba por ser, no fim de contas, "um nome grandiloquente que albergou expectativas demasiado elevadas"[402].

Seja como for, o EJ sujeita a invocação da cláusula de consciência e o exercício do direito a um conjunto de requisitos. Importa estudar agora esses pressupostos.

§ 13.3.1. Pressupostos objetivos

Como resulta da norma já transcrita, para que o jornalista possa resolver o contrato de trabalho com este fundamento é necessário que se verifique, pois, uma "alteração profunda na linha de orientação ou na natureza do órgão de comunicação social". De certa forma, esta norma tem um parentesco com o fundamento resolutivo previsto no artigo 394.º, n.º 3, alínea b), do CT09, onde se prevê a faculdade de resolução do contrato motivada pela "alteração substancial e duradoura das condições de trabalho no exercício lícito de poderes do empregador".

Como se vê, a norma legal faz uso na sua previsão de uma cláusula geral ("alteração profunda na linha de orientação ou na natureza do órgão de comunicação social"), o que, logo à partida, torna o exercício deste direito "de contornos "sinuosos"[403] ou com um "conteúdo fantasmagórico"[404].

[400] Sublinha muito bem o ponto aqui em causa, DANIEL CAPODIFERRO CUBERO, «Problemas y contradicciones de la regulación...», cit., p. 240, quando escreve que "não é certo que, ao resolver o contrato, o profissional de informação recupere a sua liberdade de expressão activa por não ter de respeitar mais os padrões impostos pela empresa de comunicação. O que sucede é que nesse momento readquire a plena capacidade de exercer uma faculdade subjectiva que havia sido modulada, mas que nunca havia perdido porque é irrenunciável. O problema é que a recupera como cidadão e não como o titular particularmente qualificado quer era até esse momento. E dado que o fim da cláusula de consciência é proteger a independência e desempenho da função periodística, e não a independência pessoal em abstracto, a falta de idoneidade da previsão do art. 2.º da Lei [resolução do contrato] resulta patente".

[401] Sublinhando a dimensão transpersonalista da cláusula de consciência, FRANCISCO JOSÉ KARAM, *Jornalismo, ética e liberdade*, Summus Editoral, São Paulo, 1997, pp. 96 ss.

[402] HUGO AZNAR, «Cláusula de conciencia e información...», cit., p. 294.

[403] No contexto do Direito espanhol, JOAQUÍN FRÍGOLA VALLINA / JOSÉ FRANCISCO ESCUDERO MORATALLA, *Honor, secreto profesional y cláusulas de conciencia...*, cit., p. 126.

[404] A expressão é de TOMÁS DE LA QUADRA-SALCEDO Y FERNANDEZ DEL CASTILLO, «La cláusula de conciencia...», cit., p. 58. Noutro lugar, o mesmo autor, ID., «La cláusula de conciencia: un godot constitucional», *Revista Española de Derecho Constitucional*, 22 (1988), pp. 53-88, p. 54, escreve que, "como Godot, todo o mundo a espera, mas ninguém a conhece com exactidão".

Este requisito substantivo merece diversos comentários que correspondem, analiticamente, a cada um dos elementos que compõem este pressuposto.

Em primeiro lugar, é necessário que se verifique uma mudança na orientação editorial. Como tal, não há qualquer mudança, pelo menos para estes efeitos, se o jornalista se depara, *ab initio*, com uma linha editorial que, por hipótese, já não vai ao encontro do que era aquela publicação outrora ou que desconhecia no momento em que entrou na empresa[405]. Nesses casos, o trabalhador pode certamente recorrer a outros expedientes legais – como denunciar o contrato no período experimental[406] –, mas não resolver o contrato com fundamento nesta cláusula de consciência. Em suma, se o profissional de informação, no momento em que contrata, vem a deparar-se com uma linha editorial com a qual não concorda ou na qual não se revê, não pode invocar o direito a resolver o contrato com este fundamento[407]. Portanto, é perfeitamente concebível que dois jornalistas não se encontrem investidos na mesma posição a este respeito, bastando pensar numa situação em que um deles se confrontou, efetivamente, com uma mudança da linha editorial, mas que o mesmo não aconteceu ao outro profissional porque, por hipótese, foi admitido quando essa mudança já estava consolidada ou consumada.

Por outro lado, a mudança da linha editorial pode ser formal – através da alteração dos estatutos – ou factual, ou seja, revelada pelas políticas implementadas na empresa jornalística[408].

Em segundo lugar, essa alteração deve verificar-se na "orientação editorial" e, como decorre da lei, essa alteração também abrange os casos de alteração da tipologia da publicação ("...em caso de alteração profunda... ou *na natureza do órgão de comunicação social...*"), até porque ambas as realidades têm uma ligação que nem sempre é evidente.

Em relação à mudança na orientação editorial, e tendo presente o escopo da cláusula de consciência, tal como nós o concebemos[409], pensamos que o conceito de orientação editorial deve ser concebido de forma alargada[410],

[405] Embora noutro contexto, Milena Rouxinol, *A vinculação autoral do trabalhador...*, cit., p. 249.

[406] § 5. Período experimental.

[407] Joaquín Frígola Vallina / José Francisco Escudero Moratalla, *Honor, secreto profesional y cláusulas de conciencia...*, cit., p. 119.

[408] Assim, Luís Brito Correia, *Direito da Comunicação Social...*, cit., p. 427. Há quem fale aqui numa modificação na orientação editorial implícita: Fernando dos Reis Condesso, *Direito da Comunicação Social...*, cit., p. 212.

[409] § 13.3. Cessação com fundamento na "cláusula de consciência".

[410] Falando de um "conceito amplo", Alberto Arons de Carvalho / António Monteiro Cardoso / José Pedro Figueiredo, *Direito da Comunicação Social...*, cit., p. 236.

até porque importa ter presente que "linha editorial" não se confunde com ideologia: é certo que o jornalista pode prestar a sua atividade numa empresa de tendência, mas tal não acontece necessariamente[411].

Por outro lado, e como se vê, também é tutelado o trabalhador cuja publicação altera a sua natureza. A este respeito, as classificações previstas na LI podem servir de subsídio interpretativo, quando aí se distingue entre publicações periódicas e não periódicas, portuguesas e estrangeiras, doutrinárias e informativas (e estas em publicações de informação geral e especializada), de âmbito nacional, regional e destinadas às comunidades portuguesas no estrangeiro[412].

Assim, tudo somado, pode fundamentar o recurso à cláusula de consciência a publicação de âmbito nacional que passa a local, a publicação privada que é nacionalizada ou vice-versa[413], a revista de conteúdo informativo que se

[411] Em sentido inverso, aparentemente, NUNO E SOUSA, *A liberdade de imprensa*, cit., p. 206: "se se verificar uma alteração profunda na linha de orientação do periódico, confirmada pelo Conselho de Imprensa, os jornalistas ao seu serviço poderão extinguir a relação de trabalho por sua iniciativa unilateral, com direito à indemnização devida por despedimento sem justa causa e sem aviso prévio. Esta norma confirma a existência de uma «tendência» (a própria Constituição refere-se a uma «orientação ideológica»)".

[412] Cfr. artigo 10.º da LI. O legislador trata, nas disposições seguintes, de definir estas publicações. Assim, são periódicas as publicações editadas em série contínua, sem limite definido de duração, sob o mesmo título e abrangendo períodos determinados de tempo e são não periódicas as publicações editadas de uma só vez, em volumes ou fascículos, com conteúdo normalmente homogéneo (artigo 11.º). São publicações portuguesas as editadas em qualquer parte do território português, independentemente da língua em que forem redigidas, sob marca e responsabilidade de editor português ou com nacionalidade de qualquer Estado membro da União Europeia, desde que tenha sede ou qualquer forma de representação permanente em território nacional. São publicações estrangeiras as editadas noutros países ou em Portugal sob marca e responsabilidade de empresa ou organismo oficial estrangeiro que não preencha os requisitos previstos no número anterior (artigo 12.º). São publicações doutrinárias aquelas que, pelo conteúdo ou perspectiva de abordagem, visem predominantemente divulgar qualquer ideologia ou credo religioso. São informativas as que visem predominantemente a difusão de informações ou notícias. São publicações de informação geral as que tenham por objecto predominante a divulgação de notícias ou informações de carácter não especializado. São publicações de informação especializada as que se ocupem predominantemente de uma matéria, designadamente científica, literária, artística ou desportiva (artigo 13.º). São publicações de âmbito nacional as que, tratando predominantemente temas de interesse nacional ou internacional, se destinem a ser postas à venda na generalidade do território nacional. São publicações de âmbito regional as que, pelo seu conteúdo e distribuição, se destinem predominantemente às comunidades regionais e locais. São publicações destinadas às comunidades portuguesas no estrangeiro as que, sendo portuguesas nos termos do artigo 12.º, se ocupem predominantemente de assuntos a elas respeitantes (artigo 14.º).

[413] Ver a Deliberação da ERC n.º 76/2013 (OUT-I).

torna numa revista cor-de-rosa ou num tabloide ou a publicação transita de um cunho generalista para uma natureza mais temática ou especializada[414]. E, claro está, o exercício deste direito também é pensável no caso de mudança para uma abordagem mais sensacionalista, mórbida, partidarista[415], facciosa, num jornalismo com fundamento em suspeições[416], etc.

A este respeito, e dada a invocação meramente episódica deste direito, um caso que merece menção foi aquele que envolveu dois jornalistas da revista *Focus* que, no ano de 2001, se desvincularam invocando a cláusula de consciência. Os trabalhadores alegaram que a publicação, assumidamente inspirada na revista *Visão*, sua concorrente, se dirigia às classes socioeconómicas mais elevadas. Após uma mudança na gestão da publicação, os jornalistas entenderam que se tinha verificado uma mudança no rumo da revista, uma mudança que se exprimiu, concretamente, em manchetes com a devassa da vida privada de figuras públicas dadas ao recato, pela exploração e cobertura de escândalos de *reality shows* – que, note-se, por esta altura conheciam o seu alvor no panorama nacional –, em detrimento de temas da atualidade política e nacional, que passaram a receber menos espaço na revista, em suma, aquilo que foi descrito como um "apimbalhamento" (*sic*!) da publicação. A pretensão destes jornalistas veio a ser reconhecida e confirmada pela Alta Autoridade para a Comunicação Social (hoje, a ERC), avalizando a tese daqueles trabalhadores de que, com a mudança da gestão da revista, se tinha verificado uma "acentuação da tendência para o sensacionalismo, para a exploração do sexo, para a pauperização de grande parte do conteúdo"[417].

Dizer-se que a mudança deve ocorrer na linha editorial tal também equivale a dizer que o jornalista não pode utilizar esta faculdade legal para resolver o contrato de trabalho com fundamento em outras alterações na

[414] Fernando dos Reis Condesso, *Direito da Comunicação Social*..., cit., p. 212.

[415] Foi o que aconteceu a 28/07/1975, quando os jornalistas do "A República", a quem o Conselho de Imprensa deu razão por considerar que aquela publicação adotara uma posição crítica em relação ao Partido Socialista, com uma mudança geral de tom e alteração na sua linha de orientação que se pode caracterizar por profunda.

[416] Na Deliberação da ERC n.º 2/OUT-I/2009, embora o processo tenha sido arquivado por as partes terem chegado a acordo quanto à cessação do contrato de trabalho, a jornalista alegou que "que o novo director, designado na sequência da mudança nos titulares do capital social da empresa jornalística, foi imposto à Requerente sem que a mesma houvesse sido auscultada nos termos legais, sendo aquele, ademais, assessor do Presidente da Câmara Municipal do Cartaxo, uma situação de proximidade ao poder que, no entender da Requerente, compromete a liberdade de expressão e de informação".

[417] Deliberação da AACS de 03/05/2001 (p. 14).

empresa que, ainda que digam respeito à organização e à condução dos trabalhos, não estão relacionadas com a linha editorial. Por exemplo, o trabalhador não pode invocar uma alteração da orientação editorial se, contratado para desempenhar funções num noticiário generalista, é colocado, a contragosto, a cobrir a atualidade desportiva. Nesse caso, o jornalista pode eventualmente resolver o contrato com outros fundamentos – invocando que essa exigência extravasa o objeto do seu contrato de trabalho, por não ser uma tarefa funcionalmente ligada ou por não caber no instituto da mobilidade funcional; invocando uma alteração substancial das suas condições de trabalho –, mas não pode alegar que a empresa alterou a sua linha editorial, se a atualidade desportiva já fazia parte da cobertura editorial da publicação.

Da mesma forma, também não é uma alteração da linha editorial, a decisão, certamente "política", de distribuir lucros aos acionistas como também este direito não assiste ao jornalista que invocou a cláusula de consciência no seguimento da suspensão de uma publicação para onde trabalhava[418]. Mas já temos dúvidas de que não o possa fazer quando há uma redução do número

[418] Deliberação da ERC n.º 76/2013 (OUT-I): "na primeira página da edição do Expresso do Ave publicada em 24 de outubro do ano transato foi inserida uma nota com o seguinte teor: "Expresso do Ave informa os seus leitores de que vai suspender temporariamente as próximas edições com vista à sua remodelação. A Administração". De acordo com o requerente, a indefinição relativa ao futuro do jornal que entretanto se terá registado, com alegadas responsabilidades neste contexto imputadas à respetiva administração, teve como indícios mais expressivos a desocupação e remoção de recheio e equipamentos da sede social da empresa proprietária e da redação, a existência de salários em atraso, e o desencadear de processos de suspensão e de resolução dos contratos de trabalho, com esse fundamento, por parte de colaboradores do periódico. Afirma-se, além disso, que "com a manutenção da suspensão da publicação do jornal para além do tempo que permitiria a sua remodelação", o jornal Expresso do Ave teria perdido direitos ao nível do Incentivo à Leitura, Incentivo à Consolidação e ao Desenvolvimento das Empresas de Comunicação Regional e Local, e outros essenciais à subsistência ou viabilidade desta publicação periódica. Olhando às características que enformam o caso vertente, não se descortinam quaisquer alterações – profundas ou, sequer, superficiais – imprimidas à linha de orientação ou à natureza do jornal Expresso do Ave. Não estão comprovadamente em causa alterações, de facto ou de direito, à linha ou orientação editorial do jornal (como sucederia, designadamente, por via de uma mudança de índole político-ideológica porventura perfilhada pelo jornal em causa), ou à natureza deste órgão de comunicação social (o que se verificaria, entre outros exemplos, com a transformação deste jornal de privado em público, ou com a sua modificação de publicação de informação generalizada em publicação de informação especializada), nem ainda casos situados na linha de fronteira entre uma e outra hipótese (pense-se no caso da transformação de um jornal considerado de referência numa publicação de índole sensacionalista ou cor-de-rosa). No caso em apreço, portanto, não se verifica nenhuma das hipóteses legitimadoras de uma invocação fundada da denominada cláusula de consciência dos jornalistas, mas antes o relato de um conjunto de factos e circunstâncias alheios ao reconhecimento desse direito".

de páginas dedicadas a um tema. Na verdade, considerando a finalidade de tutela da profissionalidade que entendemos que deve estar presente nesta cláusula[419], vemos com dificuldade que estes casos não possam aí estar abrangidos. Na verdade, o jornalista pode sentir-se legitimamente atingido na sua dignidade profissional se aquela publicação lhe reserva agora um espaço residual, passando a ser uma publicação orientada para outros temas. Essa economia de paginação, quando significativa, pode justamente relevar.

Seja como for, pensamos que a resolução do contrato de trabalho com este fundamento dispensa a prova da existência do dano[420] e, salvo melhor opinião, exclui mesmo a possibilidade de prova em contrário por parte da empresa jornalística, isto é, da inexistência de dano[421].

Em terceiro lugar, é necessário que essa mudança se manifeste na esfera do empregador. De afastar estão, por isso, quaisquer mudanças ocorridas na própria esfera ou ânimo do trabalhador. Com efeito, se é o trabalhador que, por qualquer razão, altera a sua ideologia ou as suas convicções, deixando de comungar ou de se rever na política editorial da empresa, sem que esta tenha conhecido qualquer modificação, não pode recorrer a este expediente legal. O que se pretende tutelar com este direito é a mudança ocorrida em fatores externos, alheios à vontade do trabalhador, e que condicionam a execução da prestação, colidindo com valores fundamentais que merecem a tutela do Direito[422]. O trabalhador que deixa de se rever na orientação da empresa – mas esta mantém-se constante – pode por certo fazer cessar o seu contrato de trabalho pelos mecanismos gerais, mas não através da cláusula de consciência.

Dizer-se que a mudança deve surgir na esfera do empregador também serve para problematizar se o legislador quis desenhar o exercício do direito de resolução no quadro da relação linear entre o trabalhador e a empresa jornalística. A questão que se pode colocar é a de saber se o jornalista também está habilitado a recorrer a este mecanismo quando a alteração da orientação

[419] § 13.3. Cessação com fundamento na "cláusula de consciência".

[420] Francisco Javier Calvo Gallego, «Algunas reflexiones sobre la nueva Ley...», cit., p. 398.

[421] Daniel Capodiferro Cubero, «Problemas y contradicciones de la regulación...», cit., p. 236.

[422] Assim, Daniel Capodiferro Cubero, «Problemas y contradicciones de la regulación...», cit., p. 236. E, isto, pese embora seja reconhecido ao trabalhador-cidadão a liberdade e o direito de mudar de convicção ideológica ou religiosa o que é afirmado em vários instrumentos internacionais de relevo. Basta citar o artigo 10.º da *Carta dos Direitos Fundamentais da União Europeia* que assegura "a liberdade de mudar de religião ou convicção" tal como o artigo 9.º da *Carta Europeia dos Direitos Fundamentais* que, semelhantemente, esclarece que "qualquer pessoa tem direito à liberdade pensamento, de consciência e de religião; este direito implica a liberdade de mudar de religião ou a sua crença".

editorial ocorre não no periódico onde o profissional presta trabalho, mas sim em outra das empresas que compõem o grupo económico que explora as publicações.

De facto, pode acontecer que a alteração da linha editorial se revele noutra entidade do grupo económico que explora a publicação. Sobre este problema, pensamos que, em princípio, essa alteração, para que se possa subsumir à hipótese legal, deverá ser *top-down*, ou seja, é necessário que se verifique uma alteração em relação a todas as empresas do grupo ou, pelo menos, que essa alteração se projete na entidade na qual o jornalista presta trabalho. Pelo contrário, se, por qualquer razão, essa alteração apenas ocorre isoladamente numa das empresas do grupo, alheia à publicação para onde trabalha o jornalista, e sem qualquer refração na respetiva relação de trabalho, entendemos que o trabalhador não pode invocar este direito. Aliás, é comum que um grupo económico explore publicações de cunho e orientações diversas e, como tal, é natural que ocorram, em relação a algumas delas, alterações nas suas políticas.

Repare-se que a situação que agora se tem em vista é diferente dos casos em que o jornalista presta trabalho em regime de pluralidade de empregadores, para mais do que uma das empresas do grupo[423], ou num contexto de "mobilidade editorial", isto é, quando o trabalhador é colocado ao serviço de outra empresa de um grupo que explore várias publicações de ideologia diversa e potencialmente conflituante com as convicções do trabalhador[424]. Nesses casos, ocorrendo uma alteração da orientação editorial, o trabalhador pode invocar este direito, o qual levará, no caso concreto, segundo tem sido defendido, a uma redução subjetiva do contrato[425]. Com efeito, a doutrina reconhece uma espécie de "direito à modificação – concretizada numa redução – do contrato, tendente a que, revistas as atribuições negociais, ele resultasse adstrito a laborar somente no seio dos órgãos de comunicação

[423] § 4. Formação do contrato de trabalho.

[424] Daniel Capodiferro Cubero, «Problemas y contradicciones de la regulación...», cit., p. 237 e Joaquín Frígola Vallina / José Francisco Escudero Moratalla, *Honor, secreto profesional y cláusulas de conciencia...*, cit., p. 120.

[425] Neste sentido, Milena Rouxinol, *A vinculação autoral do trabalhador...*, cit., pp. 251-252: "aventaríamos como solução adequada a da atribuição ao jornalista de um direito à modificação – concretizada numa redução – do contrato, tendente a que, revistas as atribuições negociais, ele resultasse adstrito a laborar somente no seio dos órgãos de comunicação social que mantivessem uma linha editorial condizente com a sua perspectiva informativa". No mesmo sentido, Francisco Javier Calvo Gallego, «Algunas reflexiones sobre la nueva Ley...», cit., p. 399.

social que mantivessem uma linha editorial condizente com a sua perspectiva informativa"»[426].

Ainda a este respeito, é interessante constatar que as legislações francesa[427] e espanhola[428] reconhecem inclusivamente o direito do trabalhador a resolver o contrato, com este fundamento, quando essa mudança da orientação ideológica é ditada por uma transmissão da empresa jornalística. Entre nós, essa hipótese, não estando contemplada na letra do EJ, é aceite por MILENA ROUXINOL[429] e JÓNATAS E. M. MACHADO[430], Autor este que parece admitir também o exercício deste direito inclusivamente nos casos de transferência do controlo (económico) da empresa jornalística[431]. Tendemos a acompanhar a posição dos Autores, se bem que aqui, tal como assinala certeiramente MILENA ROUXINOL, é necessário distinguir: a transmissão da unidade económica bem como a mera transmissão do controlo económico não representam, por si só, uma mudança na linha editorial[432]. Havendo uma transmissão, a publicação pode continuar a seguir o seu rumo sem quaisquer sobressaltos[433]. O que pode acontecer é que os adquirentes ou os novos acionistas da empresa podem justamente introduzir essa alteração[434]. O que, aliás, o regime espanhol ressalva expressamente, ao prever o direito à cessação

[426] MILENA ROUXINOL, *A vinculação autoral do trabalhador...*, cit., pp. 251-252.

[427] Cfr. artigo L7112-5 do *Code du Travail*.

[428] Cfr. artigo 2.º, n.º 1, alínea b), da *Ley Orgánica* n.º 2/1997, de 19 de junho.

[429] MILENA ROUXINOL, *A vinculação autoral do trabalhador...*, cit., pp. 231 ss.

[430] JÓNATAS E. M. MACHADO, *Liberdade de expressão – dimensões constitucionais...*, cit., p. 586.

[431] Esta posição também parece ser sugerida por ANTÓNIO DIAS COIMBRA, «"Empresas" de tendência...», cit., p. 228, quando, a respeito da invocação da cláusula de consciência pelos jornalistas, refere que "tais desvios têm surgido aquando da transmissão que respeite a determinado estabelecimento de tendência".

[432] MILENA ROUXINOL, *A vinculação autoral do trabalhador...*, cit., p. 237: "refletindo analogicamente a respeito do artigo 12.º, n.º 4, do EJ, pode concluir-se o óbvio: a variação a que a norma alude pode bem decorrer de uma operação de transferência da empresa e, portanto, de mudança de titularidade do órgão de comunicação social em causa, embora não deva, obviamente, bastar este elemento para se concluir, sem mais, haver razão bastante para a invocação da cláusula de consciência aí reconhecida".

[433] Forçando a nota, o artigo 10.º, da Lei n.º 8/2007, de 14 de fevereiro, que aprova a lei que procede à reestruturação da concessionária do serviço público de rádio e televisão, estabelecia que "não se considera alteração das circunstâncias a transmissão para a Rádio e Televisão de Portugal, S. A., por força da presente lei, de quaisquer contratos que vinculem as sociedades ora incorporadas".

[434] JOAQUÍN FRÍGOLA VALLINA / JOSÉ FRANCISCO ESCUDERO MORATALLA, *Honor, secreto profesional y cláusulas de conciencia...*, cit., pp. 119-120. No mesmo sentido, recusando que a mera transmissão económica invista o jornalista neste direito, FRANCISCO JAVIER CALVO GALLEGO, «Algunas reflexiones sobre la nueva Ley...», cit., pp. 405-406.

do contrato com esse fundamento desde que essa transmissão implique justamente uma alteração da linha editorial[435].

Repare-se que aqueles Autores escreveram antes das alterações ao regime da transmissão da unidade económica. Porventura, mesmo quem considere que a cláusula de consciência não inclui esse grupo de situações, poderia ensaiar-se o enquadramento destas situações no novo regime da transmissão da unidade económica, quando aí se prevê que o trabalhador pode resolver o contrato de trabalho "nomeadamente por manifesta falta de solvabilidade ou situação financeira difícil do adquirente ou, ainda, *se a política de organização do trabalho deste não lhe merecer confiança*" (sublinhado nosso). A interpretação parece acomodar-se na letra da lei, pois quando se refere que o trabalhador pode fazer cessar o contrato de trabalho "se a política de organização do trabalho deste não lhe merecer confiança"[436] pode aí incluir-se a política editorial. No entanto, sempre alertamos que, segundo o entendimento que cremos ser pacífico, esta norma apenas é aplicável a transmissões da unidade económica, mas não a transmissões no controlo económico da empresa[437] e, por outro lado, a resolução do contrato com este fundamento seria de difícil articulação com o procedimento especialmente previsto no EJ para a cessação do contrato de trabalho com fundamento na cláusula de consciência[438]. Acresce que, na verdade, a própria compensação prevista no EJ é superior à que decorreria para os casos em que o trabalhador faz cessar o seu contrato de trabalho no contexto de uma transmissão da unidade económica.

Repare-se que a cláusula de consciência está pensada para situações lícitas porque – é importante sublinhá-lo – o empresário é livre de redirecionar a sua linha editorial no quadro da liberdade fundamental de imprensa

435 Cfr. artigo 2.º, n.º 1, alínea b), *in fine*, da *Ley Orgánica* n.º 2/1997, de 19 de junho.

436 Sobre o sentido e alcance desta nova previsão, PEDRO ROMANO MARTINEZ / PEDRO MADEIRA DE BRITO, «O novo regime da transmissão da unidade económica introduzido pela Lei n.º 14/2018, de 19 de março», *Revista de Direito e de Estudos Sociais*, 2018, I-IV, pp. 7-86, especialmente, pp. 41 ss. e JOANA VASCONCELOS, «Sobre a resolução do contrato de trabalho fundada na transmissão para o adquirente da empresa ou do estabelecimento da posição contratual do empregador», *Revista de Direito e de Estudos Sociais*, 2018, I-IV, pp. 125-143.

437 Sobre o regime da transmissão da unidade económica, VASCO GAMA LOBO XAVIER / RITA LOBO XAVIER, «Substituição de empresa fornecedora de refeições – art. 37.º da LCT (Abril de 1992)», *Revista de Direito e de Estudos Sociais*, 1995, IV, pp. 384-407, FABRÍCIA DE ALMEIDA HENRIQUES, «Transmissão do estabelecimento e flexibilização das relações de trabalho», *Revista da Ordem dos Advogados*, 61 (2001), pp. 969-1038 e JOÃO REIS, «O regime da transmissão da empresa no Código do Trabalho» in: *Nos 20 anos do Código das Sociedades Comerciais — Homenagem aos Profs. Doutores A. Ferrer Correia, Orlando de Carvalho e Vasco Lobo Xavier*, Vol. I, Coimbra Editora, Coimbra, 2007, pp. 305-359.

438 § 13.3.3. Procedimento

que é um direito constitucionalmente garantido[439]. De resto, e como vimos, pensamos que está definitivamente ultrapassada a tese de que a cláusula de consciência seria um mecanismo de reação à violação do *pacta sunt servanda*. Diferentemente, se estiverem em causa ordens ilícitas, como a deturpação ou a sonegação de factos[440], já não estará em causa a resolução do contrato com este fundamento, mas, claro está, o trabalhador poderá reagir desobedecendo legitimamente ou, no limite, sobretudo nos casos de interferência clara nos deveres deontológicos, resolvendo o contrato com justa causa, nos termos gerais.

Em quarto lugar, exige-se que a mudança editorial seja profunda ("...alteração profunda na linha de orientação..."). O sentido e alcance deste requisito podem ser compreendidos de diversas formas. Desde logo, é normal que uma publicação se vá adaptando gradualmente à envolvente social e às exigências e tendências comerciais[441] e que, nesse sentido, altere ou vá alterando certos aspetos do seu conteúdo e orientação. Com esta formulação, o legislador parece que quis restringir a faculdade de resolução aos casos em que a mudança é objetiva ou "cartesiana", *marqué y remarqué*, uma *changement notable*, ou seja, reconhecível por qualquer profissional a laborar na empresa e pelo público em geral. E isso também parece significar que essa alteração não se quer apenas sensível. O trabalhador não pode resolver o contrato de trabalho, encaixando uma indemnização, apenas por mudanças sensíveis, em aspetos laterais ou acessórios[442], que em nada beliscam a sua profissionalidade[443]. Mas, ao mesmo tempo, se ela é profunda, tal também parece significar que ela deve ocorrer num período delimitado no tempo. Na opinião

[439] De resto, segundo aponta FRANCISCO JAVIER CALVO GALLEGO, «La cláusula de conciencia de periodistas e informadores», *Relaciones Laborales – Revista crítica de teoría y práctica*, 1995, II, pp. 115-144, pp. 130 ss., esta liberdade do empregador não pode ser condicionada internamente ou pela contratação coletiva.

[440] Como explica TOMÁS DE LA QUADRA-SALCEDO Y FERNANDEZ DEL CASTILLO, «La cláusula de conciencia: un godot constitucional (II)», *Revista Española de Derecho Constitucional*, 23 (1988), pp. 45-70, p. 54, "a consciência só é propriamente protegida quando se está perante uma actuação lícita do empresário, uma actuação que não é em abusiva, mas que, não obstante, afecta e fere a consciência do profissional. A consciência em si mesma é, assim, o que se protege, a consciência enquanto expressão da dignidade humana que pode ser ferida por uma actuação legítima. Se for ilegítima, não se fala de consciência, mas sim de abuso de direito ou de falta de direito do empresário".

[441] FERNANDO CORREIA, *Os jornalistas e as notícias...*, cit., p. 230: "as linhas editoriais nunca são completamente independentes das estratégias comerciais".

[442] FRANCISCO JAVIER CALVO GALLEGO, «Algunas reflexiones sobre la nueva Ley...», cit., p. 397.

[443] JOAQUÍN FRÍGOLA VALLINA / JOSÉ FRANCISCO ESCUDERO MORATALLA, *Honor, secreto profesional y cláusulas de conciencia...*, cit., p. 119.

de FERNANDO DOS REIS CONDESSO, a alteração deve ser "claramente constatada por um acto temporalmente identificável (data incontroversa)"[444], mas pensamos que não é necessário que essa alteração ocorra de forma tão concentrada no tempo (uma data precisa) porque por vezes essa mudança resulta de um encadeamento de eventos. O que nos parece é que a alteração deve ocorrer marcadamente num período de tempo, de tal forma que se pode concluir pela "improbabilidade da sua inflexão a breve trecho"[445]. O que está em causa é, para utilizar uma expressão da ERC, "uma precipitação de acontecimentos suficientemente graves na vida da publicação, a qual justificaria uma solução tão drástica como a cessação da relação de trabalho com justa causa"[446].

Finalmente, o seu exercício deve precludir naquelas situações em que se verifica um certo comportamento abusivo, porque contraditório, do trabalhador. No fundo, trata-se de convocar a figura do abuso de direito para esta sede. É o caso do periodista que participa precisamente na mudança da orientação editorial ou, pelo menos, que aceita, expressa ou tacitamente, essa alteração[447]. Até porque, como vimos, o jornalista tem justamente o direito a participar na definição orientação, pelo menos se não estiverem em causa organizações de tendência.

Altamente revelador de um exercício abusivo por parte do trabalhador é a permanência do jornalista ao serviço da publicação após essa mudança. Exige-se, por isso, que entre a mudança do paradigma editorial e o exercício do direito medeie um lapso de tempo curto. Para este efeito, o legislador português introduz um fator ainda mais forte de objetivação quando exige que a alegada alteração seja "confirmada pela Entidade Reguladora para a Comunicação Social a requerimento do jornalista". O trabalhador deve apresentar o requerimento no prazo de 60 dias contados da alteração, mas esta é uma exigência cujo cumprimento deve ser verificado pelos Tribunais com cautela e com adequação. Isto porque, como já se disse, a mudança na linha editorial é, muitas vezes, paulatina e não brusca ou de supetão. Como já decidiu o nosso Supremo, com uma prudência merecedora de aplauso, "urge reconhecer que a alteração profunda de uma linha editorial não ocorre,

444 FERNANDO DOS REIS CONDESSO, *Direito da Comunicação Social – lições*, Almedina, Coimbra, 2007, p. 212.

445 FERNANDO DOS REIS CONDESSO, *Direito da Comunicação Social...*, cit., p. 212 (o Autor, pensamos que por lapso manifesto, refere-se a uma "improbabilidade da sua não inflexão").

446 Deliberação da ERC n.º ERC/2017/65 (DJ) (ponto 4.12).

447 FRANCISCO JAVIER CALVO GALLEGO, «Algunas reflexiones sobre la nueva Ley...», cit., p. 398.

em regra, de forma instantânea, sendo antes o resultado de uma evolução continuada, o que sempre aconselharia a que a contagem do prazo se devesse iniciar na data da alteração mais recente"[448].

§ 13.3.2. Âmbito subjetivo

O artigo 12.º, n.º 3, do EJ, estabelece que a invocação da cláusula de consciência se processa "a requerimento do jornalista". Esta redação sugere que o seu exercício está à disposição de qualquer jornalista, independentemente da modalidade e natureza do vínculo, até porque, como vimos, o próprio EJ não discrimina o âmbito de aplicação do diploma por referência à natureza do vínculo[449]. De forma semelhante, também o Direito espanhol atribui esse direito aos "profissionais da informação"[450]. À primeira vista, a formulação legal sugere que qualquer profissional do periódico[451] teria o direito a invocar a cláusula de consciência ocorrendo uma modificação substancial na linha editorial. Na doutrina espanhola, há quem tenha um entendimento mais lato e admita que esse direito pode ser exercido por trabalhadores autónomos, pelo menos aqueles que prestam trabalho regularmente, com alguma estabilidade[452]. No entanto, na nossa doutrina, defende-se que esta prerrogativa está limitada aos trabalhadores titulares de um contrato

[448] Ver ac. de 29/06/2005 do STJ (Paiva Gonçalves), CJ (STJ), 2005, II, pp. 276-278, p. 278.

[449] § 3. Âmbito e objeto do EJ.

[450] Joaquín Frígola Vallina / José Francisco Escudero Moratalla, *Honor, secreto profesional y cláusulas de conciencia*..., cit., p. 128, falam aqui de um "preceito aberto, dogmático e programático".

[451] Para Francisco Javier Calvo Gallego, «Algunas reflexiones sobre la nueva Ley...», cit., p. 394, não podem ser titulares deste direito entidades coletivas que, por qualquer razão, contribuam para a publicação.

[452] Covadonga Fernández Alvarez, «El derecho de cláusula de conciencia...», cit., p. 383. Também para Cristóbal Molina Navarrete, *Empresas de comunicación*..., cit., pp. 13-14, "especial crítica deve merecer a configuração legal do direito constitucional como um direito exclusivamente exercitável pelos periodistas vinculados "laboralmente", reduzindo a possibilidade da [sua] invocação por aqueles profissionais vinculados por outro tipo de relação de trabalho – v.g. trabalho autónomo – e diferente vínculo jurídico – civil ou administrativo". Mais adiante, pp. 55-56, propõe: "deve tender-se a realizar interpretações extensivas por fim a optimizar a realização prática dos valores e fins a que responde e trata de prosseguir (...) com independência da natureza jurídica do vínculo concreto, que pode ser laboral, administrativo ou civil, pois a tutela dirige-se directamente à pessoa e à função ou actividade a desempenhar, não ao tipo de relação que se estabeleça". Admitindo também que este direito possa ser exercido por prestadores de serviços, desde que tenham uma relação estável e remunerada, Francisco Javier Calvo Gallego, «Algunas reflexiones sobre la nueva Ley...», cit., p. 395.

de trabalho[453], parecendo também ser esse o entendimento da ERC[454], posição que acompanhamos até porque há outros elementos na lei que sugerem a laboralidade deste direito, como o cálculo da compensação, que é aparentado às regras laborais e que até toma como referência a "antiguidade" do trabalhador, conceito estranho a uma relação de prestação de serviços.

Discutível é se o direito assiste ainda a outros partícipes da organização, não ligados por contrato de trabalho, mas, por hipótese, economicamente dependentes[455]. Não querendo abrir aqui a discussão sobre o estatuto dos trabalhadores economicamente dependentes[456], até porque parece que o legislador, na transição do CT03 e para o CT09, quis fechar o leque de realidades normativas aplicáveis aos trabalhadores economicamente dependentes, parece que este direito só assiste aos trabalhadores titulares de um contrato de trabalho. Pelas mesmas razões – ausência de um contrato de trabalho

[453] Otília da Conceição Leitão Carvalho, *A proteção do jornalista...*, cit., p. 104. Parecendo também sufragar este entendimento, Luís Brito Correia, *Direito da Comunicação Social...*, cit., p. 427, quando se refere que à "chamada cláusula de consciência, que permite aos jornalistas que sejam trabalhadores subordinados (...)".

[454] Cfr. Deliberação da ERC n.º ERC/2017/65 (DJ): "aparentemente esse pronunciamento poderá operar-se independentemente de dúvidas que existam quanto à natureza do vínculo jurídico/profissional em que se exerce a atividade jornalística para determinada entidade, desde que tal seja requerido à ERC e haja um grau de certeza apreciável no que concerne à qualidade das partes envolvidas no conflito. O requerente será naturalmente jornalista e elaborará conteúdos jornalísticos em benefício de um órgão de comunicação social. O pronunciamento da ERC, nestas situações, produzirá então sobre a relação jurídica existente os efeitos que forem de considerar, caso se trate deveras de uma relação sustentada por um contrato de trabalho, ainda que tenha que ser o tribunal a confirmá-los (...) E mesmo que existam dúvidas quanto à natureza da mesma, isto é, que tivesse existido uma relação laboral materializada no contrato já acima referido, condição indispensável para que o pronunciamento da ERC produza qualquer efeito, entende esta Entidade que deve pronunciar-se, na perspetiva de a sua decisão ser aproveitada se resolvida em sede própria qualquer divergência entre as partes quanto à natureza do contrato" (pontos 4.8 e 4.9).

[455] Aderindo a uma conceção restrita, embora não se debruce desenvolvidamente sobre o problema, está Raquel Tavares Reis, «As organizações de tendência...», cit., p. 270, n. 49, quando é da opinião de que "em Portugal, a definição de jornalista constante do artigo 1.º do Estatuto do Jornalista, resolveria a questão no sentido da sua não aplicabilidade [a autora comentava a decisão n.º 199/1999 do Tribunal Constitucional espanhol]".

[456] Ana Lambelho, «Trabalho autónomo economicamente dependente: da necessidade de um regime jurídico próprio» in: *Para Jorge Leite – Escritos Jurídico-Laborais*, Coimbra Editora, Vol. I, Coimbra, 2014, pp. 433-454. Francisco Liberal Fernandes, «A contratação colectiva fora da zona de conforto: o trabalho autónomo» in: *III Jornadas regionais de Direito do Trabalho – memórias*, DGRQP, Ponta Delgada, 2020, pp. 101-118.

– também não podem invocar este direito os estagiários curriculares[457] ou outros colaboradores não remunerados[458].

Uma coisa nos parece certa: esta cláusula de consciência também é invocável por aqueles trabalhadores que prestam trabalho para a organização a título de prestação de serviços quando, na verdade, se revelarem que esse título esconde uma relação de trabalho. Em bom rigor, nada se altera quanto à cobertura subjetiva do direito uma vez que, para todos os efeitos, esses trabalhadores são verdadeiros trabalhadores subordinados da empresa. O que acontece é que "o exercício da cláusula de consciência ficará condicionado ao prévio reconhecimento judicial da verdadeira natureza laboral existente entre as partes"[459].

Esclarecida esta questão, importa agora saber se, enquanto titular de um contrato de trabalho, qualquer jornalista pode resolver o seu contrato com este fundamento. O ponto é discutível[460], pois há quem defenda que este direito só aproveita aos trabalhadores que sejam autênticos *Tendenzträger*, ou seja, àqueles que determinam subjetivamente o produto informativo final e para quem essa mudança pode realmente impactar na relação de trabalho[461]. Utilizando aquilo que António Dias Coimbra designa, sugestivamente, como o "critério da conexão da profissão com a tendência"[462], também no

[457] Cfr. Parecer da CCPJ (https://www.ccpj.pt/pt/deliberacoes/pareceres/).

[458] Francisco Javier Calvo Gallego, «Algunas reflexiones sobre la nueva Ley...», cit., pp. 394-395.

[459] Covadonga Fernández Alvarez, «El derecho de cláusula de conciencia...», cit., p. 381.

[460] Assim, com esta opinião, Maria Lidia Suárez Espino, «Algunas reflexiones sobre el estatuto jurídico del periodista en el ordenamento jurídico español», *Cuadernos de Derecho Público*, 36 (2009), pp. 39-67, p. 44. Ainda em Espanha, o TC, no acórdão n.º 199/1999, frisou bem claramente que a alusão a "profissionais de informação" "como critério de legitimação para a invocação da cláusula impede a elaboração de um catálogo fechado de funções cujos titulares podem reclamá-la; tendo em conta a variedade de tarefas que a liberdade informativa pode revestir numa sociedade em que na transmissão de notícias não desempenham um papel essencial somente as palavras mas igualmente ou até mais as imagens, fotografias, apresentações gráficas que contribuem igualmente para a descrição do facto, destacando certos aspectos dele, logrando um enfoque ideológico determinado e dotando-o de uma maior ou menor relevância informativa segundo os interesses da empresa de comunicação, tarefas todas elas em que haverá de reconhecer-se a autonomia e criatividade próprias com as quais opera o profissional para poder concluir que se encontra exercendo o seu direito a transmitir informação. Em suma, a delimitação subjetiva do direito não pode fazer-se com abstração das funções realizadas, nem tão-pouco limitar-se indevidamente a determinadas categorias profissionais, excluindo outras potencialmente susceptíveis de ser integradas na regulação das cláusulas".

[461] Daniel Capodiferro Cubero, «Problemas y contradicciones de la regulación...», cit., p. 234.

[462] António Dias Coimbra, «"Empresas" de tendência...», cit., p. 225.

contexto das organizações de tendência se distingue os trabalhadores que estão factualmente imbuídos no espírito ou ânimo da organização daqueles que exercem funções mecânicas ou puramente técnicas[463].

Para nós, este direito não aproveita apenas aos trabalhadores cuja prestação é particularmente perturbada pela mudança da orientação editorial como são os diretores de redação[464] ou os redatores, mas a todos os trabalhadores com o estatuto de jornalista na empresa. No fundo, pode exercer "qualquer profissional que tome parte no processo informativo"[465], desde que, claro está, seja jornalista. Assim, este direito assistiria aos repórteres fotográficos, mas não, por exemplo, aos operadores de câmara[466].

Finalmente, e por razões óbvias, é de negar a aplicação simétrica ao empregador, isto é, a cláusula de consciência é, salvo melhor opinião, um direito de proteção do trabalhador e não uma faculdade que assiste ao empregador[467]. Este não pode resolver o contrato de trabalho invocando que os trabalhadores da empresa jornalística, quais recalcitrantes ou dissidentes, não se enquadram mais no espírito da publicação. Em aberto fica, se assim se justificar, a resolução do contrato com fundamento disciplinar[468].

[463] Assim, recuperando o estudo de Raquel Tavares Reis, «As organizações de tendência...», cit., p. 276, "a questão consiste em apurar qual o exacto lugar que o trabalhador de tendência ocupa no edifício jurídico-laboral, não podendo ter a mesma relevância para efeitos disciplinares a conduta de um comentador político de um jornal de um determinado partido político e a de uma senhora de limpeza do mesmo órgão de comunicação social". Ainda a autora, p. 307: "contestamos a legitimidade constitucional da tese da necessária adesão, por parte de todos os trabalhadores, mesmo dos que exerçam tarefas neutras – caracterizáveis pela sua fungibilidade, como tarefas meramente executivas, mecânicas ou de rotina – ou distantes relativamente à tendência, à específica finalidade da entidade detentora da organização de trabalho, pois tal implicaria reconhecer um generalizado e penetrante poder da entidade empregadora de verificar a contínua conformação do comportamento de todos os seus preceitos de carácter ideológico ou religioso que a identificam". Neste sentido, ver também Susana Sousa Machado, «Reflexões iniciais sobre liberdade religiosa...», cit., pp. 114-116 e Júlio Gomes, *Direito do Trabalho...*, cit., p. 279, quando a propósito da liberdade de expressão do trabalhador fora da empresa escreve que o trabalhador não está vinculado a emitir opiniões coincidentes com a ideologia o empregador "a não ser no caso de empresas de tendência e mesmo nestas só em relação a certos trabalhadores mais emblemáticos".

[464] Francisco Javier Calvo Gallego, «Algunas reflexiones sobre la nueva Ley...», cit., p. 395.

[465] Francisco Javier Calvo Gallego, «Algunas reflexiones sobre la nueva Ley...», cit., p. 394.

[466] Neste sentido, Francisco Javier Calvo Gallego, «Algunas notas sobre la jurisprudencia...», cit., p. 94.

[467] Francisco Javier Calvo Gallego, «Algunas reflexiones sobre la nueva Ley...», cit., p. 396.

[468] § 13.1. Cessação promovida pelo empregador.

§ 13.3.3. Procedimento

Para além dos pressupostos objetivos atrás estudados, o exercício do direito de resolução do contrato com fundamento na cláusula de consciência depende ainda do cumprimento de um procedimento especial previsto no EJ. Como se sabe, de acordo com o regime laboral comum, a resolução não depende de especiais requisitos formais, exigindo-se apenas a forma escrita acompanhada de uma descrição sucinta dos motivos.

Neste caso, bem pelo contrário, ainda que se trate de um direito cujo exercício é extrajudicial[469], é necessário cumprir um procedimento mais complexo e cabendo o ónus da prova ao trabalhador[470].

Desde logo, o jornalista que considere verificar-se a situação prevista na norma, deve apresentar requerimento à Entidade Reguladora da Comunicação Social, "no prazo de 60 dias sobre a data da verificação dos elementos constitutivos da modificação".

Segundo pensamos, e como já assinalámos a propósito dos requisitos objetivos, este prazo de 60 dias deve entender-se de forma prudencial, dado que, muitas vezes, a alteração da linha editorial não é feita de supetão, de forma concentrada no tempo, mas apenas "captável paulatinamente, seja sobretudo palpável no seu resultado, fruto de um acto continuado, de uma evolução reiterada ao longo de um tempo razoável para se concluir da improbabilidade de sua inflexão a breve trecho"[471]. É disso um bom exemplo o já narrado caso da revista *Focus*. Embora a reestruturação da revista tenha sido formalmente apresentada no dia 4 de setembro, o que é certo é que ela só começou a ser factualmente cumprida na publicação lançada no dia 23 de outubro, data em que a Alta Autoridade para a Comunicação Social considerou que se deveria iniciar o prazo dos 60 dias[472].

Uma vez submetido o requerimento, a Entidade Reguladora da Comunicação Social dispõe de 30 dias para a apreciação do requerimento do jornalista (n.º 5, *in fine*, do artigo 12.º)[473]. A lei não esclarece se os dias são úteis

[469] Sobre isto, Antonio M. Cardona Álvarez / Estefanía Jerónimo Sánchez-Beato, «Resolución del contrato de trabajo por voluntad del trabajador y cláusula de conciencia del profesional de la información», *Actualidad Laboral*, 42 (2003), pp. 711-736.

[470] Francisco Javier Calvo Gallego, «La cláusula de conciencia de periodistas...», cit., p. 127 ss.

[471] Fernando dos Reis Condesso, *Direito da Comunicação Social...*, cit., p. 213.

[472] Deliberação da AACS de 03/05/2001 (pp. 11-12).

[473] A Projeto de Lei n.º 525/XI/2.ª propôs o aditamento de um número estabelecendo que "caso a entidade reguladora não confirme a alteração invocada pelo jornalista, este não pode ser objecto de qualquer medida disciplinar, nem de qualquer alteração nas suas funções ou competências".

ou seguidos, mas dada natureza da Entidade Reguladora da Comunicação Social, pertencente à Administração Autónoma do Estado, pensamos que estes dias são úteis, nos termos gerais do Código de Procedimento Administrativo[474].

A partir da receção da resposta desta entidade, sendo naturalmente favorável, o trabalhador dispõe de 30 dias para resolver o contrato de trabalho junto da entidade proprietária (n.º 5).

Segundo nos quer parecer, o direito à resolução do contrato de trabalho com este fundamento depende efetivamente do parecer positivo desta entidade. A lei não estabelece um mecanismo semelhante ao que existe noutros lugares paralelos em que o direito a resolver o contrato de trabalho, em caso de parecer negativo, depende da propositura de uma ação judicial que reconheça a existência do motivo justificativo, como acontece nos casos em que o empregador pretende despedir uma trabalhadora grávida, puérpera, lactante ou no gozo de licença parental e a CITE se pronuncia desfavoravelmente.

Aparentemente, essa hipótese está afastada porque compete àquela entidade avaliar, de acordo com o seu alto critério, se ocorreu, ou não, uma alteração profunda na linha editorial ou da tipologia da publicação. Estando esse poder deferido àquela entidade, não poderia o tribunal substituir-se ao juízo, avalizando, ou não, o fundamento resolutivo. Acontece que esse argumento deve ser relativizado porque, no fim de contas, os tribunais são justamente chamados a apreciar esse fundamento legal quando, resolvido o contrato de trabalho pelo trabalhador, cabe aos tribunais avaliar o mérito da resolução, seja porque o trabalhador propôs uma ação judicial com vista à condenação da entidade empregadora no pagamento da indemnização prevista na lei, seja porque foi a entidade empregadora que tomou essa iniciativa processual e impugnou a resolução do contrato de trabalho, reputando-a de ilícita[475].

Em Espanha, uma das questões mais controversas chegou a ser a hipótese de o trabalhador jornalista poder resolver o contrato de trabalho, imediatamente, e só posteriormente ver a sua pretensão "validada". A questão pode colocar-se também entre nós porque a necessidade de parecer favorável da entidade reguladora pode tornar a permanência do trabalhador, durante esse ínterim, incompatível com a independência que pretensamente se quer preservar. De facto, a mutação ideológica da empresa, sobretudo se ocorrer bruscamente, pode colocar o jornalista em condições de trabalho que,

[474] Cfr. Artigo 87.º do Código do Procedimento Administrativo.

[475] Sobre isto, JOANA VASCONCELOS, «Sobre a impugnação pelo empregador da resolução do contrato de trabalho», *Prontuário de direito do trabalho*, 2019, I, p. 161-180.

reorientadas ideologicamente, podem tornar-se insuportáveis[476]. Tal como se escreve em Espanha, as situações mais prementes podem como que "sequestrar" o trabalhador, sujeitando o jornalista uma situação de "clausura" ideológica enquanto aguarda pela decisão favorável de uma terceira entidade — os tribunais, em Espanha, a entidade reguladora da comunicação social, entre nós[477]. E a espera até pode transparecer que, no fim de contas, o jornalista se identifica com a nova orientação editorial[478].

Embora sejamos sensíveis aos argumentos invocados, não nos parece possível que o trabalhador invoque uma alteração profunda da linha editorial para, concretamente, resolver o contrato de trabalho com fundamento numa "alteração substancial e duradoura das condições de trabalho no exercício lícito de poderes do empregador" (alínea b), do n.º 3, do artigo 394.º, do CT09). Parece-nos, com efeito, que estas situações merecem um tratamento normativo especial, sob pena de esvaziar o sentido útil do procedimento especialmente previsto no EJ[479]. Por que razão o trabalhador cumpriria

[476] Em termos práticos, a controvérsia suscitou-se em Espanha porque o artigo 2.º, da Ley Orgánica n.º 2/1997, de 19 de junho, já mencionada, refere que o trabalhador "pode solicitar a resolução do contrato", o que, para a doutrina espanhola, retomava os termos do artigo 50.º, do *Estatuto de los Trabajadores*, que também refere que o trabalhador "pode solicitar a resolução...". No sistema espanhol, o exercício do direito de resolução em caso de alteração substancial das condições de trabalho, figura prevista naquele artigo 50.º, é extrajudicial, mas carece de autorização ou chancela prévia dos tribunais. Assim, tudo levaria a crer que o legislador, ao redigir aquela norma *ipsis verbis*, exigiria semelhante procedimento. A doutrina e os tribunais têm ensaiado uma interpretação flexibilizadora por forma a garantir o seu sentido útil ou, se quisermos, a sua utilidade prática e não uma "interpretação gramatical autista" (Jaime Segalés Fidalgo, «La extinción del contrato de trabajo por invocación de la cláusula de conciência – notas acerca de la STC 225/02», *Revista de Derecho Social*, 20 (2002), pp. 141-159).

[477] Gema Rosado Iglesias, «El estatuto jurídico de los periodistas», *Cuadernos de Derecho Público*, 24 (2005), pp. 29-69, p. 66. Com efeito, na incontornável sentença do Tribunal Constitucional espanhol n.º 225/2002, de 9 de dezembro, o Tribunal admitiu a cessação imediata da relação jurídica. Conforme se escreve no acórdão, "o periodista tem o direito a preservar a sua independência perante situações de mutação ideológica desde o momento em que a considere realmente ameaçada, evitando conflitos com a empresa de comunicação (que legitimamente pode alterar a sua linha ideológica) e riscos de incumprimento que, ao permanecer nela, poderiam dar-se e provocar prejuízos em face da legítima discrepância ideológica com a nova tendência editorial. Está fora de dúvida, portanto, que essa protecção tão básica como taxativamente oferecida pelo art. 20.º, n.º 1, da Constituição [onde está prevista, *in fine*, a cláusula de consciência] inclui a imediata paralisação da prestação laboral".

[478] Assim, Francisco Javier Calvo Gallego, «Sobre el modo de ejercicio...», pp. 3334 ss.

[479] Embora tenha concluído pela ausência de uma alteração da linha editorial, por não se verificarem os seus pressupostos, na Deliberação da ERC n.º ERC/2017/65 (DJ), a ERC parece admiti-lo quando avaliou a pretensão de um jornalista que dirigiu uma comunicação à empresa "a resolução de contrato de trabalho com alegada justa causa nos termos do disposto na alínea b) do n.º 2 do art.º 394.º do Código do Trabalho" (ponto 4.12).

o procedimento previsto na lei se, em alternativa, poderia resolver o contrato de trabalho nos termos gerais, sem qualquer procedimento? Porventura, este ponto mereceria uma alteração na lei, permitindo-se expressamente ao trabalhador a possibilidade de, após fazer cessar o seu contrato de trabalho com justa causa, obter a confirmação por parte da ERC. Parece-nos, claramente que a redação atual da lei ("em caso de alteração profunda... *confirmada* pela Entidade Reguladora para a Comunicação Social *a requerimento do jornalista* (...) *este pode fazer cessar a relação de trabalho com justa causa*") aponta para o parecer da ERC como um *prius* em relação à resolução do contrato de trabalho.

Finalmente, numa norma que pode passar despercebida, a alínea f), do n.º 3, do artigo 13.º, do EJ, prevê que o Conselho de Redação tem competência para "pronunciar-se sobre a invocação pelos jornalistas dos direitos previstos nos n.os 1 a 3 do artigo 12.º". Considerando o procedimento atrás descrito, não se compreende em que momento é que o Conselho de Redação é consultado. Antes de o jornalista submeter o requerimento à Entidade Reguladora da Comunicação Social? Após aquele receber o parecer positivo desta entidade, mas antes de avançar para a resolução? E, assim sendo, esta pronúncia é suscitada pelo próprio trabalhador? Ou cabe à empresa este dever de consulta junto daquele órgão? Seja como for, parece-nos que o parecer não é vinculativo[480].

§ 13.3.4. Efeitos

A resolução do contrato de trabalho com fundamento na cláusula de consciência desencadeia, desde logo, a dissolução do vínculo contratual. Claro está que, se a finalidade for pura e simplesmente a desvinculação, o trabalhador pode também denunciar o seu contrato de trabalho, o que pode fazer livremente, sem necessidade de motivação ou de seguir qualquer procedimento, nos termos gerais.

A este respeito, note-se que, ao contrário do que possa parecer, a resolução do contrato de trabalho com fundamento na cláusula de consciência não é um meio mais expedito do que a denúncia. É certo que a resolução "comum", prevista no CT09, permite a desvinculação imediata, bastando a apresentação da comunicação, a qual, inclusivamente, se basta com uma

[480] Neste sentido, em geral, Jónatas E. M. Machado, *Liberdade de expressão – dimensões constitucionais...*, cit., p. 587.

descrição sucinta dos factos que lhe servem de fundamento[481]. Pelo contrário, na denúncia, o trabalhador tem de conceder um pré-aviso de 30 ou 60 dias, consoante a sua antiguidade. Por sua vez, a resolução do contrato de trabalho com fundamento na cláusula de consciência está dependente, como vimos, do cumprimento de um procedimento que, no fim de contas, também tomará, na prática, igual período[482]. Motivo pelo qual, deste ponto de vista, a resolução do contrato com fundamento na cláusula de consciência não representará, ao contrário da "resolução comum", uma vantagem para o trabalhador jornalista por comparação com a denúncia.

Por outro lado, importa advertir que aquele efeito de desvinculação apenas se produz, claro está, quando o trabalhador, obtendo o parecer favorável da ERC, comunica a resolução do contrato. Isto porque, como já dissemos, o parecer favorável da ERC é, salvo melhor opinião, condição para a resolução do contrato de trabalho. Enquanto tal não acontece, o trabalhador está obrigado a cumprir os seus deveres porque o contrato de trabalho permanece plenamente em vigor[483]. Em aberto fica, contudo, a possibilidade de o jornalista recusar a execução de tarefas, de acordo com a nova orientação editorial, ao abrigo do já estudado direito de resistência que lhe assiste, se estiverem preenchidos os seus pressupostos[484].

Esta faculdade especial de desvinculação tem sobretudo a vantagem de permitir ao trabalhador receber uma indemnização. Com efeito, resolvendo o contrato de trabalho invocando a cláusula de consciência, determina o EJ que o jornalista tem direito a "uma indemnização correspondente a um mês e meio de retribuição base e diuturnidades por cada ano completo de serviço e nunca inferior a três meses de retribuição base e diuturnidades" (artigo 12.º, n.º 4)[485].

[481] Cfr. artigo 395.º, n.º 1, do CT09: "o trabalhador deve comunicar a resolução do contrato ao empregador, por escrito, com indicação sucinta dos factos que a justificam, nos 30 dias subsequentes ao conhecimento dos factos".

[482] § 13.3.3. Procedimento.

[483] Neste sentido, Francisco Javier Calvo Gallego, «Sobre el modo de ejercicio...», pp. 3337 ss. O Autor também sublinha que, sendo possível recorrer a uma providência cautelar de suspensão dos efeitos do contrato de trabalho, essa hipótese parece meramente teórica ou académica...

[484] § 8. Estatuto deontológico.

[485] O Bloco de Esquerda chegou a propor uma "uma indemnização correspondente a três meses de salário por cada ano completo de serviço, calculada de acordo com o salário médio dos últimos doze meses, e nunca inferior a três meses do mesmo" (artigo 12.º, n.º 4, na redação proposta pelo Projeto de Lei n.º 525/XI/2.ª). No contexto espanhol, Marc Carrillo, «La Ley Orgánica de la cláusula de conciencia...», cit., p. 193, propõe, pensando de *iure condendo*, uma componente

Como se vê, ao contrário do que acontece com a denúncia e, inclusivamente, ao contrário do que acontece com a resolução do contrato de trabalho com fundamento numa "alteração substancial e duradoura das condições de trabalho no exercício lícito de poderes do empregador" – o fundamento de resolução do CT09 com "parentesco" com este regime específico –, o EJ estabelece o direito do jornalista a uma indemnização[486].

Repare-se que o legislador alterou a redação da norma em relação à sua versão originária: onde se lia que o jornalista tinha direito a uma indemnização "nos termos da legislação laboral aplicável", o EJ, desde a revisão de 2007, concretiza agora o valor da indemnização, fixando-a em um mês e meio de retribuição base e diuturnidades por cada ano completo de serviço e nunca inferior a três meses de retribuição base e diuturnidades. Parece que o legislador limita o critério de cálculo aos anos completos. Assim, ao contrário do que acontece com a resolução do contrato de trabalho com justa causa, nos termos do CT09, as frações de ano não são contabilizadas proporcionalmente. A título de exemplo, um trabalhador com 10 anos e 8 meses de antiguidade terá direito, neste caso, a uma indemnização de 45 dias de remuneração base e diuturnidades a multiplicar apenas por 10.

Como vimos, a invocação da cláusula de consciência dispensa a prova de quaisquer danos por parte do trabalhador[487]. No entanto, uma questão que se pode colocar é a de saber se o trabalhador pode peticionar o ressarcimento de danos que considera ter sofrido, nomeadamente, não patrimoniais, se entender que aquela indemnização não cobre justamente todos os danos que julga ter sofrido. Relativamente a este problema, importa referir que a Relação de Lisboa já negou essa via[488] e o Supremo Tribunal de Justiça também já decidiu

ressarcitória mais abrangente, nestes termos: "os efeitos da rescisão do contrato são equivalentes aos que derivem de um despedimento ilícito acrescido de uma indemnização que não poderá ser inferior aos salários correspondentes a um ano de trabalho".

[486] Maria Manuel Bastos / Neuza Lopes, *Comentário à Lei de Imprensa...*, cit., p. 244, afirmam que "num mercado precarizado, se revela indispensável para tornar minimamente efectiva a cláusula de consciência".

[487] § 13.3.1. Pressupostos objetivos.

[488] Ver ac. de 17/11/2004 do TRL (Guilherme Pires), proc. nr. 4039/2004-4 (sumário), onde se diz que "a alteração profunda da linha editorial da publicação para a qual o jornalista trabalha, desde que confirmada pela Alta Autoridade para a Comunicação Social, permite a rescisão com justa causa do contrato de trabalho, sob invocação de cláusula de consciência (art. 12.º, n.º 3, do Estatuto do Jornalista – Lei n.º 1/99 de 13 de Janeiro), mas não constitui facto ilícito gerador de responsabilidade civil, contratual ou extra-contratual".

no mesmo sentido[489]. No caso concreto, estava em causa o caso, já referido, da mudança na linha editorial da revista *Focus* e no qual a trabalhadora veio exigir, junto dos Tribunais, uma indemnização de um milhão de escudos a título de danos não patrimoniais, acrescidos dos valores que já resultam do EJ para este tipo de resolução. O Tribunal recusou a pretensão da trabalhadora entendendo que não estava preenchido um dos pressupostos da responsabilidade civil, a ilicitude, até porque os casos de responsabilidade civil por atos lícitos são juridicamente excecionais.

Temos estas decisões judiciais por certas porque, como acima se referiu, a alteração da linha editorial é um direito que assiste a qualquer publicação, direito esse que, inclusivamente, é, de certa forma, legal e constitucionalmente reconhecido. A previsão de uma indemnização a favor do trabalhador jornalista, tal como prevista no EJ, representa uma solução excecional e de compromisso do ordenamento jurídico. De resto, e como dissemos, no próprio regime laboral comum a resolução com fundamento numa "alteração substancial e duradoura das condições de trabalho no exercício lícito de poderes do empregador" não atribui qualquer direito indemnizatório ao trabalhador resolvente, justamente porque essa alteração ocorre "no exercício lícito de poderes do empregador". Naturalmente, o legislador não quis penalizar o empregador quando o motivo de resolução resulta de uma atuação lícita sua. Se a solução do EJ representa, pois, um desvio às regras gerais, entendemos que o trabalhador não pode peticionar outros danos que quebrem aquele espartilho indemnizatório.

Numa interpretação que nos parece excessivamente *favor laboratoris*, já se defendeu, em Espanha, que o jornalista pode exigir a indemnização prevista no EJ se tiver cessado o contrato de trabalho com outro fundamento. Por exemplo, o trabalhador resolve de imediato o contrato, alegando justa causa, sem esperar pelo parecer favorável obrigatório da entidade reguladora para a comunicação social, e pretende, posteriormente, encaixar a indemnização que resulta do EJ, porque, por hipótese, aquela entidade reconheceu posteriormente mérito ao requerimento do trabalho.

Embora sejamos sensíveis aos argumentos invocados, parece-nos, recuperando o que já dissemos, que o trabalhador não pode obter, através do recurso a outros mecanismos de dissolução do vínculo contratual, aquilo que depende do preenchimento de pressupostos de natureza formal e procedimental estabelecidos no EJ. Permitir que o trabalhador obtenha uma

[489] Ac. de 29/06/2005 do STJ (Paiva Gonçalves), CJ (STJ), 2005, II, pp. 276-278, p. 278.

indemnização fixada especialmente no EJ, utilizando os mecanismos gerais de desvinculação previstos no regime laboral comum, seria inutilizar todo o procedimento específico aí previsto. Bem vistas as coisas, que razão levaria o trabalhador jornalista a seguir o procedimento especial aí previsto (no EJ) se, na prática, poderia obter o mesmo resultado prático (a desvinculação e a indemnização "especial" prevista no EJ) resolvendo o contrato de trabalho, nos termos gerais, e até com a vantagem acrescida de o poder fazer com eficácia imediata?

Em relação ao valor da indemnização, importa referir que, conforme admitimos, é defensável que o jornalista pode resolver o seu contrato de trabalho em caso de transmissão da unidade económica para uma empresa com uma diferente orientação editorial que possa justificar o recurso à cláusula de consciência[490]. Repare-se que, nesses casos, o trabalhador já teria direito, nos termos da lei, a resolver o contrato de trabalho com justa causa. Acontece que a indemnização fixada para esses casos é inferior – corresponde à que resulta do artigo 366.º, do CT09[491] – àquela que resulta do EJ quando a cessação tem como fundamento a cláusula de consciência. Motivo pelo qual certamente que não fará sentido, aos olhos do trabalhador, optar pela cessação do contrato de trabalho com esse fundamento.

Finalmente, há quem defenda que o jornalista que resolve o contrato de trabalho com fundamento na cláusula de consciência tem direito a exigir a publicação dos motivos que levaram à sua resolução contratual, por forma a poder explicar, perante o público (muitas vezes, o "seu" público ou os seus seguidores), as razões da sua discrepância e pelas quais abandonou a publicação[492]. Mesmo sabendo que, no domínio da imprensa, até existe um chamado "direito de resposta" (embora com outros propósitos), é pelo menos duvidoso que este direito assista ao trabalhador mesmo no quadro do princípio da boa-fé que acompanha todo o ciclo contratual, inclusivamente após a cessação do contrato. Por outro lado, atualmente, os canais mediáticos permitem que o jornalista apresente essas "justificações" por outros meios (por exemplo, utilizando as redes sociais), meios esses que muitas vezes até podem ter uma projeção superior à exposição da própria publicação (muitas vezes, as redes

[490] § 13.3.1. Pressupostos objetivos.

[491] Cfr. artigo 396.º, n.º 5, do CT09: "em caso de resolução do contrato com o fundamento previsto na alínea d) do n.º 3 do artigo 394.º, o trabalhador tem direito a compensação calculada nos termos do artigo 366.º".

[492] É esta a posição de Cristóbal Molina Navarrete, *Empresas de comunicación...*, cit., p. 71.

sociais dos jornalistas com mais peso mediático têm mais seguidores do que as respetivas contas da organização onde o profissional se insere).

Uma vez resolvido o contrato, pensamos que esta resolução deve equivaler às demais resoluções com justa causa para todos os efeitos legais, nomeadamente, para efeito de atribuição de prestações da segurança social por desemprego. Importa ter presente que o Decreto-Lei n.º 220/2006, de 3 de novembro, que contém o regime jurídico de proteção social da eventualidade de desemprego dos trabalhadores por conta de outrem, considera desemprego involuntário, portanto, com direito a subsídio de desemprego, as situações originadas por uma "resolução com justa causa por iniciativa do trabalhador" e, acrescenta a lei, "presume-se haver desemprego involuntário quando o fundamento de justa causa invocado pelo trabalhador não seja contraditado pelo empregador ou, sendo-o, o trabalhador faça prova de interposição de acção judicial contra o empregador". Portanto, parece-nos que não há razões para excluir a cessação do contrato com fundamento na "cláusula de consciência", até porque, como já desenvolvemos noutro contexto, os casos de desemprego involuntário devem ser lidos de forma "aberta", atendendo à sua *ratio*, que é a de conceder tutela previdencial aos trabalhadores que não tenham dado causa material à sua situação de desemprego[493].

Ainda a este respeito, também se pode entender que o trabalhador pode legitimamente recusar ofertas de trabalho que precisamente adiram à orientação editorial que precisamente ditou a resolução do contrato de trabalho[494].

[493] Como escrevemos noutro lugar, "a enumeração das formas de desemprego involuntário relevantes para este efeito — contida no artigo 9.º, do Decreto-Lei n.º 220/2006, de 3 de novembro — contempla justamente também o caso em que é o próprio trabalhador que faz cessar o contrato de trabalho com justa causa. Parece, pois, seguro, que o legislador quis dar tutela previdencial aos trabalhadores que não deram causa material à cessação do contrato de trabalho ainda que, formalmente, a cessação tenha sido da sua iniciativa. Sucede que, como muitas vezes acontece no Direito, nem sempre o legislador consegue prever todos os casos em que ocorre uma perda do emprego não imputável ao trabalhador. Motivo pelo qual, segundo a posição que nos parece a melhor, a enumeração do artigo 9.º, do Decreto-Lei n.º 220/2006, de 3 de novembro, é meramente exemplificativa, podendo enquadrar-se aí outras situações que, reconduzindo-se àquela *ratio* acima identificada, devem servir de fundamento para o acesso ao subsídio de desemprego. De resto, e à margem da técnica legislativa, esta abertura cognitiva do regime legal impõe-se por uma questão de justiça material, amparada numa ideia de igualdade, ou seja, inspirada na ideia de que fenómenos de perda de emprego por causa não imputável ao trabalhador devem dar acesso à proteção previdencial" (Alexandra Marques Sequeira / Victor Hugo Ventura, «O impacto da nova redação do artigo 344.º, n.º 2, do Código do Trabalho, no conceito de "desemprego involuntário" para efeitos de atribuição do subsídio de desemprego», *Questões Laborais*, 55 (2019), pp. 169-178, p. 172).

[494] Para efeitos do artigo 13.º do Decreto-Lei n.º 220/2006, de 3 de novembro.

§ 13.4. Caducidade

O contrato de trabalho do jornalista pode cessar por caducidade, um fenómeno de extinção da relação jurídica que, como se sabe, agrega uma massa muito diversificada de situações. Assim, por aplicação da regra geral contida no artigo 343.º, do CT09, o contrato de trabalho pode caducar verificando-se o seu termo (alínea a)), tendo sido celebrado a termo, por impossibilidade superveniente, absoluta e definitiva, de o trabalhador prestar o seu trabalho ou de o empregador o receber (alínea b)) ou com a reforma do trabalhador, por velhice ou invalidez (alínea c)), nos termos gerais.

Embora o EJ não regule a matéria, a caducidade pode ter aqui um especial protagonismo porque, como vimos, o exercício da atividade jornalística está subordinado à obtenção e preservação de uma carteira profissional[495]. Importa ter presente que o artigo 117.º, n.º 2, do CT09, estatui que "quando o título profissional é retirado ao trabalhador, por decisão que já não admite recurso, o contrato caduca logo que as partes sejam notificadas da decisão"[496]. Esta norma é um afloramento da regra geral da caducidade do contrato de trabalho por impossibilidade superveniente e definitiva da prestação, *ex vi* artigo 343.º, alínea b), do CT09. A nossa jurisprudência tem entendido, e bem, que a revogação da habilitação profissional dita a caducidade do contrato por impossibilidade (jurídica) superveniente de prestar trabalho[497]. Pense-se, portanto, no caso do jornalista que vê a sua carteira profissional cassada[498].

Em tese, a caducidade não fica não excluída quando a suspensão ou cassação temporária do título profissional for de tal duração que não pode ser exigível a um empregador razoável e de boa-fé esperar pelo trabalhador[499].

[495] § 4.3. Carteira profissional.

[496] O pretérito artigo 4.º, do Decreto-Lei n.º 47032, de 27/05/1966, regulava expressamente os casos de falta de "carteira profissional". O n.º 1: "sempre que o exercício de determinada actividade seja legalmente condicionado à posse de carteira profissional, a falta desta importa nulidade do contrato". E o n.º 2, pensado para uma fase posterior, acrescentava: "se por decisão que já não admite recurso a carteira profissional vier a ser retirada ao trabalhador posteriormente à celebração do contrato, este caduca logo que as partes sejam informadas do facto pelo organismo ou tribunal competente".

[497] Curiosamente, a AE Lusa estabelece que "a habilitação com a carteira profissional de jornalista, ou do título de estagiário, é obrigatória para o exercício da profissão e a sua perda por responsabilidade culposa do trabalhador, comprovada em processo disciplinar, constitui justa causa para a resolução do contrato de trabalho" (cláusula 5.ª, n.º 1, alínea d), do Anexo III – Regulamento de Carreiras).

[498] Ver, nesse sentido, o ac. de 14/07/2010 do STJ (Vasques Dinis), proc. nr. 08S3846, já citado.

[499] Neste sentido, Pedro Romano Martinez, *Direito do Trabalho*, cit., pp. 865-866.

No entanto, é de notar que o EJ estabelece que uma infração disciplinar (estatutária) pode dar lugar a uma "suspensão do exercício da actividade profissional até 12 meses", o que, em princípio, não se revela excessivamente longo para que o empregador possa fazer caducar o contrato de trabalho.

§ 14. RELAÇÕES COLETIVAS DE TRABALHO

Como seria de esperar, o EJ não regula o estatuto coletivo dos jornalistas. Dúvidas não existirão, porém, de que os direitos coletivos assistem aos trabalhadores jornalistas. De resto, uma das suas principais manifestações – o direito à contratação coletiva – já ficou evidenciada com a constante referência às convenções coletivas de trabalho aplicáveis ao setor, bem relevantes, por sinal[500].

No entanto, com exceção dessa dimensão, verdade seja dita que a luta coletiva destes trabalhadores pode considerar-se tímida. Há razões sociológicas que o explicam. Na opinião de Fernando Correia, em parte tal ficou a dever-se a uma mudança sociológica neste setor de atividade: outrora em número reduzido, concentrados nos grandes centros urbanos e muitas vezes até no mesmo edifício, os jornalistas, mesmo quando rivais, partilhavam um inimigo comum – a censura institucionalizada – que favorecia uma coesão e espírito de classe[501]. Já antes, o "exemplo" dado pelos tipógrafos, cujas condições de vida foram melhoradas pela sua força coletiva, acicatou a força mobilizadora dos jornalistas. Isso gerou, ou ajudou a gerar, o aparecimento de diversas associações[502], nacionais[503] e internacionais[504], como também favoreceu mesmo algumas greves "históricas", como a greve de 1921

[500] No início, "os jornalistas portugueses viram na contratação colectiva um meio para conseguir a tão ambicionada «dignidade» material e moral para a profissão" (Rosa Maria Sobreira, *Os jornalistas portugueses...*, cit., p. 75).

[501] Fernando Correia, *Os jornalistas e as notícias...*, cit., p. 246.

[502] Para uma síntese histórica, ver Luís Brito Correia, *Direito da Comunicação Social...*, cit., pp. 428 ss.

[503] Rosa Maria Sobreira, *Os jornalistas portugueses...*, cit., pp. 35 ss.

[504] Nelson Traquina, *A tribo jornalística...*, cit., pp. 31 ss.

que durou... 104 dias (!)[505]. Acresce que, como vimos, a própria atividade do jornalista estava dependente da "chancela" sindical, na medida em que, até certo momento histórico, a emissão da carteira profissional de jornalista era da competência dos sindicatos[506], os quais até tinham poder disciplinar sobre estes profissionais[507].

O paradigma alterou-se: desde logo, alguns daqueles fatores de agregação pura e simplesmente desapareceram, como a censura, a concentração nas grandes metrópoles e a sindicalização forçada. Mas, segundo pensamos, a erosão do associativismo jornalístico[508] deve-se sobretudo a um pendor individualista que tendencialmente domina esta profissão: o jornalismo é uma atividade onde, porventura mais do que em qualquer outra, a progressão se faz à custa do mediatismo (*star system*)[509] e, para isso, os jornalistas tendem a reservar apenas para si tudo quanto lhes permita granjear crédito e reputação[510], como fontes e contactos. Por outro lado, pese embora aquele peso dos sindicatos, a verdade é que a intervenção sindical sempre foi vista como um fenómeno contranatura atendendo à natureza liberal da atividade[511]. E, verdade seja dita, atualmente a sindicalização só acontece quando os jornalistas se confrontam com uma ameaça aos seus postos de trabalho.

[505] Sobre isto Rosa Maria Sobreira, *Os jornalistas portugueses 1933-1974: uma profissão em construção*, Livros Horizonte, Lisboa, 2003, p. 37 e, com mais desenvolvimento, José Nuno Matos, «Censura vermelha: as empresas de jornais perante a greve da imprensa de 1921», *Ler História*, 73 (2018), pp. 193-215.

[506] § 4.3. Carteira profissional.

[507] Cfr. ac. n.º 445/93 do TC (Antero Alves Monteiro Dinis), BMJ, 429 (1993), pp. 251-268: "a atribuição à organização sindical dos jornalistas de um poder fiscalizador do exercício da profissão – traduzido na competência para determinar a suspensão, perda ou apreensão do título, com a consequente impossibilidade de exercer legitimamente a profissão -, bem como de um verdadeiro poder disciplinar, no que respeita às eventuais infracções aos deveres deontológicos dos jornalistas, implicam a atribuição do exercício de verdadeiros poderes ou prerrogativas de autoridade, manifestamente contrários e estranhos àqueles que são próprios dos sindicatos e se inscrevem no âmbito das suas específicas finalidades".

[508] Assim, José Luís Garcia / Sara Meireles, «O jornalismo sob a ameaça...», cit., p. 173.

[509] Como repara Felisbela Lopes, *Jornalista...*, cit., p. 79, "nesta economia do *star system*, não se procura o mais habilitado para falar sobre determinado assunto, mas aquele com maior competência mediática para tal e maior popularidade junto do público".

[510] Fernando Correia, *Os jornalistas e as notícias...*, cit., p. 212.

[511] Rosa Maria Sobreira, *Os jornalistas portugueses...*, cit., p. 75.

Seja como for, o jornalista, enquanto titular de um contrato de trabalho ou, para quem o admita, como trabalhador independente economicamente dependente[512], goza dos direitos coletivos previstos na lei.

Em relação à greve, numa opinião que já foi sufragada, entre nós, por NUNO E SOUSA[513] e LUÍS BRITO CORREIA[514], a greve não pode ir ao ponto de impedir a publicação, como forma de boicote. Aparentemente, as afirmações podem ser lidas de duas formas. Por um lado, a greve, num efeito de trombose, não pode prejudicar a publicação, por exemplo, quando ela é promovida no âmbito de atividades auxiliares (por exemplo, dos trabalhadores afetos à indústria tipográfica). Mas, levado o raciocínio às suas últimas consequências, também dos próprios jornalistas, impedindo a própria publicação.

[512] Cfr. Convenção da OIT n.º 87 (1948): "os trabalhadores e as entidades patronais, *sem distinção de qualquer espécie*, têm o direito, sem autorização prévia, de constituírem organizações da sua escolha, assim como o de se filiarem nessas organizações, com a única condição de se conformarem com os estatutos destas últimas" (artigo 2.º) (sublinhado nosso). No mesmo sentido, o Pacto Internacional dos Direitos Económicos, Civis e Políticos: "toda a pessoa tem direito a associar-se livremente com outras, incluindo o direito de fundar sindicatos e filiar-se neles para protecção dos seus interesses" (artigo 22.º). Também a Carta Social Europeia (artigo 5.º) exclui apenas as forças armadas e a Convenção Europeia dos Direitos do Homem (artigo 11.º) estatui que "qualquer pessoa tem direito à liberdade de reunião pacífica e à liberdade de associação, incluindo o direito de, com outrem, fundar e filiar-se em sindicatos para a defesa dos seus interesses". Sobre isto, mormente no que diz respeito ao direito à greve, JOÃO REIS, *O conflito colectivo de trabalho*, vol. I, Gestlegal, Coimbra, 2017, pp. 53 ss. No mesmo sentido, estribando-se nos instrumentos internacionais, FRANCISCO LIBERAL FERNANDES, «A contratação colectiva fora da zona de conforto: o trabalho autónomo» in: *III Jornadas regionais de Direito do Trabalho – memórias*, DGRQP, Ponta Delgada, 2020, pp. 101-118. Contra, no que diz respeito ao direito à greve, VÍTOR PALMELA FIDALGO, «A greve» in: *Estudos do Instituto de Direito do Trabalho*, vol. VIII, Almedina, Coimbra, 2020, pp. 353-385, pp. 356-357, afirmando que "a construção da greve não é minimamente adequada para este tipo de relações jurídicas". Mais em geral, ANTÓNIO MENEZES CORDEIRO, *Direito do trabalho*, I, Almedina, Coimbra, 2018, p. 463, nota que "há princípios importantes, como os relativos à autonomia coletiva, que não constam do elenco do Código de 2009; em 2003, seria mais fácil invocá-los".

[513] NUNO E SOUSA, *A liberdade de imprensa*, cit., pp. 131: "pela conjugação dos arts. 58.º e 38.º, 2 – CRP conclui-se que, se à greve por motivos laborais ou políticos em si nada obsta, é inconstitucional a greve ou boicote dirigido primariamente a impedir a liberdade de imprensa, a liberdade de expressão do pensamento, a censurar (controlo sobre o conteúdo) ou impedir a criatividade dos jornalistas. Eis uma situação a que o texto constitucional concedeu eficácia imediata ao direito fundamental da liberdade de imprensa".

[514] LUÍS BRITO CORREIA, *Direito da Comunicação Social*...I, cit., p. 231.

Reconhecendo que o direito à greve não é um direito absoluto, comportando limites[515], não podemos acompanhar uma tal posição. Embora percebamos que esta matéria lida com um ponto sensível[516], importa lembrar que também a greve em serviços hospitalares, transportes ou no setor ensino colidem com dimensões sociais relevantes e podem produzir um dano comunitário significativo e nem por isso o direito à greve está excluído. Daí, aliás, a obrigação de, nesses casos, ser obrigatório assegurar serviços mínimos, como forma de concordância prática entre os valores em colisão. Mas, claro está, tal não preclude o exercício do direito à greve nesses casos. Assim, o direito à greve é um direito coletivo que assiste aos jornalistas, estando protegido nos mesmos termos dos demais trabalhadores grevistas[517].

[515] Para outros desenvolvimentos, José João Abrantes, «Sobre os limites da greve», *Revista de Direito Comercial – Liber Amicorum Professor Doutor Pedro Pais de Vasconcelos,* 14/03/2021, pp. 511-536, Carlos Blanco de Morais, «A greve como direito fundamental dos trabalhadores: apontamento sobre a sua configuração e limites nas ordens jurídicas portuguesa e brasileira», *Revista de Direito Comercial – Liber Amicorum Professor Doutor Pedro Pais de Vasconcelos,* 04/03/2022, pp. 487-517.

[516] Sobre a responsabilidade civil nas relações coletivas de trabalho, em especial, na greve, ver António Nunes de Carvalho, «Responsabilidade civil do empresário e greve», *Revista de Direito e de Estudos Sociais,* 1986, II-III, pp. 367-421 e Pedro Mota Pinho, «A responsabilidade civil nas greves ilícitas», *Revista da Ordem dos Advogados,* 2020, I-II, pp. 307-332.

[517] Luís Brito Correia, *Direito da Comunicação Social...,* cit., p. 231, não deixa de reconhecer que "há situações em que o direito à greve dos trabalhadores da comunicação social não pode deixar de ser reconhecido, mesmo que prejudique a liberdade de comunicação social de outras pessoas. Por exemplo, para reivindicar aumentos salariais, em caso de significativa perda de valor resultante da inflação".

§ 15. SEGURANÇA SOCIAL

Em matéria de Segurança Social, não existe, atualmente, um regime especial aplicável a estes profissionais. Os jornalistas chegaram a ter um fundo especial ("um marco histórico para a profissionalização dos jornalistas em Portugal"[518])[519] mas foi extinto

[518] Rosa Maria Sobreira, *Os jornalistas portugueses*..., cit., p. 90. Helena Ângelo Veríssimo, *Os jornalistas nos anos 30/40*..., cit., p. 87, refere que as regalias da Caixa "foram obtidas através da persistência de uma classe cujo estatuto social e intelectual não correspondia ao estatuto remuneratório e aos benefícios materiais de que usufruía".

[519] De acordo com a interessantíssima súmula publicada em https://jornalistas.eu/sobre-a-historia-da-caixa-de-previdencia-e-abono-de-familia-dos-jornalistas/, que qui se transcreve, com supressão de apenas alguns detalhes, uma viagem breve pela história do associativismo dos trabalhadores da imprensa e dos jornalistas mostra que a luta pela proteção da saúde tem mais de um século e que, desde 1924, ano da fundação do Sindicato dos Profissionais da Imprensa de Lisboa, ela tem estado sempre no centro das ações sindicais. Em 1880, é constituída a Associação de Jornalistas e Escritores Portugueses, incluindo entre os seus fins os de "beneficência e socorro" aos mais necessitados. Em 1882, a ideia de homenagear Rodrigues Sampaio, falecido neste ano, leva à organização de uma reunião de jornalistas na Sociedade de Geografia Comercial, durante a qual Manuel Rodrigues propõe que, em homenagem ao decano dos jornalistas, se crie uma associação de jornalistas que tenha com um dos seus objetivos principais a criação de um montepio destinado a "acorrer às famílias dos jornalistas que faleçam em circunstâncias precárias". Em 1905, por Alvará régio de D. Carlos, é criada a Associação de Classe dos Trabalhadores da Imprensa de Lisboa (ACTIL), a qual integrava um Cofre de Beneficência e Pensões, sua estrutura principal, que concedia benefícios materiais na doença e no desemprego, bem como pensões a viúvas e órfãos dos jornalistas associados. Uma vez que as quotizações dos associados eram insuficientes para a manutenção do Cofre, eram realizadas iniciativas diversas, como saraus artísticos e de ginástica, exposições de flores, quermesses e tômbolas para angariação de receitas suplementares. Em 1921, é criada a Casa dos Jornalistas, cujo objetivo principal é a criação de uma "Casa de Repouso". Em 1924, sucederam-se os acontecimentos que conduziram, por um lado, à autonomia das duas vertentes da associação e, por outro, ao reconhecimento da classe, com a emissão da primeira Carteira de Identidade Profissional da Imprensa. A 6 de Setembro, tomou posse a Direção que respondia pelo Cofre de Beneficência. Foi necessário proceder à reforma dos estatutos da

ACTIL e à legalização do Cofre. Os novos estatutos vieram a ser aprovados a 15 de dezembro deste ano, em assembleia geral, e constituía-se também o Sindicato dos Profissionais da Imprensa de Lisboa (SPIL), enquanto um parecer sobre o destino do Cofre propunha a sua fusão com a Casa dos Jornalistas, constituída, havia três anos, com o objetivo principal de fundar uma casa de repouso. Numa nova assembleia geral, a 20 de dezembro, o Cofre fica agregado ao Sindicato, funcionando com uma administração autónoma. Um dia depois, e de novo em assembleia geral, é aprovada nova proposta e que pode, certamente, ser considerada como ponto de partida do que foi a Caixa de Previdência e de Abono de Família dos Jornalistas. Rezava assim a proposta: "que se encarregue uma comissão de, no mais curto espaço de tempo, elaborar os estatutos de uma nova instituição, destinada a alargar os fins de assistência do actual Cofre, e que se chame Caixa de Previdência do Sindicato dos Profissionais da Imprensa de Lisboa". A oficialização da nova instituição foi feita por alvará de 27 de dezembro de 1924. No dia 29 de dezembro, o Sindicato nomeou uma comissão para elaborar os estatutos da Caixa de Previdência, tendo decidido, para o efeito, "dirigir-se às congéneres do estrangeiro e às principais colectividades mutualistas do país, pedindo-lhes elementos de estudo". Em 1925, os estatutos foram aprovados em assembleia geral extraordinária desse ano e definiam como finalidades da Caixa de Previdência: a) subsidiar aos sócios socorros, médicos e medicamentos, podendo tornar extensivo esse direito á mulher, filhos e pessoas que vivam a cargo do sócio e no mesmo domicílio, logo que os fundos da Caixa o permitam; b) subsidiar os sócios no desemprego, na doença, na prisão e na inabilidade; c) auxiliar as viúvas e os órfãos que venham a ficar em más condições financeiras, socorrendo-os monetariamente ou cuidando da educação e colocação de menores; d) fazer por sua conta o funeral do sócio ou contribuir com um subsídio para o funeral, quando este seja feito pela família do falecido; e) facilitar aos sócios o tratamento nos períodos agudos de doença, nas termas, praias e sanatórios que lhes forem indicadas pelos médicos; f) facilitar aos sócios assistência médica de especialidade e a sua hospitalização, quando necessitados de serem operados; g) fomentar a ação cooperativa com a fundação de estabelecimentos que, acudindo aos associados com um benefício prático imediato, possam ser para a Caixa fonte de receitas próprias, tais como: farmácia especial, livraria editora, tipografia, jornal, etc. h) Conseguir para os seus associados bónus de desconto nos estabelecimentos de géneros alimentícios e de vestuário, de primeira necessidade. A 23 de Maio de 1925, por alvará do Presidente da República, Manuel Teixeira Gomes, é dada existência legal à Caixa de Previdência do Sindicato dos Profissionais da Imprensa de Lisboa. Em 1926, a Caixa de Previdência e o Sindicato instalam-se ambas na Rua do Loreto, tendo essa coabitação originado a Casa da Imprensa, só muitos anos depois reconhecida como associação mutualista. Em 1935, é alterada a designação para Caixa de Previdência dos Profissionais da Imprensa de Lisboa, ASM, e recebe um terceiro alvará, com data de 25 de abril, assinado pelo sub-secretário de Estado das Corporações e Previdência Social. Os seus estatutos passaram a obedecer à reforma da legislação mutualista de 1931/32 e, do projeto inicial, que integrava jornalistas, revisores e empregados de administração dos jornais periódicos, os estatutos de 1935 passaram a abranger, como sócios efetivos, apenas os jornalistas. Tendo a constituição da associação de classe sido originada, supostamente, por desentendimentos que vinham de uma greve de tipógrafos (abril de 1904, a que já fizemos referência), reivindicativa de melhores condições laborais e salariais, aos quais se opuseram jornalistas e proprietários de jornais, este corte no fraternalismo de profissões que se completavam poderia ter a ver com pequenas cizânias recalcadas. Mas não: a separação das águas no associativismo das classes profissionais de imprensa que, de mãos dadas, fizeram o caminho durante três décadas, foi imposta pelo novo regime. Ao estabelecer que os sindicatos se constituíam com "indivíduos da mesma profissão", o Decreto-lei 23050, de 23/09/1933, também obrigava à criação de instituições de previdência. Em 1942, o Sindicato muda-se para a Rua Duques de Bragança, mas a o nome Casa da Imprensa já estava consagrado e assim continuou a ser designada a Caixa de Previdência dos Profissionais da Imprensa de Lisboa. Em 1943, por Decreto n.º 32633, de 20/01/1943, é criada a Caixa de Reformas dos Jornalistas, instituição de previdência da segunda das categorias previstas na Lei n.º 1884, de 16/03/1935, destinada a abranger todas os indivíduos inscritos no Sindicato Nacional dos Jornalistas. Para além das contribuições das empresas e dos beneficiários, constituiria ainda receita da CRJ "um adicional de 1% sobre toda a publicidade paga nos jornais diários". Recorde-se que, embora a Caixa de Previdência fosse autónoma, deixou de ser do sindicato anterior, porque este, ao recusar-se a acatar a legislação de 23/09/1933, que instituiu os Sindicatos Nacionais de índole corporativista, deliberara ele próprio dissolver-se para que não fosse a lei a impor-lhe a dissolução. Esta Caixa destinava a proteger os indivíduos representados pelo Sindicato Nacional dos Jornalistas nos termos do regulamento aprovado (artigo 2.º) e tinha como objetivos fundamentais (artigo 3.º): a) garantir pensões de reforma ordinária aos 70 anos e de invalidez verificada antes daquela idade; b) conceder subsídios por morte. A Caixa podia ainda prestar socorros extraordinários, à margem dos compromissos regulamentares aos beneficiários e suas famílias. A Caixa de Reformas dos Jornalistas é transformada em Caixa de Previdência e Abono de Família dos Jornalistas (CPAFJ). O Estatuto da CPAFJ foi aprovado por alvará de 28 de setembro de 1968. Nos termos deste Despacho, são transferidos para a Caixa Nacional de Pensões as modalidades de seguros de invalidez, velhice e morte dos beneficiários da Caixa de Reformas, mantendo-se as pensões de invalidez, velhice e sobrevivência à data em vigor. A CPAFJ destinava-se a proteger os beneficiários e familiares na doença, maternidade, abono de família e prestações complementares. Em 1970, a Caixa de Reformas dos Jornalistas, já transformada em Caixa de Previdência e Abono de Família dos Jornalistas, veio a ser integrada no sistema geral de Previdência. A integração manteve inalterável o adicional de 1 % sobre toda a publicidade paga nos jornais diários – instituído em 1943 –, cuja receita "ficava adstrita à constituição de reservas matemáticas e ao reforço do fundo de reserva, podendo ainda ser aplicada na manutenção de um fundo de assistência, o qual se destinava principalmente à concessão de pensões de sobrevivência, as quais posteriormente passaram a ser concedidas pela extinta Caixa Nacional de Pensões, hoje Centro Nacional de Pensões". Até 1974, apenas os profissionais de Imprensa escrita eram beneficiários da CPAFJ. Por Despacho ministerial, de 21/7/1977, foi celebrado o acordo que concretizou a integração da CPAFJ, mantendo o esquema de prestações de ação médico-social que vinha sendo praticado e garantindo que a ARS de Lisboa assumia a posição contratual da Caixa no que respeita à ação médico-social dos beneficiários. Posteriormente, foi criado o Fundo Especial de Segurança Social dos Jornalistas, regulamentado pela Portaria n.º 477/87, de 5 de junho, para onde passaram a reverter as receitas do adicional de 1% sobre toda a publicidade paga nos jornais diários. Porém, uma vez que o artigo 23.º do Regulamento do Fundo impunha a sua revisão periódica e porque o disposto no artigo 33.º do Decreto-Lei n.º 225/89, de 6 de julho, previa a transformação dos fundos especiais de segurança social geridos por instituições do sistema em regimes profissionais complementares, a Portaria n.º 506/92, de 19 de junho, integrou o Fundo Especial de Segurança Social dos Jornalistas na Casa da Imprensa – Associação Mutualista. Já em 1998, o Governo, considerando que o "desenvolvimento dos meios de comunicação social entretanto verificado, com a generalização de publicações não diárias e com o espaço e relevância ganhos pela rádio e televisão na comunicação social, veio colocar em pé de desigualdade a imprensa diária e os outros meios de comunicação social e pôr em causa o referido adicional", decide revogar, com efeitos reportados em 2012[520]. Essa extinção teve como consequência a integração dos jornalistas no regime geral, sem que o Código Contributivo lhes dedique regras especiais. Tal significa que serão aplicáveis as regras relativas aos contratos por conta de outrem ou dos trabalhadores independentes, consoante o caso[521]. Considerando os problemas da atividade jornalística, em que o jornalista é colocado numa situação de verdadeiro trapezismo sem rede[522], porventura se justificariam regras próprias, como acontece, por exemplo, com os profissionais da área da cultura.

a 30 de Setembro de 1997, o adicional de 1% sobre publicidade paga pelos jornais diários (artigos 2.º, 3.º e 4.º do Decreto n.º 32 633, de 20/01/1943). Apesar de na ocasião o governo ter considerado que a situação de desigualdade atrás referida apenas seria "superável com o desenvolvimento de regimes profissionais complementares e com uma nova política de financiamento do Fundo", a verdade é que até à atualidade não foram avançadas quaisquer alternativas para o efeito. Em 1998, ano em que o número de beneficiários da CPAFJ ascendia a cerca de 3400, pode ser assinalado como de viragem no panorama do setor da comunicação social portuguesa. Segundo o estudo feito então pela Comissão Administrativa da CPAFJ, apesar do bom desempenho financeiro da instituição, eram visíveis as "nuvens negras" que se acumulavam no horizonte: contratação de novos jornalistas com salários médios inferiores aos praticados em 1997, o que fez com que a contribuição média de cada beneficiário da CPAFJ baixasse de 1195 contos, em 1997, para 1193 contos, em 1998; acentuado aumento do número de despedimentos, afetando em particular os profissionais com vencimentos mais elevados. Por um lado, as alterações introduzidas pelo Decreto Regulamentar n.º 8/99 de 9 de junho, respeitante ao registo de órgãos de comunicação social, se por um lado alargavam o âmbito de aplicação à rádio e imprensa não convencional (publicações eletrónicas), determinavam que o registo era "obrigatório apenas para as empresas jornalísticas e não para qualquer entidade que edite alguma publicação", o que deixa a CPAFJ a braços com o problema de ter de decidir que empresas podem inscrever-se na instituição. Por outro lado, o aumento de inscrições de empresas — logo, de mais beneficiários — ocorreu num momento em que as despesas de Saúde registaram um forte incremento. O aumento do desemprego no setor, traduzido numa diminuição drástica das contribuições para a Segurança Social, em mais subsídios de desemprego e na subida em flecha de alegados trabalhadores independentes — que as mais das vezes não passam de falsos recibos verdes — contribuiu igualmente para degradar a situação. Sobre este excurso histórico, com outra síntese, Luís Brito Correia, *Direito da Comunicação Social*..., cit., pp. 432 ss.

520 Decreto-lei 26/2012, de 6 de fevereiro, extingue por fusão no Instituto da Segurança Social, I. P. (ISS, I. P.), a Caixa de Previdência e Abono de Família dos Jornalistas.

521 Luís Brito Correia, *Direito da Comunicação Social*..., cit., p. 434.

522 Como já antevia Miguel Reis, *O Direito de Autor no jornalismo*, cit., p. 11, "de profissão de todo, com uma caixa de previdência que foi das melhores do país, o jornalismo tende a transformar-se numa profissão de grande debilidade e menor protecção, marcada por uma concorrência cada mais desenfreada".

BIBLIOGRAFIA

ABÍLIO NETO,

— «Natureza e consequências das faltas dadas por um trabalhador, motivadas por condenação em prisão», *Revista de Direito e Estudos Sociais*, 1987, I, pp. 49-55.

ADELINO GOMES / RUI BRITES / MARTA NEVES,

- «*Next journalism* – olhares cruzados sobre a profissão» in: JOSÉ REBELO [Org.], *As novas gerações de jornalistas em Portugal*, Mundos Sociais, Lisboa, 2014, pp. 37-51.

ALBERTO ARONS DE CARVALHO,

— *A liberdade de informação e o Conselho de Imprensa (1975-1985)*, Lisboa, 1986.

ALBERTO DE SÁ E MELLO,

— «Trabalho criativo subordinado – a criação de obras intelectuais em execução de contrato de trabalho» in: *Estudos dedicados ao Professor Doutor Bernardo da Gama Lobo Xavier*, vol. I, Universidade Católica Editora, Lisboa, 2015, pp. 79-110.

— *Manual de Direito de Autor e Direitos Conexos*, 3.ª ed., Almedina, Coimbra, 2019.

ALBERTO VALDÉS ALONSO,

— «La nota de ajenidad en la relación laboral de los autores asalariados» in: *El Empleador en el Derecho del Trabajo – XVI Jornadas Unviersitarias Anadaluzas de Derecho del Trabajo y Relaciones Laborales*, Tecnos, Madrid, 1999, pp. 99-112.

ALBINO MENDES BAPTISTA,

— «Faltas por motivo de prisão», *Questões Laborais*, 11 (1998), pp. 47-64.

— *Jurisprudência do trabalho anotada – relação individual de trabalho*, Quid Iuris, 3.ª ed., 2000.

— «Tempo de trabalho efectivo, tempos de pausa e tempo de "terceiro tipo"», *Revista de Direito e de Estudos Sociais*, 2002, I, pp. 29-53 (= *V Congresso Nacional de Direito do Trabalho – Memórias*, Almedina, Coimbra, 2003, pp. 177-191 e *Jurisprudência do trabalho anotada – relação individual de trabalho*, 3.ª ed., Quid Iuris, Lisboa, 1998, pp. 363-372).

— «Qualificação contratual e presunção de laboralidade», *Revista do Ministério Público*, 97 (2004), pp. 87-102.

Alexandra Marques Sequeira / Victor Hugo Ventura,

— «O impacto da nova redação do artigo 344.º, n.º 2, do Código do Trabalho, no conceito de "desemprego involuntário" para efeitos de atribuição do subsídio de desemprego», *Questões Laborais*, 55 (2019), pp. 169-178.

Alexandre Dias Pereira,

— «Jornalismo e Direito de Autor», *Boletim da Faculdade de Direito*, 75 (1999), pp. 591-597.

Alexandre Manuel,

— «Ser jornalista continua a estar na moda» in: José Rebelo [Org.], *As novas gerações de jornalistas em Portugal*, Mundos Sociais, Lisboa, 2014, pp. 61-71.

Ana Lambelho,

— «O contrato de aprendizagem e o(s) contrato(s) de estágio», *Questões Laborais*, 42 (2014), pp. 321-346.

Aníbal Alves,

— «Informação» in: *Enciclopédia Polis*, III, Verbo, 1983, pp. 543-551.

António Dias Coimbra,

— «"Empresas" de tendência e trabalho dependente», *Revista de Direito e de Estudos Sociais*, 1989, I-II, pp. 197-241.

Antonio M. Cardona Álvarez / Estefanía Jerónimo Sánchez-Beato,

— «Resolución del contrato de trabajo por voluntad del trabajador y cláusula de conciencia del profesional de la información», *Actualidad Laboral*, 42 (2003), pp. 711-736.

António Menezes Cordeiro,

— «Da constitucionalidade das comissões de serviços laborais», *Revista de Direito e de Estudos Sociais*, 1991, I-II, pp. 129-148.

— *Manual de Direito do Trabalho*, Almedina, Coimbra, 1991.

— «A liberdade de expressão do trabalhador» in: *II Congresso Nacional de Direito do Trabalho – Memórias*, Almedina, Coimbra, 1999, pp. 23-43.

— *Direito do trabalho*, I, Almedina, Coimbra, 2018.

António Monteiro Fernandes,

— *Direito do Trabalho*, 19.ª ed., Almedina, Coimbra, 2019.

António Nunes de Carvalho,

— «Responsabilidade civil do empresário e greve», *Revista de Direito e de Estudos Sociais*, 1986, II-III, pp. 367-421.

— «Breves notas sobre alguns aspectos da sistematização do projecto de Código d Trabalho» in: Bernardo da Gama Lobo Xavier / Joana Vasconcelos [Org.], *O Direito do Trabalho nos grandes espaços – entre a codificação e a flexibilidade*, Universidade Católica Editora, Lisboa, 2005, pp. 103-113.

— «Isenção de horário de trabalho – alguns problemas» in: Maria do Rosário Palma Ramalho / Teresa Coelho Moreira [Coord.], *Tempo de trabalho e tempos de não trabalho – o regime nacional do tempo de trabalho à luz do Direito Europeu e Internacional*, APODIT, Lisboa, 2018, pp. 185-229.

Antunes Varela,

— *Lei da liberdade religiosa e lei de imprensa – edição revista e anotada*, Coimbra, 1972.

António Vilar,

— «Tempo de trabalho – quando o trabalhador permanece adstrito à realização da prestação, mas não está a desempenhar a actividade» in: *VIII Congresso Nacional de Direito do Trabalho – Memórias*, Almedina, Coimbra, 2006, pp.133-144.

Augusto Correia,

— «Ajuda pública ao jornalismo é servir a democracia», *Jornalismo & Jornalistas*, 76 (2021), pp. 58-59.

Augusto de Castro,

— «O jornal é a base de todo o convívio humano», *Boletim do Sindicato Nacional dos Jornalistas*, 3 (1941), pp. 27-29.

Beatriz Gonçalves,

— «As cláusulas de não concorrência no contrato de trabalho desportivo» in: Alexandre Miguel Mestre [Coord.], *Compêndio de Direito do Desporto*, Gestlegal, Lisboa, 2020, pp. 287-310.

Carla Baptista,

— «Uma profissão em risco iminente de ser "descontinuada"», *Jornalismo & Jornalistas*, 52 (2012), pp. 15-17.

Carlos Camponez,

— «Novos desafios para velhos temas candentes» in: José Nuno Matos / Carla Baptista / Filipa Subtil [Org.], *A crise do jornalismo em Portugal*, Deriva, 2017, pp. 169-178.

Carlos Blanco de Morais,

— «A Greve como direito fundamental dos trabalhadores: apontamento sobre a sua configuração e limites nas ordens jurídicas portuguesa e brasileira», *Revista de Direito Comercial – Liber Amicorum Professor Doutor Pedro Pais de Vasconcelos*, 04/03/2022, pp. 487-517.

Carolina Blasco Jover,

— «La contratación en el sector de la información: las peculiaridades del cuarto poder» in: Ángel Arias Domínguez / Antonio Vicente Sempere Navarro / Miguel Cardenal Carro [Dir.], *El contrato de trabalho*, II, *Relaciones laborales especiales y contratos con particularidades*, Aranzadi, Thomson Reuters, Madrid, 2011, pp. 1083-1137.

Catarina de Oliveira Carvalho,

— *Da mobilidade dos trabalhadores no âmbito dos grupos de empresas nacionais*, UCP Editora, Porto, 2001.

— «Algumas questões sobre a empresa e o direito do trabalho no novo código do trabalho» in: *A reforma do Código do Trabalho*, Coimbra Editora, Coimbra, 2004, pp. 437-474.

— «Contrato de trabalho e pluralidade de empregadores», *Questões Laborais*, 26 (2005), pp. 209-239.

— «O equívoco jurisprudencial quanto à (in)admissibilidade do contrato de trabalho com pluralidade de empregadores antes da vigência do código do trabalho – comentário ao acórdão do STJ de 18/05/2006», *Questões Laborais*, 30 (2007), pp. 223-244.

— «As perplexidades suscitadas pela regulamentação positiva de uma figura não inovadora: o contrato de trabalho celebrado com pluralidade de empregadores», *Prontuário de Direito do Trabalho*, 87 (2010), pp. 45-83.

— «Reflexões sobre o conceito de tempo de trabalho no direito europeu e respetiva articulação com o direito nacional» in: *Estudos de Direito do Trabalho em Homenagem ao Professor António Monteiro Fernandes*, Parte I, Nova Causa, 2017, pp. 279-313.

Catarina Santos Botelho,

— «Direito fundamental à objeção de consciência na "sociedade de risco" – Abrir a caixa de Pandora?» in: Carla Amado Gomes / Ricardo Pedro / Rute Saraiva / Fernanda Maçãs [Ed.], *Garantia de Direitos e Regulação: Perspectivas de Direito Administrativo*, AAFDL, Lisboa, 2020, pp. 75-104.

Covadonga Fernández Alvarez,

— «El derecho de cláusula de conciencia de los profesionales de la información (a propósito de la Ley Orgánica 2/1997, de 19 de junio)» in: *Trabajo y Libertades Públicas*, La Ley, Madrid, 1999, pp. 371-396.

Cristina Martins da Cruz,

— «Ausências ao trabalho por motivo de prisão e não prestação de trabalho por impossibilidade ou recusa do trabalhador», *Revista do CEJ*, 2018, II, pp. 258-278.

Cristóbal Molina Navarrete,

— *Empresas de comunicación y «cláusula de conciencia» de los periodistas*, Comares, Granada, 2000.

Daniel Capodiferro Cubero,

— «Problemas y contradicciones de la regulación de la cláusula de conciencia periodística», *Revista de Derecho Político*, 94 (2015), pp. 219-252.

Diana Andringa,

— «Imaginário e realidade» in: José Rebelo [Org.], *As novas gerações de jornalistas em Portugal*, Mundos Sociais, Lisboa, 2014, pp. 73-81.

Dinis de Abreu,

— «Da ética e da tecnologia, ou a vertigem das mudanças em tempo digital» in: José Rebelo [Org.], *As novas gerações de jornalistas em Portugal*, Mundos Sociais, Lisboa, 2014, pp. 117-124.

Diogo Coelho / José Miguel Vitorino,

— «Dos direitos fundamentais da vida privada do trabalhador e da sua tendencial limitação nas organizações de tendência», *Questões Laborais*, 49 (2016), pp. 49-76.

Diogo Pereira Duarte,
— «A formação do contrato de trabalho e o período experimental» in: *Estudos do Instituto de Direito do Trabalho*, vol. VIII, Almedina, Coimbra, 2020, pp. 49-90.
Eduardo Maia Costa,
— «Comentário ao acórdão do STJ de 14-5-97», *Revista do Ministério Público*, 70 (1997), pp. 147-157.
Fabrícia de Almeida Henriques,
— «Transmissão do estabelecimento e flexibilização das relações de trabalho», *Revista da Ordem dos Advogados*, 61 (2001), pp. 969-1038.
Fernanda Campos,
— «Contrato de trabalho e presunção de laboralidade» in: Paulo Morgado de Carvalho [Coord.], *Código do Trabalho – a revisão de 2009*, Coimbra Editora, Coimbra, 2011, pp. 75-91.
Fernando Alberto Pimentel,
— «O elogio do jornalista», *Boletim do Sindicato Nacional dos Jornalistas*, 5 (1945), pp. 142-145.
Fernando Correia,
— *Os jornalistas e as notícias – a autonomia jornalística em questão*, 2.ª ed., Editorial Caminho, Lisboa, 1997.
Fernando di Cerbo,
— *I rapporti speciali di lavoro*, CEDAM, Milão, 2000.
Fernando dos Reis Condesso,
— *Direito da Comunicação Social – lições*, Almedina, Coimbra, 2007.
Francisco Javier Calvo Gallego,
— «La cláusula de conciencia de periodistas e informadores», *Relaciones Laborales – Revista crítica de teoría y práctica*, 1995, II, pp. 115-144.
— «Algunas reflexiones sobre la nueva Ley de cláusula de conciencia», *Relaciones Laborales – Revista crítica de teoría y práctica*, 1998, I, pp. 390-424.
— «Sobre el modo de ejercicio de la cláusula de conciencia y otras cuestiones conexas – Comentario a la STC 225/2002, de 9 de diciembre (RTC 2002, 225)», *Aranzadi social*, 2002, IV, pp. 3334-3340.
— «Algunas notas sobre la jurisprudencia constitucional y el derecho a la cláusula de conciencia», *Temas Laborales*, 69 (2003), pp. 85-96.
Francisco Liberal Fernandes,
— «Sobre o conceito de tempo de trabalho no Código do Trabalho», *Questões Laborais*, 27 (2006), pp. 135-137.
— «Notas sobre a flexibilização do tempo de trabalho» in: *Nos 20 anos do Código das Sociedades Comerciais — Homenagem aos Profs. Doutores A. Ferrer Correia, Orlando de Carvalho e Vasco Lobo Xavier*, Vol. II, Coimbra Editora, Coimbra, 2007, pp. 705-740.

— *O tempo de trabalho – comentários aos artigos 197 a 236.º do Código do Trabalho (revisto pela Lei n.º 23/2012, de 25 de Junho)*, Coimbra Editora, Coimbra, 2012.

— «Um breve olhar sobre a Directiva N.º 2003/88/CE, relativa à organização do tempo de trabalho», *Prontuário de Direito do Trabalho*, 93 (2012), pp. 101-121.

— «Tempo de trabalho e tempo de descanso» in: MARIA DO ROSÁRIO PALMA RAMALHO / TERESA COELHO MOREIRA [Coord.], *Tempo de trabalho e tempos de não trabalho*, APODIT, Lisboa, 2018, pp. 11-23.

— «A contratação colectiva fora da zona de conforto: o trabalho autónomo» in: *III Jornadas regionais de Direito do Trabalho – memórias*, DGRQP, Ponta Delgada, 2020, pp. 101-118.

FRANCISCO JOSÉ KARAM,

— *Jornalismo, ética e liberdade*, Summus Editoral, São Paulo, 1997.

GEMA ROSADO IGLESIAS,

— «El estatuto jurídico de los periodistas», *Cuadernos de Derecho Público*, 24 (2005), pp. 29-69.

HELENA ÂNGELO VERÍSSIMO,

— *Os jornalistas nos anos 30/40 – elite do Estado Novo*, Minerva Coimbra, Coimbra, 2003.

HUGO AZNAR,

— «Cláusula de conciencia e información: de la ideología a la ética profesional», *Revista de Estudios Políticos*, 100 (1998), pp. 291-310.

INOCÊNCIO GALVÃO TELLES,

— «Contratos civis – exposição dos motivos», *Revista da Faculdade de Direito da Universidade de Lisboa*, IX (1953), pp. 144-221.

IRENE FERREIRA GOMES,

— «A comissão de serviço à luz do Código do Trabalho» in: ANTÓNIO CÂNDIDO DE OLIVEIRA [Coord.], *Estudos em comemoração do 10.º aniversário da Licenciatura em Direito da Universidade do Minho*, Almedina, Coimbra, 2004, pp. 613-630.

ISABEL NOBRE VARGUES,

— «A afirmação da profissão de jornalista em Portugal: um poder entre poderes?», *Revista de História das Ideias*, 24 (2003), pp. 157-175.

J. APARICIO TOVAR,

— «Relación de trabajo y libertad de pensamiento en las empresas ideológicas» in: *Lecciones de derecho del trabajo en homenaje a los profesores Bayon Chacon y Del Peso y Calvo*, Madrid, 1980, pp. 269-306.

JAIME SEGALÉS FIDALGO,

— «La extinción del contrato de trabajo por invocación de la cláusula de conciência – notas acerca de la STC 225/02», *Revista de Derecho Social*, 20 (2002), pp. 141-159.

Joana Nunes Vicente,

— «Noção de contrato de trabalho e presunção de laboralidade» in: Paulo Morgado de Carvalho [Coord.], *Código do Trabalho – a revisão de 2009*, Coimbra Editora, Coimbra, 2011, pp. 59-73.

— «Cláusulas de definição do local de trabalho», *Questões Laborais*, 42 (2013), pp. 217-239.

João Caupers,

— *Os direitos fundamentais dos trabalhadores e a Constituição*, Almedina, Lisboa, 1985.

João Leal Amado / Margarida Porto,

— «Primeiras notas sobre o regime jurídico dos estágios profissionais», *Revista de Legislação e Jurisprudência*, 3975 (2012), pp. 348-366.

João Leal Amado,

— «Modificação substancial das condições de trabalho: o caso da mobilidade geográfica (ou a submissão do novo Direito do Trabalho ao «imperalismo do contrato»)?», *Questões Laborais*, 32 (2010), pp. 169-181

— «Liberdade de expressão e infracção disciplinar», *Questões Laborais*, 37 (2011), pp. 129-143.

— «Comissão de serviço e segurança no emprego: uma dupla inconciliável», *Revista de Legislação e de Jurisprudência*, 3966 (2011), pp. 170-180.

João Moreira da Silva,

— *Direitos e deveres dos sujeitos da relação individual de trabalho*, Almedina, Coimbra, 1983.

João Pacheco de Amorim,

— *Direitos fundamentais e ordens profissionais – em especial, do direito de inscrição nas ordens*, Almedina, Coimbra, 2016.

João Rato,

— «A acção de reconhecimento da existência de contrato de trabalho – interrogações sobre a intervenção do Ministério Público e outras perplexidades» in: *Para Jorge Leite – Escritos Jurídico-Laborais*, Coimbra Editora, Vol. I, Coimbra, 2014, pp. 779-797.

João Reis,

— «O regime da transmissão da empresa no Código do Trabalho» in: *Nos 20 anos do Código das Sociedades Comerciais — Homenagem aos Profs. Doutores A. Ferrer Correia, Orlando de Carvalho e Vasco Lobo Xavier*, Vol. I, Coimbra Editora, Coimbra, 2007, pp. 305-359.

— *O conflito colectivo de trabalho*, vol. I, Gestlegal, Coimbra, 2017.

João Zenha Martins,

— «Tempo de trabalho e tempo de repouso: qualificação e delimitação de conceitos» in: Maria do Rosário Palma Ramalho / Teresa Coelho Moreira [Coord.], *Tempo de trabalho e tempos de não trabalho*, APODIT, Lisboa, 2018, pp. 25-67 (= *Revista do CEJ*, 2017, II, pp. 209-249)

— «Estágios, formação profissional e trabalho: contratos e retratos», *Revista Electrónica de Direito*, 19 (2019), pp. 98-134.

— «Estágios profissionais, contratos de trabalho e emprego: algumas reflexões», *Minerva - Revista de Estudos Laborais*, 2019, I, pp. 51-91.

Joaquim de Sousa Ribeiro,

— «As fronteiras juslaborais e a (falsa) presunção de laboralidade do artigo 12.º do Código do Trabalho» in: *Direito dos Contratos — Estudos*, Coimbra Editora, Coimbra, 2007, pp. 345-408 (= *Nos 20 anos do Código das Sociedades Comerciais - Homenagem aos Profs. Doutores A. Ferrer Correia, Orlando de Carvalho e Vasco Lobo Xavier*, vol. II, Coimbra Editora, Coimbra, 2007, pp. 931-989).

Joaquín Frígola Vallina / José Francisco Escudero Moratalla,

— *Honor, secreto profesional y cláusulas de conciencia en los medios de comunicación - límites y aspectos jurídicos, civiles y penales*, Ediciones Revista General de Derecho, Valencia, 1998.

Joana Vasconcelos,

— «Contrato de trabalho com pluralidade de empregadores», *Revista de Direito e Estudos Sociais*, 2005, II-III-IV, pp. 283-299

— «Sobre a impugnação pelo empregador da resolução do contrato de trabalho», *Prontuário de direito do trabalho*, 2019, I, p. 161-180.

Jónatas E. M. Machado,

— *Liberdade de expressão - dimensões constitucionais da esfera pública no sistema social*, Coimbra Editora, Coimbra, 2002.

Jorge Leite,

— «Código do Trabalho - algumas questões de (in)constitucionalidade», *Questões Laborais*, 22 (2003) pp. 245-278.

— «Liberdade de expressão, infracção disciplinar e justa causa de despedimento», *Questões Laborais*, 37 (2011), pp. 145-167.

Jorge Miranda,

— «A Constituição laboral ou do trabalho» in: Pedro Romano Martinez [Coord.], *Estudos do Instituto de Direito do Trabalho*, Vol. I, Almedina, Coimbra, 2001, pp. 17-19.

Jorge Miranda / Rui Medeiros,

— *Constituição portuguesa anotada*, 2.ª ed., Tomo I, Coimbra Editora, Coimbra, 2010.

Jorge Pedro Sousa,

— «O desejado: para um perfil do candidato a jornalista pretendido pelos órgãos de comunicação social» in: *Cadernos de estudos mediativos*, Edições Universidade Fernando Pessoa, Porto, 2000, pp. 119-142.

— «Os cartoons como género jornalístico: uma inclusão na imprensa diária portuense» in: *Cadernos de estudos mediativos*, Edições Universidade Fernando Pessoa, Porto, 2000, pp. 237-261.

José Andrade Mesquita,

- *Direito do Trabalho*, 2.ª ed., AAFDL, Lisboa, 2004.

José Castro Caldas / João Ramos de Almeida,
— «A fabricação do consentimento: discurso jornalístico sobre a crise em Portugal» in: José Nuno Matos / Carla Baptista / Filipa Subtil [Org.], *A crise do jornalismo em Portugal*, Deriva, 2017, pp. 27-39.
José João Abrantes,
— «Contrato de trabalho e direitos fundamentais» in: António Moreira [Coord.], *II Congresso nacional de direito do trabalho – memórias*, Almedina, Coimbra, 1999, pp. 105-114.
— «O novo Código do Trabalho e os direitos de personalidade do trabalhador» in: *Estudos sobre o Código do Trabalho*, Coimbra Editora, Coimbra, 2004, pp. 145-167 (= *A reforma do Código do Trabalho*, Coimbra Editora, Coimbra, 2004, pp. 139-160).
— «Cláusulas de mobilidade geográfica do trabalhador – algumas questões» in: Júlio Gomes / Catarina de Oliveira Carvalho [Coord.], *Direito do Trabalho + Crise = Crise do Direito do Trabalho? Actas do Congresso de Direito do Trabalho*, Coimbra Editora, Coimbra, 2011, pp. 29-36.
— «Princípio da proporcionalidade e tutela da personalidade do trabalhador» in: *Estudos dedicados ao Professor Doutor Bernardo da Gama Lobo Xavier*, Universidade Católica Editora, Vol. II, Lisboa, 2015, pp. 319-332.
— «Labour contract and fundamental rights» in: *Estudos sobre o Código do Trabalho*, Coimbra Editora, Coimbra, 2004, pp. 169-187.
— «Sobre os limites da greve», *Revista de Direito Comercial – Liber Amicorum Professor Doutor Pedro Pais de Vasconcelos*, 14/03/2021, pp. 511-536.
José Luís Garcia / José Marmeleira / José Nuno Matos,
— «Incertezas, vulnerabilidades e desdobramento de atividades» in: José Rebelo [Org.], *As novas gerações de jornalistas em Portugal*, Mundos Sociais, Lisboa, 2014, pp. 9-19.
José Luís Garcia / Sara Meireles,
— «O jornalismo sob a ameaça da tecno-mercantilização da informação» in: José Nuno Matos / Carla Baptista / Filipa Subtil [Org.], *A crise do jornalismo em Portugal*, Deriva, 2017, pp. 158-168.
José María Desantes Guanter,
— «La cláusula de conciencia desde la perspectiva profesional» in: *Persona y derecho: Revista de fundamentación de las Instituciones Jurídicas y de Derechos Humanos*, Universidad de Navarra, Volume IV, 1977, pp. 11-128.
José Milhazes,
— *As minhas aventuras no país dos sovietes – a União Soviética tal como eu a vivi*, 7.ª ed., Oficina do Livro, Alfragide, 2022.
José Nuno Matos,
— «Censura vermelha: as empresas de jornais perante a greve da imprensa de 1921», *Ler História*, 73 (2018), pp. 193-215.

José Rebelo,

— «Liberdade de imprensa e comunicação social» in: José Nuno Matos / Carla Baptista / Filipa Subtil [Org.], *A crise do jornalismo em Portugal*, Deriva, 2017, pp. 19-26.

Júlio Gomes,

— *Direito do Trabalho*, vol. I – *relações individuais de trabalho*, Coimbra Editora, Coimbra, 2007.

— «Um direito de alerta cívico do trabalhador subordinado? (ou a proteção laboral do *whistleblower*)», *Revista de Direito e de Estudos Sociais*, 2014, I-IV, pp. 127-160.

— «Algumas observações sobre a Diretiva (UE) 2019/1937 e a Lei n.º 93/2021», *Prontuário de Direito do Trabalho*, 2021, II, pp. 151-193.

Liliana Pacheco,

— «Jornalismo e tecnologia – para onde sopram os ventos de mudança?» in: José Rebelo [Org.], *As novas gerações de jornalistas em Portugal*, Mundos Sociais, Lisboa, 2014, pp. 51-60.

— «O lado sombrio do jornalismo está cada vez mais exposto» in: José Nuno Matos / Carla Baptista / Filipa Subtil [Org.], *A crise do jornalismo em Portugal*, Deriva, 2017, pp. 141-148.

Liliana Pacheco / Helena de Sousa Freitas,

— «Poucas expectativas, algumas desistências e muitas incertezas» in: José Rebelo [Org.], *As novas gerações de jornalistas em Portugal*, Mundos Sociais, Lisboa, 2014, pp. 21-35.

Luís Brito Correia,

— *Direito da Comunicação Social*, vol. I, Almedina, Coimbra, 2000.

— *Direito da Comunicação Social*, vol. II, *Direito de Autor e da Publicidade*, Almedina, Coimbra, 2005.

Luis Escobar de La Serna,

— «El TC y la cláusula de conciencia», *Doxa Comunicación*, 1 (2003), pp. 131-139.

Luís Filipe Simões,

— «Do 5.º Congresso à revisão dos Estatutos: as lutas do SJ», *Jornalismo & Jornalistas*, 75 (2021), pp. 54-55.

Luís Manuel Teles de Menezes Leitão,

— *Direito de Autor*, 3.ª ed., Almedina, Coimbra, 2020.

Luís Miguel Monteiro,

— «Regime jurídico do trabalho em comissão de serviço» in: António Monteiro Fernandes [Coord.], *Estudos de Direito do Trabalho em Homenagem ao Prof. Manuel Alonso Olea*, Almedina, Coimbra, 2004, pp. 507-528.

Manuel Simas Santos,

— «Comentário ao acórdão do STJ de 26-10-1987», *Revista do Ministério Público*, 35/36 (1988), pp. 167-184.

Marc Carrillo,
— «La Ley Orgánica de la cláusula de conciencia de los periodistas: una garantía atenuada del derecho a la información», *Cuadernos de Derecho Público*, 2 (1997), pp. 177-193.
Maria Adozinda Barbosa Pereira,
— «Contrato de trabalho e contrato de prestação de serviços – distinção», *Revista do Ministério Público*, 90 (2002), pp. 179-183.
Maria da Glória Carvalho Rebelo,
— *A responsabilidade civil pela informação transmitida pela televisão*, Lex, Lisboa, 1999.
Maria de Fátima Ribeiro,
— «Breves notas críticas sobre a evolução de alguns aspectos do regime da duração e organização do tempo de trabalho», *Questões Laborais*, 28 (2006), pp. 219-240.
— «O tempo de trabalho e a Lei n.º 21/96» in: Juris *et de Jure – nos 20 Anos da Faculdade de Direito da Universidade Católica Portuguesa – Porto*, Publicações Universidade Católica, Porto, 1998, pp. 987-1029.
Maria do Rosário Palma Ramalho,
— *Grupos empresariais e societários – incidências laborais*, Almedina, Coimbra, 2008.
Maria Irene Gomes,
— «Calcorreando o período experimental ou período de prova» in: *Para Jorge Leite – Escritos Jurídico-Laborais*, vol. I, Coimbra Editora, Coimbra, 2014, pp. 349-365.
Maria Leonor Ruivo,
— «Da comissão de serviço sujeito a termo resolutivo», *Revista Internacional de Direito do Trabalho*, 2022, III, pp. 239-295.
Maria Malta Fernandes,
— *Os limites à subordinação jurídica do trabalhador – em especial, ao dever de obediência*, Quid Iuris, Lisboa, 2008.
María José Nevado Fernández,
— *El ejercicio del derecho al honor (por el trabajador) en el contrato de trabajo*, Tirant lo Blanch, Valencia, 1999.
Maria Lidia Suárez Espino,
— «Algunas reflexiones sobre el estatuto jurídico del periodista en el ordenamento jurídico español», *Cuadernos de Derecho Público*, 36 (2009), pp. 39-67.
Maria Manuel Bastos / Neuza Lopes,
— *Comentário à Lei de Imprensa e ao Estatuto do Jornalista*, Coimbra Editora, Coimbra, 2011.
Maria Victória Rocha,
— «Contributos para a delimitação da "originalidade" como requisito de protecção da obra pelo Direito de Autor» in: *Estudos em Homenagem ao Prof. Doutor António Castanheira Neves*, vol. II, Coimbra Editora, Coimbra, 2008, pp. 733-792.

MICHELE CARO,

— «Rassegna della giurisprudenza sul rapporto di lavoro giornalistico di fatto», *Rivista Italiana del Lavoro*, 1998, pp. 3-21.

MIGUEL C. RODRÍGUEZ-PIÑERO ROYO / FRANCISCO JAVIER CALVO GALLEGO,

— «Las relaciones laborales en los medios de comunicación» in: *Trabajo subordinado y trabajo autónmo en la delimitación de fronteras del derecho del trabajo – estudios en homenage al profesor José Cabrera Bazán*, Tecnos, Madrid, 1999, pp. 236-273.

MIGUEL LOPES CARDOSO,

— «A duração e organização do tempo de trabalho – evolução de 2003 para 2009», *Revista de Ciências Empresariais e Jurídicas*, 15 (2009), pp. 285-310.

MILENA ROUXINOL,

— *A vinculação autoral do trabalhador jornalista*, Coimbra Editora, Coimbra, 2015.

— «O problema da discriminação em razão da aparência física – breve contributo», *Prontuário de Direito de Trabalho*, 2019, I, pp. 301-313.

— «Algumas questões novas sobre a discriminação de género: o problema da identidade de género e o problema da diferenciação em função da aparência física» in: *Constitucionalismos e (con)temporaneidade – Estudos em Homenagem ao Professor Doutor Manuel Afonso Vaz*, Universidade Católica Editora, Porto, 2020, pp. 545-573.

NELSON TRAQUINA,

— *A tribo jornalística – uma comunidade transnacional*, Editorial Notícias, 2004.

NUNO DE SALTER CID,

— «Contrato de trabalho, contrato de prestação de serviço e utilização indevida deste: problemas e soluções», *Revista de Direito e de Estudos Sociais*, 2017, I-IV, pp. 171-202.

NUNO E SOUSA,

— *A liberdade de imprensa*, Coimbra, 1984.

OTÍLIA DA CONCEIÇÃO LEITÃO CARVALHO,

— *A proteção do jornalista – a (re)equação da liberdade de consciência e independência, direitos e deveres num novo espaço público*, Dissertação de Doutoramento em Ciências da Comunicação, ISCTE, 2020.

PATRÍCIA AKESTER,

— *Código do Direito de Autor e Direitos Conexos*, 2.ª ed., Almedina, Coimbra, 2019.

PAULA MEIRA LOURENÇO,

— «Os deveres de informação no contrato de trabalho», *Revista de Direito e de Estudos Sociais*, 2003, I-II, pp. 29-157.

PAULA PONCES CAMANHO,

— «Acção de reconhecimento da existência de contrato de trabalho. Breves reflexões (e algumas perplexidades)» in: *Estudos dedicados ao Professor Doutor Bernardo da Gama Lobo Xavier*, Vol. III, Universidade Católica Editora, Lisboa, 2015, pp. 65-78.

PAULA ROSADO PEREIRA,
— «Incidência do IRS sobre as compensações pela cessação do contrato de trabalho – problemas e soluções», *Revista Internacional de Direito do Trabalho*, 2021, I, pp. 1169-1201.
PAULO MOTA PINTO,
— «Nota sobre o "imperativo da tolerância" e seus limites» in: *Direitos de personalidade e direitos fundamentais – estudos*, Gestlegal, Coimbra, 2018, pp. 185-222.
PAULO SOUSA PINHEIRO,
— «O whistleblowing em Portugal: algumas questões disciplinares no âmbito do direito do trabalho», *Minerva: Revista de Estudos Laborais*, 2020, III, pp. 95-109.
PEDRO DINIZ DE SOUSA / VANDA FERREIRA,
— «As pressões extraeditoriais sobre os jovens jornalistas portugueses – atitudes, representações e fatores associados» in: JOSÉ REBELO [Org.], *As novas gerações de jornalistas em Portugal*, Mundos Sociais, Lisboa, 2014, pp. 83-116.
PEDRO FERREIRA DE SOUSA / FÁBIO NAVE MOREIRA,
— «O tempo de disponibilidade do trabalhador — perspetiva laboral, fiscal e contributiva», *Prontuário de Direito do Trabalho*, 2018, II, pp. 195-216.
PEDRO FILIPE MBANDANGO,
— «Convicções religiosas — relevância na relação jurídico-laboral», *Revista da Faculdade de Direito – Universidade Agostinho Neto*, 13 (2013), pp. 89-124.
PEDRO MADEIRA DE BRITO,
— «Local de trabalho» in: *Estudos do Instituto de Direito do Trabalho*, vol. I, Almedina, Coimbra, 2001, pp. 355-385.
PEDRO MOTA PINHO,
— *A prisão do trabalhador e as suas consequências no contrato de trabalho*, Nova Causa, Braga, 2019.
— «A responsabilidade civil nas greves ilícitas», *Revista da Ordem dos Advogados*, 2020, I-II, pp. 307-332.
PEDRO ORTIS BETTENCOURT,
— «Trabalho de estrangeiros» in: ANTÓNIO MOREIRA [Coord.], *VI Congresso Nacional de Direito do Trabalho – Memórias*, Almedina, Coimbra, 2004, pp. 31-37.
PEDRO ROMANO MARTINEZ / PEDRO MADEIRA DE BRITO,
— «O novo regime da transmissão da unidade económica introduzido pela Lei n.º 14/2018, de 19 de março», *Revista de Direito e de Estudos Sociais*, 2018, I-IV, pp. 7-86.
PEDRO ROMANO MARTINEZ,
— «Trabalho subordinado e trabalho autónomo» in: PEDRO ROMANO MARTINEZ [Coord.], *Estudos do Instituto de Direito do Trabalho*, Vol. I, Almedina, Coimbra, 2001, pp. 271-294.
— *Direito do Trabalho*, 6.ª ed., Almedina, Coimbra, 2013.

RAQUEL TAVARES REIS,

— «As organizações de tendência e o contrato de trabalho do trabalhador de tendência», *Direito e Justiça*, 2004, I, pp. 237-312.

RICARDO NASCIMENTO,

— *Da cessação do contrato de trabalho – em especial por iniciativa do trabalhador*, Coimbra Editora, Coimbra, 2007.

RITA GARCIA PEREIRA,

— «A nova acção especial para reconhecimento de contrato de trabalho (Lei n.º 63/2013) – uma caixa de Pandora?» in: *Estudos dedicados ao Professor Doutor Bernardo da Gama Lobo Xavier*, Vol. III, Universidade Católica Editora, Lisboa, 2015, pp. 341-371.

RODRIGO SERRA LOURENÇO,

— «Aprender a denunciar na era da técnica – o whistleblowing e o impacto da sua consagração legal para as organizações e relações de trabalho», *Revista do CEJ*, 2019, II, pp. 181-189.

SANDRA MONTEIRO,

— «Informar para emancipar» in: JOSÉ NUNO MATOS / CARLA BAPTISTA / FILIPA SUBTIL [Org.], *A crise do jornalismo em Portugal*, Deriva, 2017, pp. 179-187.

SOFIA BRANCO,

— «Um ano depois do 4.º Congresso», *Jornalismo & Jornalistas*, 66 (2018), pp. 14-19.

— «Federação Europeia de Jornalistas aprova três moções apresentadas por Portugal», *Jornalismo & Jornalistas*, 67 (2018), p. 54.

SUSANA SOUSA MACHADO,

— «Reflexões iniciais sobre liberdade religiosa e contrato de trabalho – reconhecimento da conflitualidade e perspectivação de um dever de adequação», *Questões Laborais*, 39 (2012), pp. 79-126.

TATIANA GUERRA DE ALMEIDA,

— «Período experimental – breves notas para o estudo comparativo dos regimes jurídicos português e espanhol» in: *Estudos de Direito do Trabalho em Homenagem ao Professor Manuel Alonso Olea*, Almedina, Coimbra, 2004, pp. 589-611.

TERESA COELHO MOREIRA,

— «O respeito pela esfera privada do trabalhador: natureza jurídica das faltas cometidas por motivo de prisão baseada em crimes praticados fora do trabalho», *Questões Laborais*, 18 (2001), pp. 155-189.

TERESA TEIXEIRA MOTTA,

— «Breves notas sobre a tributação em IRS das importâncias auferidas pela cessação da relação laboral» in: *Estudos dedicados ao Professor Doutor Bernardo da Gama Lobo Xavier*, Universidade Católica Editora, vol. III, Lisboa, 2015, pp. 567-596.

Tomás de La Quadra-Salcedo y Fernandez Del Castillo,
— «La cláusula de conciencia: un godot constitucional», *Revista Española de Derecho Constitucional*, 22 (1988), pp. 53-88.
— «La cláusula de conciencia: un godot constitucional (II)», *Revista Española de Derecho Constitucional*, 23 (1988), pp. 45-70.
Vasco Gama Lobo Xavier / Rita Lobo Xavier,
— «Substituição de empresa fornecedora de refeições – art. 37.º da LCT (Abril de 1992)», *Revista de Direito e de Estudos Sociais*, 1995, IV, pp. 384-407.
Victor Hugo Ventura,
— *O Estatuto dos Profissionais da Área da Cultura – regime novo ou* mise-en-scène*?*, Almedina, Coimbra, 2022.
— *O regime do contrato de trabalho do praticante desportivo*, AAFDL Editora, Lisboa, 2020.
— «A fase de informações e negociação do despedimento coletivo na ausência de estruturas representativas dos trabalhadores», *Questões Laborais*, 50 (2017), pp. 65-81.
Viriato Reis,
— «A ação de reconhecimento da existência de contrato de trabalho – controvérsias na sua aplicação», *Revista do CEJ*, 2015, I, pp. 211-243.
Vítor Palmela Fidalgo,
— «A greve» in: *Estudos do Instituto de Direito do Trabalho*, vol. VIII, Almedina, Coimbra, 2020, pp. 353-385.

JURISPRUDÊNCIA

Ac. de 23/02/1984 do TRC (Eduardo de Barros Lopes), CJ, 1984, I, pp. 94-95.
Ac. de 14/12/1988 do TRL (Roberto Valente), CJ, 1988, V, pp. 168-169.
Ac. de 10/11/1989 do STJ (Salviano de Sousa), BMJ, 391 (1990), pp. 384-389.
Ac. de 14/02/1990 do TRL (Silva Pereira), proc. nr. 0052334 (sumário).
Ac. de 25/02/1993 do STJ (Chichorro Rodrigues), CJ (STJ), 1993, I, pp. 260-262.
Ac. de 17/05/1993 do TRP (Leitão Santos), CJ, 1993, III, pp. 268-269.
Ac. de 14/07/1993 do TC (Antero Alves Monteiro Dinis), BMJ, 429 (1993), pp. 251-268.
Ac. de 17/05/1995 do TRL (Dinis Roldão), CJ, 1995, III, pp. 183-186.
Ac. de 19/02/1997 do TRL (Dinis Roldão), CJ, 1997, I, pp. 183-186.
Ac. de 22/10/1997 do TRL (Andrade Borges), CJ, 1997, IV, pp. 176-178.
Ac. de 02/12/1998 do STJ (Victor Devesa), CJ (STJ), 1998, III, pp. 285-287.
Ac. de 27/10/1999 do TRL (Pereira Rodrigues), CJ, 1999, IV, pp. 179-181.
Ac. de 10/07/2000 do TRP (Sousa Peixoto), AJ, 43 (2001), pp. 32-35 / proc. nr. 0040547 (sumário).
Ac. de 09/10/2000 do TRP (Machado Da Silva), CJ, 2000, IV, pp. 246-249.
Ac. de 13/12/2000 do TRL (Manuela Gomes), proc. nr. 0036114.
Ac. de 19/02/2001 do TRP (Sousa Peixoto), CJ, 2001, I, pp. 251-254 / proc. nr. 0041519.
Ac. de 10/05/2001 do TRC (Bordalo Lema), CJ, 2001, III, pp. 62-63.
Ac. de 03/10/2001 do TRL (Sarmento Botelho), proc. nr. 0026944 (sumário).
Ac. de 20/06/2001 do STJ (Almeida Deveza), proc. nr. 01S1060.
Ac. de 18/12/2001 do STJ (Mário Torres), proc. nr. 02S1583
Ac. de 20/05/2002 do TRP (Sousa Peixoto), proc. nr. 0041519
Ac. de 29/05/2002 do STJ (Mário Torres), proc. nr. 01S3441.
Ac. de 25/09/2002 do STJ (Mário Torres), proc. nr. 02S1197.
Ac. de 09/10/2002 do STJ (Azambuja Fonseca), proc. nr. 02S1905.
Ac. de 12/11/2002 do TRL (Ferreira Marques), proc. nr. 0063044 (sumário).

Ac. de 13/11/2002 do TRL (Maria João Romba), CJ, 2002, V, pp. 153-154.
Ac. de 12/03/2003 do TRL (Maria João Romba), proc. nr. 0085934 (sumário).
Ac. de 07/10/2003 do STJ (Ferreira Neto), proc. nr. 03S2048.
Ac. de 16/06/2004 do STJ (Vítor Mesquita), proc. nr. 03S837
Ac. de 21/04/2004 do TRL (Duro Mateus Cardoso), proc. nr. 8493/2003-4.
Ac. de 17/11/2004 do TRL (Guilherme Pires), proc. nr. 4039/2004-4 (sumário).
Ac. de 18/05/2005 do TRL (Sarmento Botelho), proc. nr. 1601/2005-4.
Ac. de 07/04/2005 do STJ (Mário Pereira), AcD, 528 (2005), pp. 2052-2067.
Ac. de 29/06/2005 do STJ (Paiva Gonçalves), CJ (STJ), 2005, II, pp. 276-278.
Ac. de 27/04/2006 do TRP (Fernandes Isidoro), CJ, 2006, II, pp. 219-221.
Ac. de 24/10/2007 do STJ (Sousa Grandão), proc. nr. 07S2623
Ac. de 21/11/2007 do TRL (Isabel Tapadinhas), proc. nr. 7008/2007-4.
Ac. de 08/10/2008 do STJ (Sousa Peixoto), proc. nr. 08S1328.
Ac. de 21/01/2009 do STJ (Mário Pereira), proc. nr. 08S2270.
Ac. de 05/02/2009 do STJ (Pinto Hespanhol), proc. nr. 08S2584.
Ac. de 07/07/2010 do STJ (Barreto Nunes), proc. nr. 4865/07.7TVLSB.L1.S1.
Ac. de 14/07/2010 do STJ (Vasques Dinis), proc. nr. 08S3846.
Ac. de 10/06/2011 do TCAS (Cristina dos Santos), proc. nr. 07876/11.
Ac. de 15/09/2011 do TCAS (Rui Pereira), proc. nr. 07923/11
Ac. de 08/05/2012 do TRE (João Luís Nunes), proc. nr. 1025/10.3TTSTB.E1.
Ac. de 26/06/2013 do TRL (Alcina da Costa Ribeiro), proc. nr. 4916/12.3TTLSB.L1-4.
Ac. de 09/09/2013 do TRP (João Diogo Rodrigues), proc. nr. 234/09.2TTVNG.P1.
Ac. de 21/09/2015 do TRP (Rui Penha), proc. nr. 993/13.8TTMTS.P1.
Ac. de 01/08/2018 do TRP (Fernanda Soares), proc. nr. 6724/17.6T8VNG.P1
Ac. de 12/07/2018 do TRE (Paula do Paço), proc. nr. 1149/17.6T8PTG.E1.
Ac. de 22/02/2021 do TRP (António Luís Carvalhão), proc. nr. 4757/20.0T8VNG.P1

ESTATUTO DO JORNALISTA
LEI N.º 1/99, DE 1 DE JANEIRO

CAPÍTULO I
DOS JORNALISTAS

ARTIGO 1.º
Definição de jornalista

1. São considerados jornalistas aqueles que, como ocupação principal, permanente e remunerada, exercem com capacidade editorial funções de pesquisa, recolha, selecção e tratamento de factos, notícias ou opiniões, através de texto, imagem ou som, destinados a divulgação, com fins informativos, pela imprensa, por agência noticiosa, pela rádio, pela televisão ou por qualquer outro meio electrónico de difusão.
2. Não constitui actividade jornalística o exercício de funções referidas no número anterior quando desempenhadas ao serviço de publicações que visem predominantemente promover actividades, produtos, serviços ou entidades de natureza comercial ou industrial.
3. São ainda considerados jornalistas os cidadãos que, independentemente do exercício efectivo da profissão, tenham desempenhado a actividade jornalística em regime de ocupação principal, permanente e remunerada durante 10 anos seguidos ou 15 interpolados, desde que solicitem e mantenham actualizado o respectivo título profissional.

ARTIGO 2.º
Capacidade

Podem ser jornalistas os cidadãos maiores de 18 anos no pleno gozo dos seus direitos civis.

ARTIGO 3.º
Incompatibilidades

1. O exercício da profissão de jornalista é incompatível com o desempenho de:
   a) Funções de angariação, concepção ou apresentação, através de texto, voz ou imagem, de mensagens publicitárias;
   b) Funções de marketing, relações públicas, assessoria de imprensa e consultoria em comunicação ou imagem, bem como de planificação, orientação e execução de estratégias comerciais;
   c) Funções em serviços de informação e segurança ou em qualquer organismo ou corporação policial;
   d) Serviço militar;
   e) Funções enquanto titulares de órgãos de soberania ou de outros cargos políticos, tal como identificados nas alíneas a), b), c), e) e g) do n.º 2 do artigo 1.º da Lei n.º 64/93, de 26 de Agosto, alterada pelas Leis n.os 39-B/94, de 27 de Dezembro, 28/95, de 18 de Agosto, 42/96, de 31 de Agosto, e 12/98, de 24 de Fevereiro, e enquanto deputados nas Assembleias Legislativas das Regiões Autónomas, bem como funções de assessoria, política ou técnica, a tais cargos associadas;
   f) Funções executivas, em regime de permanência, a tempo inteiro ou a meio tempo, em órgão autárquico.

2. É igualmente considerada actividade publicitária incompatível com o exercício do jornalismo a participação em iniciativas que visem divulgar produtos, serviços ou entidades através da notoriedade pessoal ou institucional do jornalista, quando aquelas não sejam determinadas por critérios exclusivamente editoriais.

3. Não é incompatível com o exercício da profissão de jornalista o desempenho voluntário de acções não remuneradas de:
   a) Promoção de actividades de interesse público ou de solidariedade social;
   b) Promoção da actividade informativa do órgão de comunicação social para que trabalhe ou colabore.

4. O jornalista abrangido por qualquer das incompatibilidades previstas nos n.os 1 e 2 fica impedido de exercer a respectiva actividade, devendo, antes de iniciar a actividade em causa, depositar junto da Comissão da Carteira Profissional de Jornalista o seu título de habilitação, o qual será devolvido, a requerimento do interessado, quando cessar a situação que determinou a incompatibilidade.

5. No caso de apresentação das mensagens referidas na alínea a) do n.º 1 do presente artigo ou de participação nas iniciativas enunciadas no n.º 2, a incompatibilidade vigora por um período mínimo de três meses sobre a data da última divulgação e só se considera cessada com a exibição de prova de que está extinta a relação contratual de cedência de imagem, voz ou nome do jornalista à entidade promotora ou beneficiária da publicitação.
6. Findo o período das incompatibilidades referidas nas alíneas a) e b) do n.º 1, o jornalista fica impedido, por um período de seis meses, de exercer a sua actividade em áreas editoriais relacionadas com a função que desempenhou, como tais reconhecidas pelo conselho de redacção do órgão de comunicação social para que trabalhe ou colabore.

ARTIGO 4.º
Título profissional

1. É condição do exercício da profissão de jornalista a habilitação com o respectivo título, o qual é emitido e renovado pela Comissão da Carteira Profissional de Jornalista, nos termos da lei.
2. Nenhuma empresa com actividade no domínio da comunicação social pode admitir ou manter ao seu serviço, como jornalista profissional, indivíduo que não se mostre habilitado, nos termos do número anterior, salvo se tiver requerido o título de habilitação e se encontrar a aguardar decisão.

ARTIGO 5.º
Acesso à profissão

1. A profissão de jornalista inicia-se com um estágio obrigatório, a concluir com aproveitamento, com a duração de 12 meses, em caso de licenciatura na área da comunicação social ou de habilitação com curso equivalente, ou de 18 meses nos restantes casos.
2. O regime do estágio, incluindo o acompanhamento do estagiário e a respectiva avaliação, será regulado por portaria conjunta dos membros do Governo responsáveis pelas áreas do emprego e da comunicação social.
3. Nos primeiros 15 dias a contar do início ou reinício do estágio, o responsável pela informação do órgão de comunicação social comunica ao

conselho de redacção e à Comissão da Carteira Profissional de Jornalista a admissão do estagiário e o nome do respectivo orientador.

4. Para o cálculo da antiguidade profissional dos jornalistas é contado o tempo do estágio.

CAPÍTULO II
DIREITOS E DEVERES

ARTIGO 6.º
Direitos

Constituem direitos fundamentais dos jornalistas:

a) A liberdade de expressão e de criação;
b) A liberdade de acesso às fontes de informação;
c) A garantia de sigilo profissional;
d) A garantia de independência;
e) A participação na orientação do respectivo órgão de informação.

ARTIGO 7.º
Liberdade de expressão e criação

A liberdade de expressão e criação dos jornalistas não está sujeita a impedimentos ou discriminações nem subordinada a qualquer tipo ou forma de censura.

ARTIGO 7.º-A
Liberdade de criação e direito de autor

1. Consideram-se obras, protegidas nos termos previstos no Código do Direito de Autor e dos Direitos Conexos e na presente lei, as criações intelectuais dos jornalistas por qualquer modo exteriorizadas, designadamente os artigos, entrevistas ou reportagens que não se limitem à divulgação de notícias do dia ou ao relato de acontecimentos diversos com o carácter de simples informações e que traduzam a sua capacidade individual de composição e expressão.
2. Os jornalistas têm o direito de assinar, ou de fazer identificar com o respectivo nome profissional, registado na Comissão da Carteira Profissional

de Jornalista, as obras da sua autoria ou em que tenham tido participação, bem como o direito de reivindicar a qualquer tempo a sua paternidade, designadamente para efeitos do reconhecimento do respectivo direito de autor.

3. Os jornalistas têm o direito de se opor a toda e qualquer modificação que desvirtue as suas obras ou que possa afectar o seu bom nome ou reputação.
4. Os jornalistas não podem opor-se a modificações formais introduzidas nas suas obras por jornalistas que desempenhem funções como seus superiores hierárquicos na mesma estrutura de redacção, desde que ditadas por necessidades de dimensionamento ou correcção linguística, sendo-lhes lícito, no entanto, recusar a associação do seu nome a uma peça jornalística em cuja redacção final se não reconheçam ou que não mereça a sua concordância.
5. A transmissão ou oneração antecipada do conteúdo patrimonial do direito de autor sobre obras futuras por colaboradores eventuais ou independentes só pode abranger as que o autor vier a produzir no prazo máximo de cinco anos.

ARTIGO 7.º-B
Direito de autor dos jornalistas assalariados

1. Salvo o disposto no n.º 3, os jornalistas que exerçam a sua actividade em execução de um contrato de trabalho têm direito a uma remuneração autónoma pela utilização das suas obras protegidas pelo direito de autor.
2. Fora dos casos previstos no número seguinte, as autorizações para qualquer comunicação ao público das criações intelectuais dos jornalistas assalariados, ou a transmissão, total ou parcial, dos respectivos direitos patrimoniais de autor, são estabelecidas através de disposições contratuais específicas, segundo a forma exigida por lei, contendo obrigatoriamente as faculdades abrangidas e as condições de tempo, de lugar e de preço aplicáveis à sua utilização.
3. Considera-se incluído no objecto do contrato de trabalho o direito de utilização de obra protegida pelo direito de autor, para fins informativos e pelo período de 30 dias contados da sua primeira disponibilização ao público, em cada um dos órgãos de comunicação social, e respectivos sítios electrónicos, detidos pela empresa ou grupo económico a que os jornalistas se encontrem contratualmente vinculados.

4. Presumem-se autorizadas pelo autor, na pendência da formalização de novo acordo com o empregador e durante um período máximo de três meses, as utilizações de obras produzidas na vigência de um contrato de trabalho que envolvam modos de exploração inexistentes ou indetermináveis à data da celebração dos acordos de utilização antecedentes.
5. O n.º 2 do artigo 174.º do Código do Direito de Autor e dos Direitos Conexos é aplicável, com as necessárias adaptações, aos restantes meios de comunicação ao público de obras jornalísticas.

ARTIGO 7.º-C
Comissão de arbitragem

1. Na ausência de acordo quanto às condições de utilização das obras protegidas e aos montantes devidos, qualquer dos interessados pode solicitar a intervenção de uma comissão de arbitragem, a constituir por iniciativa e junto da Comissão da Carteira Profissional de Jornalista.
2. A comissão é composta por dois licenciados em Direito escolhidos por cada uma das partes e por um jurista com reconhecida experiência na área do direito de autor, sorteado de entre lista elaborada pela Comissão da Carteira Profissional de Jornalista, que preside.
3. A comissão funciona de acordo com regulamento aprovado pela Comissão da Carteira Profissional de Jornalista nos seis meses seguintes à data da entrada em vigor da presente lei, sendo as suas decisões passíveis de recurso, com efeito meramente devolutivo, para o tribunal da Relação.
4. O regulamento a que se refere o número anterior garante os princípios da igualdade, da audição das partes e do contraditório e inclui, designadamente, as regras a seguir em matéria de notificações, prova e prazos para a prática de actos processuais, incluindo a decisão final, sendo supletivamente integrado pelo disposto na lei da arbitragem voluntária.
5. Sem prejuízo da verificação da existência e apreciação dos termos das autorizações concedidas pelos respectivos autores, a comissão tem em conta, na fixação das remunerações devidas pela utilização de obras protegidas, os encargos suportados pelas empresas para a produção das obras em questão, os valores praticados para utilizações congéneres nos diversos países da União Europeia, bem como a situação económica e financeira das empresas titulares dos órgãos de comunicação social em que têm lugar.

ARTIGO 8.º
Direito de acesso a fontes oficiais de informação

1. O direito de acesso às fontes de informação é assegurado aos jornalistas:
   a) Pelos órgãos da Administração Pública enumerados no n.º 2 do artigo 2.º do Código do Procedimento Administrativo;
   b) Pelas empresas de capitais total ou maioritariamente públicos, pelas empresas controladas pelo Estado, pelas empresas concessionárias de serviço público ou do uso privativo ou exploração do domínio público e ainda por quaisquer entidades privadas que exerçam poderes públicos ou prossigam interesses públicos, quando o acesso pretendido respeite a actividades reguladas pelo direito administrativo.
2. O interesse dos jornalistas no acesso às fontes de informação é sempre considerado legítimo para efeitos do exercício do direito regulado nos artigos 61.º a 63.º do Código do Procedimento Administrativo.
3. O direito de acesso às fontes de informação não abrange os processos em segredo de justiça, os documentos classificados ou protegidos ao abrigo de legislação específica, os dados pessoais que não sejam públicos dos documentos nominativos relativos a terceiros, os documentos que revelem segredo comercial, industrial ou relativo à propriedade literária, artística ou científica, bem como os documentos que sirvam de suporte a actos preparatórios de decisões legislativas ou de instrumentos de natureza contratual.
4. A recusa do acesso às fontes de informação por parte de algum dos órgãos ou entidades referidos no n.º 1 deve ser fundamentada nos termos do artigo 125.º do Código do Procedimento Administrativo e contra ela podem ser utilizados os meios administrativos ou contenciosos que no caso couberem.
5. As reclamações apresentadas por jornalistas à Comissão de Acesso aos Documentos Administrativos contra decisões administrativas que recusem acesso a documentos públicos ao abrigo da Lei n.º 65/93, de 26 de Agosto, gozam de regime de urgência.

ARTIGO 9.º
Direito de acesso a locais públicos

1. Os jornalistas têm o direito de acesso a locais abertos ao público desde que para fins de cobertura informativa.

2. O disposto no número anterior é extensivo aos locais que, embora não acessíveis ao público, sejam abertos à generalidade da comunicação social.
3. Nos espectáculos ou outros eventos com entradas pagas em que o afluxo previsível de espectadores justifique a imposição de condicionamentos de acesso poderão ser estabelecidos sistemas de credenciação de jornalistas por órgão de comunicação social.
4. O regime estabelecido nos números anteriores é assegurado em condições de igualdade por quem controle o referido acesso.

ARTIGO 10.º
Exercício do direito de acesso

1. Os jornalistas não podem ser impedidos de entrar ou permanecer nos locais referidos no artigo anterior quando a sua presença for exigida pelo exercício da respectiva actividade profissional, sem outras limitações além das decorrentes da lei.
2. Para a efectivação do exercício do direito previsto no número anterior, os órgãos de comunicação social têm direito a utilizar os meios técnicos e humanos necessários ao desempenho da sua actividade.
3. Nos espectáculos com entradas pagas, em que os locais destinados à comunicação social sejam insuficientes, será dada prioridade aos órgãos de comunicação de âmbito nacional e aos de âmbito local do concelho onde se realiza o evento.
4. Em caso de desacordo entre os organizadores do espectáculo e os órgãos de comunicação social, na efectivação dos direitos previstos nos números anteriores, qualquer dos interessados pode requerer a intervenção da Entidade Reguladora para a Comunicação Social, tendo a deliberação deste órgão natureza vinculativa e incorrendo em crime de desobediência quem não a acatar.
5. Os jornalistas têm direito a um regime especial que permita a circulação e estacionamento de viaturas utilizadas no exercício das respectivas funções, nos termos a estabelecer por portaria conjunta dos membros do Governo responsáveis pelas áreas da administração interna e da comunicação social.

ARTIGO 11.º
Sigilo profissional

1. Sem prejuízo do disposto na lei processual penal, os jornalistas não são obrigados a revelar as suas fontes de informação, não sendo o seu silêncio passível de qualquer sanção, directa ou indirecta.
2. As autoridades judiciárias perante as quais os jornalistas sejam chamados a depor devem informá-los previamente, sob pena de nulidade, sobre o conteúdo e a extensão do direito à não revelação das fontes de informação.
3. No caso de ser ordenada a revelação das fontes nos termos da lei processual penal, o tribunal deve especificar o âmbito dos factos sobre os quais o jornalista está obrigado a prestar depoimento.
4. Quando houver lugar à revelação das fontes de informação nos termos da lei processual penal, o juiz pode decidir, por despacho, oficiosamente ou a requerimento do jornalista, restringir a livre assistência do público ou que a prestação de depoimento decorra com exclusão de publicidade, ficando os intervenientes no acto obrigados ao dever de segredo sobre os factos relatados.
5. Os directores de informação dos órgãos de comunicação social e os administradores ou gerentes das respectivas entidades proprietárias, bem como qualquer pessoa que nelas exerça funções, não podem, salvo mediante autorização escrita dos jornalistas envolvidos, divulgar as respectivas fontes de informação, incluindo os arquivos jornalísticos de texto, som ou imagem das empresas ou quaisquer documentos susceptíveis de as revelar.
6. A busca em órgãos de comunicação social só pode ser ordenada ou autorizada pelo juiz, o qual preside pessoalmente à diligência, avisando previamente o presidente da organização sindical dos jornalistas com maior representatividade para que o mesmo, ou um seu delegado, possa estar presente, sob reserva de confidencialidade.
7. O material utilizado pelos jornalistas no exercício da sua profissão só pode ser apreendido no decurso das buscas em órgãos de comunicação social previstas no número anterior ou efectuadas nas mesmas condições noutros lugares mediante mandado de juiz, nos casos em que seja legalmente admissível a quebra do sigilo profissional.
8. O material obtido em qualquer das acções previstas nos números anteriores que permita a identificação de uma fonte de informação é selado e remetido ao tribunal competente para ordenar a quebra do sigilo, que apenas pode autorizar a sua utilização como prova quando a quebra tenha efectivamente sido ordenada.

ARTIGO 12.º
Independência dos jornalistas e cláusula de consciência

1. Os jornalistas não podem ser constrangidos a exprimir ou subscrever opiniões nem a abster-se de o fazer, ou a desempenhar tarefas profissionais contrárias à sua consciência, nem podem ser alvo de medida disciplinar em virtude de tais factos.
2. Os jornalistas podem recusar quaisquer ordens ou instruções de serviço com incidência em matéria editorial emanadas de pessoa que não exerça cargo de direcção ou chefia na área da informação.
3. Os jornalistas têm o direito de se opor à publicação ou divulgação dos seus trabalhos, ainda que não protegidos pelo direito de autor, em órgão de comunicação social diverso daquele em cuja redacção exercem funções, mesmo que detido pela empresa ou grupo económico a que se encontrem contratualmente vinculados, desde que invoquem, de forma fundamentada, desacordo com a respectiva orientação editorial.
4. Em caso de alteração profunda na linha de orientação ou na natureza do órgão de comunicação social, confirmada pela Entidade Reguladora para a Comunicação Social a requerimento do jornalista, apresentado no prazo de 60 dias sobre a data da verificação dos elementos constitutivos da modificação, este pode fazer cessar a relação de trabalho com justa causa, tendo direito a uma indemnização correspondente a um mês e meio de retribuição base e diuturnidades por cada ano completo de serviço e nunca inferior a três meses de retribuição base e diuturnidades.
5. O direito à rescisão do contrato de trabalho nos termos previstos no número anterior deve ser exercido, sob pena de caducidade, nos 30 dias subsequentes à notificação da deliberação da Entidade Reguladora para a Comunicação Social, que deve ser tomada no prazo de 30 dias após a solicitação do jornalista.
6. Os conflitos emergentes do disposto nos n.os 1 a 3 são dirimidos pela Entidade Reguladora para a Comunicação Social mediante participação, instruída com parecer fundamentado sobre a situação que lhes deu origem, do conselho de redacção, dos jornalistas ou equiparados directamente afectados ou das organizações sindicais dos jornalistas.

ARTIGO 13.º
Direito de participação

1. Os jornalistas têm direito a participar na orientação editorial do órgão de comunicação social para que trabalhem, salvo quando tiverem natureza doutrinária ou confessional, bem como a pronunciar-se sobre todos os aspectos que digam respeito à sua actividade profissional, não podendo ser objecto de sanções disciplinares pelo exercício desses direitos.
2. Nos órgãos de comunicação social com cinco ou mais jornalistas, estes elegem um conselho de redacção, por escrutínio secreto e segundo regulamento por si aprovado.
3. As competências do conselho de redacção são exercidas pelo conjunto dos jornalistas existentes no órgão de comunicação social, quando em número inferior a cinco.
4. Compete ao conselho de redacção:
   a) Cooperar com a direcção no exercício das funções de orientação editorial que a esta incumbem;
   b) Pronunciar-se sobre a designação ou demissão, pela entidade proprietária, do director, bem como do subdirector e do director-adjunto, caso existam, responsáveis pela informação do respectivo órgão de comunicação social;
   c) Dar parecer sobre a elaboração e as alterações ao estatuto editorial;
   d) Participar na elaboração dos códigos de conduta que venham a ser adoptados pelos órgãos de comunicação social e pronunciar-se sobre a sua redacção final;
   e) Pronunciar-se sobre a conformidade de escritos ou imagens publicitárias com a orientação editorial do órgão de comunicação social;
   f) Pronunciar-se sobre a invocação pelos jornalistas dos direitos previstos nos n.os 1 a 3 do artigo 12.º;
   g) Pronunciar-se, através de pareceres ou recomendações, sobre questões deontológicas ou outras relativas à actividade da redacção;
   h) Pronunciar-se acerca da responsabilidade disciplinar dos jornalistas profissionais, nomeadamente na apreciação de justa causa de despedimento, no prazo de cinco dias a contar da data em que o processo lhe seja entregue.

ARTIGO 14.º
Deveres

1. Constitui dever fundamental dos jornalistas exercer a respectiva actividade com respeito pela ética profissional, competindo-lhes, designadamente:
   a) Informar com rigor e isenção, rejeitando o sensacionalismo e demarcando claramente os factos da opinião;
   b) Repudiar a censura ou outras formas ilegítimas de limitação da liberdade de expressão e do direito de informar, bem como divulgar as condutas atentatórias do exercício destes direitos;
   c) Recusar funções ou tarefas susceptíveis de comprometer a sua independência e integridade profissional;
   d) Respeitar a orientação e os objectivos definidos no estatuto editorial do órgão de comunicação social para que trabalhem;
   e) Procurar a diversificação das suas fontes de informação e ouvir as partes com interesses atendíveis nos casos de que se ocupem;
   f) Identificar, como regra, as suas fontes de informação, e atribuir as opiniões recolhidas aos respectivos autores.
2. São ainda deveres dos jornalistas:
   a) Proteger a confidencialidade das fontes de informação na medida do exigível em cada situação, tendo em conta o disposto no artigo 11.º, excepto se os tentarem usar para obter benefícios ilegítimos ou para veicular informações falsas;
   b) Proceder à rectificação das incorrecções ou imprecisões que lhes sejam imputáveis;
   c) Abster-se de formular acusações sem provas e respeitar a presunção de inocência;
   d) Abster-se de recolher declarações ou imagens que atinjam a dignidade das pessoas através da exploração da sua vulnerabilidade psicológica, emocional ou física;
   e) Não tratar discriminatoriamente as pessoas, designadamente em razão da ascendência, sexo, raça, língua, território de origem, religião, convicções políticas ou ideológicas, instrução, situação económica, condição social ou orientação sexual;
   f) Não recolher imagens e sons com o recurso a meios não autorizados a não ser que se verifique um estado de necessidade para a segurança das pessoas envolvidas e o interesse público o justifique;

g) Não identificar, directa ou indirectamente, as vítimas de crimes contra a liberdade e autodeterminação sexual, contra a honra ou contra a reserva da vida privada até à audiência de julgamento, e para além dela, se o ofendido for menor de 16 anos, bem como os menores que tiverem sido objecto de medidas tutelares sancionatórias;
h) Preservar, salvo razões de incontestável interesse público, a reserva da intimidade, bem como respeitar a privacidade de acordo com a natureza do caso e a condição das pessoas;
i) Identificar-se, salvo razões de manifesto interesse público, como jornalista e não encenar ou falsificar situações com o intuito de abusar da boa fé do público;
j) Não utilizar ou apresentar como sua qualquer criação ou prestação alheia;
k) Abster-se de participar no tratamento ou apresentação de materiais lúdicos, designadamente concursos ou passatempos, e de televotos.

3. Sem prejuízo da responsabilidade criminal ou civil que ao caso couber nos termos gerais, a violação da componente deontológica dos deveres referidos no número anterior apenas pode dar lugar ao regime de responsabilidade disciplinar previsto na presente lei.

CAPÍTULO III
DOS DIRECTORES DE INFORMAÇÃO, CORRESPONDENTES E COLABORADORES

ARTIGO 15.º
Directores de informação

1. Para efeitos de garantia de acesso à informação, de sujeição às normas éticas da profissão e ao regime de incompatibilidades, são equiparados a jornalistas os indivíduos que, não preenchendo os requisitos fixados no artigo 1.º, exerçam, contudo, de forma efectiva e permanente, as funções de direcção do sector informativo de órgão de comunicação social.
2. Os directores equiparados a jornalistas estão obrigados a possuir um cartão de identificação próprio, emitido nos termos previstos no Regulamento da Carteira Profissional de Jornalista.

3. Nenhuma empresa com actividade no domínio da comunicação social pode manter ao seu serviço, como director do sector informativo, indivíduo que não se mostre identificado nos termos do número anterior.

ARTIGO 16.º
Correspondentes locais e colaboradores

Os correspondentes locais, bem como os colaboradores especializados e os colaboradores da área informativa de órgãos de comunicação social nacionais, regionais ou locais, que exerçam regularmente actividade jornalística sem que esta constitua a sua ocupação principal, permanente e remunerada, estão vinculados aos deveres éticos dos jornalistas e têm direito a um documento de identificação, emitido pela Comissão da Carteira Profissional de Jornalista, para fins de acesso à informação.

ARTIGO 17.º
Correspondentes estrangeiros

1. É condição do exercício de funções de correspondente de órgão de comunicação social estrangeiro em Portugal a habilitação com cartão de identificação, emitido ou reconhecido pela Comissão da Carteira Profissional de Jornalista, que titule a sua actividade e garanta o seu acesso às fontes de informação.
2. Os correspondentes estrangeiros ficam sujeitos às normas éticas da profissão de jornalista e ao respectivo regime de incompatibilidades.

ARTIGO 18.º
Colaboradores nas comunidades portuguesas

Aos cidadãos que exerçam uma actividade jornalística em órgãos de comunicação social destinados às comunidades portuguesas no estrangeiro e aí sedeados é atribuído um título identificativo, a emitir nos termos definidos em portaria conjunta dos membros do Governo responsáveis pelas áreas das comunidades e da comunicação social.

CAPÍTULO III-A
COMISSÃO DA CARTEIRA PROFISSIONAL DE JORNALISTA

ARTIGO 18.º-A
Natureza e composição

1. A Comissão da Carteira Profissional de Jornalista é um organismo independente de direito público, ao qual incumbe assegurar o funcionamento do sistema de acreditação profissional dos profissionais de informação da comunicação social, bem como o cumprimento dos deveres fundamentais que sobre eles impendem nos termos da presente lei.
2. A Comissão da Carteira Profissional de Jornalista é composta por oito elementos com um mínimo de 10 anos de exercício da profissão de jornalista e detentores de carteira profissional ou título equiparado válido, designados igualitariamente pelos jornalistas profissionais e pelos operadores do sector, e por um jurista de reconhecido mérito e experiência na área da comunicação social, cooptado por aqueles por maioria absoluta, que preside.
3. Compete à Comissão da Carteira Profissional de Jornalista atribuir, renovar, suspender ou cassar, nos termos da lei, os títulos de acreditação dos profissionais de informação da comunicação social, bem como, através de secção de cujas decisões cabe recurso para o plenário, apreciar, julgar e sancionar a violação dos deveres enunciados no n.º 2 do artigo 14.º
4. Os membros da Comissão da Carteira Profissional de Jornalista são independentes no exercício das suas funções.
5. A organização e o funcionamento da Comissão da Carteira Profissional de Jornalista são definidos por decreto-lei.
6. As decisões da Comissão da Carteira Profissional de Jornalista são recorríveis, nos termos gerais, para os tribunais administrativos.

ARTIGO 18.º-B
Legitimidade processual

A Comissão da Carteira Profissional de Jornalista tem legitimidade para propor e intervir em processos principais e cautelares destinados à defesa de valores e bens jurídicos cuja protecção lhe seja cometida nos termos da presente lei.

CAPÍTULO IV
FORMAS DE RESPONSABILIDADE

ARTIGO 19.º
Atentado à liberdade de informação

1. Quem, com o intuito de atentar contra a liberdade de informação, apreender ou danificar quaisquer materiais necessários ao exercício da actividade jornalística pelos possuidores dos títulos previstos na presente lei ou impedir a entrada ou permanência em locais públicos para fins de cobertura informativa nos termos do artigo 9.º e dos n.os 1, 2 e 3 do artigo 10.º, é punido com prisão até 1 ano ou com multa até 120 dias.
2. Se o infractor for agente ou funcionário do Estado ou de pessoa colectiva pública e agir nessa qualidade, é punido com prisão até 2 anos ou com multa até 240 dias, se pena mais grave lhe não couber nos termos da lei penal.

ARTIGO 20.º
Contra-ordenações

1. Constitui contra-ordenação, punível com coima:
   a) De (euro) 200 a (euro) 5000, a infracção ao disposto no artigo 3.º;
   b) De (euro) 1000 a (euro) 7500:
      i. A infracção ao disposto no n.º 1 do artigo 4.º, no n.º 2 do artigo 15.º e no n.º 1 do artigo 17.º;
      ii. A inobservância do disposto no n.º 3 do artigo 5.º;
   c) De (euro) 2500 a (euro) 15 000:
      i. A infracção ao disposto no n.º 2 do artigo 4.º, no n.º 2 do artigo 7.º-A, no n.º 2 do artigo 7.º-B e no n.º 3 do artigo 15.º;
      ii. A violação dos limites impostos pelo n.º 4 do artigo 7.º-A e pelos n.os 3 e 4 do artigo 7.º-B;
      iii. A violação do disposto nos n.os 1 a 3 do artigo 12.º
2. A infracção ao disposto no artigo 3.º pode ser objecto da sanção acessória de interdição do exercício da profissão por um período máximo de 12 meses, tendo em conta a sua gravidade e a culpa do agente.
3. A negligência é punível, sendo reduzidos a metade os limites mínimos e máximos previstos no n.º 1.
4. É punível a tentativa de comissão das infracções ao disposto nos n.os 1 e 2 do artigo 12.º

5. A instrução dos processos de contra-ordenação e a aplicação de coimas por infracção aos artigos 3.º, 4.º, 5.º, 7.º-A, 7.º-B, 15.º e 17.º é da competência da Comissão da Carteira Profissional de Jornalista.
6. A instrução dos processos das contra-ordenações e a aplicação das coimas por infracção aos artigos 8.º e 12.º é da competência da Entidade Reguladora para a Comunicação Social.
7. O produto das coimas por infracção aos artigos 3.º, 4.º, 5.º, 7.º-A, 7.º-B, 15.º e 17.º reverte em 60 % para o Estado e em 40 % para a Comissão da Carteira Profissional de Jornalista.
8. O produto das restantes coimas reverte integralmente para o Estado.

ARTIGO 21.º
Sanções disciplinares profissionais

1. Constituem infracções profissionais as violações dos deveres enunciados no n.º 2 do artigo 14.º.
2. As infracções disciplinares profissionais são punidas com as seguintes penas, tendo em conta a gravidade da infracção, a culpa e os antecedentes disciplinares do agente:
   a) Advertência registada;
   b) Repreensão escrita;
   c) Suspensão do exercício da actividade profissional até 12 meses.
3. Para determinar o grau de culpa do agente, designadamente quando tenha agido no cumprimento de um dever de obediência hierárquica, a Comissão da Carteira Profissional de Jornalista pode requerer os elementos que entenda necessários ao conselho de redacção do órgão de comunicação social em que tenha sido cometida a infracção.
4. A pena de suspensão do exercício da actividade só pode ser aplicada quando o agente, nos três anos precedentes, tenha sido sancionado pelo menos duas vezes com a pena de repreensão escrita, ou uma vez com idêntica pena de suspensão.
5. O procedimento disciplinar é conduzido pela Comissão da Carteira Profissional de Jornalista e pode ser desencadeado por sua iniciativa, mediante participação de pessoa que tenha sido directamente afectada pela infracção disciplinar, ou do conselho de redacção do órgão de comunicação social em que esta foi cometida, quando esgotadas internamente as suas competências na matéria.

6. O procedimento assegurará o direito de defesa dos acusados, nos termos do regulamento disciplinar aprovado, após consulta pública aos jornalistas, pela Comissão de Carteira Profissional do Jornalista, e publicado na 2.ª série do Diário da República.
7. As decisões da Comissão da Carteira Profissional de Jornalista em matéria disciplinar são publicadas no respectivo sítio electrónico.
8. Esgotado o prazo de impugnação contenciosa, ou transitado em julgado o processo respectivo, a parte decisória da condenação é tornada pública, no prazo de sete dias e em condições que assegurem a sua adequada percepção, pelo órgão de comunicação social em que foi cometida a infracção.

ARTIGO 22.º
Sanção pecuniária

Sem prejuízo da responsabilidade civil ou criminal que ao caso couber, a utilização abusiva do direito de autor implica, para a entidade infractora, o pagamento de uma quantia ao autor, a título de sanção pecuniária, correspondente ao dobro dos montantes de que tiver beneficiado com a infracção.

LEI DA IMPRENSA
LEI N.º 2/99, DE 13 DE JANEIRO

CAPÍTULO I
LIBERDADE DE IMPRENSA

ARTIGO 1.º
Garantia de liberdade de imprensa

1. É garantida a liberdade de imprensa, nos termos da Constituição e da lei.
2. A liberdade de imprensa abrange o direito de informar, de se informar e de ser informado, sem impedimentos nem discriminações.
3. O exercício destes direitos não pode ser impedido ou limitado por qualquer tipo ou forma de censura.

ARTIGO 2.º
Conteúdo

1. A liberdade de imprensa implica:
   a) O reconhecimento dos direitos e liberdades fundamentais dos jornalistas, nomeadamente os referidos no artigo 22.º da presente lei;
   b) O direito de fundação de jornais e quaisquer outras publicações, independentemente de autorização administrativa, caução ou habilitação prévias;
   c) O direito de livre impressão e circulação de publicações, sem que alguém a isso se possa opor por quaisquer meios não previstos na lei.
2. O direito dos cidadãos a serem informados é garantido, nomeadamente, através:
   a) De medidas que impeçam níveis de concentração lesivos do pluralismo da informação;

b) Da publicação do estatuto editorial das publicações informativas;
c) Do reconhecimento dos direitos de resposta e de rectificação;
d) Da identificação e veracidade da publicidade;
e) Do acesso à Alta Autoridade para a Comunicação Social, para salvaguarda da isenção e do rigor informativos;
f) Do respeito pelas normas deontológicas no exercício da actividade jornalística.

ARTIGO 3.º
Limites

A liberdade de imprensa tem como únicos limites os que decorrem da Constituição e da lei, de forma a salvaguardar o rigor e a objectividade da informação, a garantir os direitos ao bom nome, à reserva da intimidade da vida privada, à imagem e à palavra dos cidadãos e a defender o interesse público e a ordem democrática.

ARTIGO 4.º
Interesse público da imprensa

1. Tendo em vista assegurar a possibilidade de expressão e confronto das diversas correntes de opinião, o Estado organizará um sistema de incentivos não discriminatórios de apoio à imprensa, baseado em critérios gerais e objectivos, a determinar em lei específica.
2. (Revogado.)
3. É aplicável às empresas jornalísticas ou noticiosas o regime geral de defesa e promoção da concorrência, nomeadamente no que diz respeito às práticas proibidas, em especial o abuso de posição dominante, e à concentração de empresas.
4. As decisões da Autoridade da Concorrência relativas a operações de concentração de empresas em que participem entidades referidas no número anterior estão sujeitas a parecer prévio da Entidade Reguladora para a Comunicação Social, o qual deverá ser negativo quando estiver comprovadamente em causa a livre expressão e confronto das diversas correntes de opinião, sendo neste caso vinculativo para a Autoridade da Concorrência.

CAPÍTULO II
LIBERDADE DE EMPRESA

ARTIGO 5.º
Liberdade de empresa

1. É livre a constituição de empresas jornalísticas, editoriais ou noticiosas, observados os requisitos da presente lei.
2. O Estado assegura a existência de um registo prévio, obrigatório e de acesso público das:
- **a)** Publicações periódicas portuguesas;
- **b)** Empresas jornalísticas nacionais, com indicação dos detentores do respectivo capital social;
- **c)** Empresas noticiosas nacionais.

3. Os registos referidos no número anterior estão sujeitos às condições a definir em decreto regulamentar.

ARTIGO 6.º
Propriedade das publicações

As publicações sujeitas ao disposto na presente lei podem ser propriedade de qualquer pessoa singular ou colectiva.

ARTIGO 7.º
Classificação das empresas proprietárias de publicações

As empresas proprietárias de publicações são jornalísticas ou editoriais, consoante tenham como actividade principal a edição de publicações periódicas ou de publicações não periódicas.

ARTIGO 8.º
Empresas noticiosas

1. São empresas noticiosas as que têm por objecto principal a recolha e distribuição de notícias, comentários ou imagens.
2. As empresas noticiosas estão sujeitas ao regime jurídico das empresas jornalísticas.

CAPÍTULO III
DA IMPRENSA EM ESPECIAL

SECÇÃO I
Definição e classificação

ARTIGO 9.º
Definição

1. Integram o conceito de imprensa, para efeitos da presente lei, todas as reproduções impressas de textos ou imagens disponíveis ao público, quaisquer que sejam os processos de impressão e reprodução e o modo de distribuição utilizado.
2. Excluem-se boletins de empresa, relatórios, estatísticas, listagens, catálogos, mapas, desdobráveis publicitários, cartazes, folhas volantes, programas, anúncios, avisos, impressos oficiais e os correntemente utilizados nas relações sociais e comerciais.

ARTIGO 10.º
Classificação

As reproduções impressas referidas no artigo anterior, designadas por publicações, classificam-se como:

a) Periódicas e não periódicas;
b) Portuguesas e estrangeiras;
c) Doutrinárias e informativas, e estas em publicações de informação geral e especializada;
d) De âmbito nacional, regional e destinadas às comunidades portuguesas no estrangeiro.

ARTIGO 11.º
Publicações periódicas e não periódicas

1. São periódicas as publicações editadas em série contínua, sem limite definido de duração, sob o mesmo título e abrangendo períodos determinados de tempo.
2. São não periódicas as publicações editadas de uma só vez, em volumes ou fascículos, com conteúdo normalmente homogéneo.

ARTIGO 12.º
Publicações portuguesas e estrangeiras

1. São publicações portuguesas as editadas em qualquer parte do território português, independentemente da língua em que forem redigidas, sob marca e responsabilidade de editor português ou com nacionalidade de qualquer Estado membro da União Europeia, desde que tenha sede ou qualquer forma de representação permanente em território nacional.
2. São publicações estrangeiras as editadas noutros países ou em Portugal sob marca e responsabilidade de empresa ou organismo oficial estrangeiro que não preencha os requisitos previstos no número anterior.
3. As publicações estrangeiras difundidas em Portugal ficam sujeitas aos preceitos da presente lei, à excepção daqueles que, pela sua natureza, lhes não sejam aplicáveis.

ARTIGO 13.º
Publicações doutrinárias e informativas

1. São publicações doutrinárias aquelas que, pelo conteúdo ou perspectiva de abordagem, visem predominantemente divulgar qualquer ideologia ou credo religioso.
2. São informativas as que visem predominantemente a difusão de informações ou notícias.
3. São publicações de informação geral as que tenham por objecto predominante a divulgação de notícias ou informações de carácter não especializado.
4. São publicações de informação especializada as que se ocupem predominantemente de uma matéria, designadamente científica, literária, artística ou desportiva.

ARTIGO 14.º
Publicações de âmbito nacional, regional e destinadas às comunidades portuguesas

1. São publicações de âmbito nacional as que, tratando predominantemente temas de interesse nacional ou internacional, se destinem a ser postas à venda na generalidade do território nacional.

2. São publicações de âmbito regional as que, pelo seu conteúdo e distribuição, se destinem predominantemente às comunidades regionais e locais.
3. São publicações destinadas às comunidades portuguesas no estrangeiro as que, sendo portuguesas nos termos do artigo 12.º, se ocupem predominantemente de assuntos a elas respeitantes.

SECÇÃO II
Requisitos das publicações, estatuto editorial e depósito legal

ARTIGO 15.º
Requisitos

1. As publicações periódicas devem conter, na primeira página de cada edição, o título, a data, o período de tempo a que respeitam, o nome do director e o preço por unidade ou a menção da sua gratuitidade.
2. As publicações periódicas devem conter ainda, em página predominantemente preenchida com materiais informativos, o número de registo do título, o nome, a firma ou a denominação social do proprietário, o número de registo de pessoa coletiva, os nomes dos membros do conselho de administração ou de cargos similares e dos detentores de 5 /prct. ou mais do capital da empresa, o nome do diretor, dos diretores-adjuntos e subdiretores, o domicílio ou a sede do editor, impressor e da redação, a tiragem, bem como o estatuto editorial ou a remissão para uma página na internet onde o mesmo esteja disponível.
3. As publicações não periódicas devem conter a menção do autor, do editor, do número de exemplares da respectiva edição, do domicílio ou sede do impressor, bem como da data de impressão.

ARTIGO 16.º
Transparência da propriedade

(Revogado.)

ARTIGO 17.º
Estatuto editorial

1. As publicações periódicas informativas devem adoptar um estatuto editorial que defina claramente a sua orientação e os seus objectivos

e inclua o compromisso de assegurar o respeito pelos princípios deontológicos e pela ética profissional dos jornalistas, assim como pela boa fé dos leitores.

2. O estatuto editorial é elaborado pelo director e, após parecer do conselho de redacção, submetido à ratificação da entidade proprietária, devendo ser inserido na primeira página do primeiro número da publicação e remetido, nos 10 dias subsequentes, à Alta Autoridade para a Comunicação Social.
3. Sem prejuízo do disposto no número anterior, o estatuto editorial é publicado, em cada ano civil, conjuntamente com o relatório e contas da entidade proprietária.
4. As alterações introduzidas no estatuto editorial estão sujeitas a parecer prévio do conselho de redacção, devendo ser reproduzidas no primeiro número subsequente à sua ratificação pela entidade proprietária e enviadas, no prazo de 10 dias, à Alta Autoridade para a Comunicação Social.

ARTIGO 18.º
Depósito legal

1. O regime de depósito legal constará de decreto regulamentar, no qual se especificarão as entidades às quais devem ser enviados exemplares das publicações, o número daqueles e o prazo de remessa.
2. Independentemente do disposto no número anterior, será remetido ao Instituto da Comunicação Social um exemplar de cada edição de todas as publicações que beneficiem do sistema de incentivos do Estado à imprensa.

CAPÍTULO IV
ORGANIZAÇÃO DAS EMPRESAS JORNALÍSTICAS

ARTIGO 19.º
Director das publicações periódicas

1. As publicações periódicas devem ter um director.
2. A designação e a demissão do director são da competência da entidade proprietária da publicação, ouvido o conselho de redacção.

3. O conselho de redacção emite parecer fundamentado, a comunicar à entidade proprietária no prazo de cinco dias a contar da recepção do respectivo pedido de emissão.
4. A prévia audição do conselho de redacção é dispensada na nomeação do primeiro director da publicação e nas publicações doutrinárias.

ARTIGO 20.º
Estatuto do director

1. Ao director compete:
   a) Orientar, superintender e determinar o conteúdo da publicação;
   b) Elaborar o estatuto editorial, nos termos do n.º 2 do artigo 17.º;
   c) Designar os jornalistas com funções de chefia e coordenação;
   d) Presidir ao conselho de redacção;
   e) Representar o periódico perante quaisquer autoridades em tudo quanto diga respeito a matérias da sua competência e às funções inerentes ao seu cargo.
2. O director tem direito a:
   a) Ser ouvido pela entidade proprietária em tudo o que disser respeito à gestão dos recursos humanos na área jornalística, assim como à oneração ou alienação dos imóveis onde funcionem serviços da redacção que dirige;
   b) Ser informado sobre a situação económica e financeira da entidade proprietária e sobre a sua estratégia em termos editoriais.

ARTIGO 21.º
Directores-adjuntos e subdirectores

1. Nas publicações com mais de cinco jornalistas o director pode ser coadjuvado por um ou mais directores-adjuntos ou subdirectores, que o substituem nas suas ausências ou impedimentos.
2. Aos directores-adjuntos e subdirectores é aplicável o preceituado no artigo 19.º, com as necessárias adaptações.

ARTIGO 22.º
Direitos dos jornalistas

Constituem direitos fundamentais dos jornalistas, com o conteúdo e a extensão definidos na Constituição e no Estatuto do Jornalista:

a) A liberdade de expressão e de criação;
b) A liberdade de acesso às fontes de informação, incluindo o direito de acesso a locais públicos e respectiva protecção;
c) O direito ao sigilo profissional;
d) A garantia de independência e da cláusula de consciência;
e) O direito de participação na orientação do respectivo órgão de informação.

ARTIGO 23.º
Conselho de redacção e direito de participação dos jornalistas

1. Nas publicações periódicas com mais de cinco jornalistas, estes elegem um conselho de redacção, por escrutínio secreto e segundo regulamento por eles aprovado.
2. Compete ao conselho de redacção:
a) Pronunciar-se, nos termos dos artigos 19.º e 21.º, sobre a designação ou demissão, pela entidade proprietária, do director, do director-adjunto ou do subdirector da publicação;
b) Dar parecer sobre a elaboração e as alterações ao estatuto editorial, nos termos dos n.os 2 e 4 do artigo 17.º;
c) Pronunciar-se, a solicitação do director, sobre a conformidade de escritos ou imagens publicitários com a orientação editorial da publicação;
d) Cooperar com a direcção no exercício das competências previstas nas alíneas a), b) e e) do n.º 1 do artigo 20.º;
e) Pronunciar-se sobre todos os sectores da vida e da orgânica da publicação que se relacionem com o exercício da actividade dos jornalistas, em conformidade com o respectivo estatuto e código deontológico;
f) Pronunciar-se acerca da admissão e da responsabilidade disciplinar dos jornalistas profissionais, nomeadamente na apreciação de justa causa de despedimento, no prazo de cinco dias a contar da data em que o processo lhe seja entregue.

CAPÍTULO V
DO DIREITO À INFORMAÇÃO

SECÇÃO I
Direitos de resposta e de rectificação

ARTIGO 24.º
Pressupostos dos direitos de resposta e de rectificação

1. Tem direito de resposta nas publicações periódicas qualquer pessoa singular ou colectiva, organização, serviço ou organismo público, bem como o titular de qualquer órgão ou responsável por estabelecimento público, que tiver sido objecto de referências, ainda que indirectas, que possam afectar a sua reputação e boa fama.
2. As entidades referidas no número anterior têm direito de rectificação nas publicações periódicas sempre que tenham sido feitas referências de facto inverídicas ou erróneas que lhes digam respeito.
3. O direito de resposta e o de rectificação podem ser exercidos tanto relativamente a textos como a imagens.
4. O direito de resposta e o de rectificação ficam prejudicados se, com a concordância do interessado, o periódico tiver corrigido ou esclarecido o texto ou imagem em causa ou lhe tiver facultado outro meio de expor a sua posição.
5. O direito de resposta e o de rectificação são independentes do procedimento criminal pelo facto da publicação, bem como do direito à indemnização pelos danos por ela causados.

ARTIGO 25.º
Exercício dos direitos de resposta e de rectificação

1. O direito de resposta e o de rectificação devem ser exercidos pelo próprio titular, pelo seu representante legal ou pelos herdeiros, no período de 30 dias, se se tratar de diário ou semanário, e de 60 dias, no caso de publicação com menor frequência, a contar da inserção do escrito ou imagem.
2. Os prazos do número anterior suspendem-se quando, por motivo de força maior, as pessoas nele referidas estiverem impedidas de fazer valer o direito cujo exercício estiver em causa.

3. O texto da resposta ou da rectificação, se for caso disso, acompanhado de imagem, deve ser entregue, com assinatura e identificação do autor, e através de procedimento que comprove a sua recepção, ao director da publicação em causa, invocando expressamente o direito de resposta ou o de rectificação ou as competentes disposições legais.
4. O conteúdo da resposta ou da rectificação é limitado pela relação directa e útil com o escrito ou imagem respondidos, não podendo a sua extensão exceder 300 palavras ou a da parte do escrito que a provocou, se for superior, descontando a identificação, a assinatura e as fórmulas de estilo, nem conter expressões desproporcionadamente desprimorosas ou que envolvam responsabilidade criminal, a qual, neste caso, bem como a eventual responsabilidade civil, só ao autor da resposta ou da rectificação podem ser exigidas.

ARTIGO 26.º
Publicação da resposta ou da rectificação

1. Se a resposta exceder os limites previstos no n.º 4 do artigo anterior, a parte restante é publicada, por remissão expressa, em local conveniente à paginação do periódico e mediante pagamento equivalente ao da publicidade comercial redigida, constante das tabelas do periódico, o qual será feito antecipadamente ou assegurado pelo envio da importância consignada bastante.
2. A resposta ou a rectificação devem ser publicadas:
   a) Dentro de dois dias a contar da recepção, se a publicação for diária;
   b) No primeiro número impresso após o segundo dia posterior à recepção, tratando-se de publicação semanal;
   c) No primeiro número distribuído após o 7.º dia posterior à recepção, no caso das demais publicações periódicas.
3. A publicação é gratuita e feita na mesma secção, com o mesmo relevo e apresentação do escrito ou imagem que tiver provocado a resposta ou rectificação, de uma só vez, sem interpolações nem interrupções, devendo ser precedida da indicação de que se trata de direito de resposta ou rectificação.
4. Quando a resposta se refira a texto ou imagem publicados na primeira página, ocupando menos de metade da sua superfície, pode ser inserida numa página ímpar interior, observados os demais requisitos do número antecedente, desde que se verifique a inserção na primeira página, no local da publicação do texto ou imagem que motivaram a resposta,

de uma nota de chamada, com a devida saliência, anunciando a publicação da resposta e o seu autor, bem como a respectiva página.

5. A rectificação que se refira a texto ou imagem publicados na primeira página pode, em qualquer caso, cumpridos os restantes requisitos do n.º 3, ser inserida em página ímpar interior.
6. No mesmo número em que for publicada a resposta ou a rectificação só é permitido à direcção do periódico fazer inserir uma breve anotação à mesma, da sua autoria, com o estrito fim de apontar qualquer inexactidão ou erro de facto contidos na resposta ou na rectificação, a qual pode originar nova resposta ou rectificação, nos termos dos n.os 1 e 2 do artigo 24.º
7. Quando a resposta ou a rectificação forem intempestivas, provierem de pessoa sem legitimidade, carecerem manifestamente de todo e qualquer fundamento ou contrariarem o disposto no n.º 4 do artigo anterior, o director do periódico, ou quem o substitua, ouvido o conselho de redacção, pode recusar a sua publicação, informando o interessado, por escrito, acerca da recusa e do seu fundamento, nos 3 ou 10 dias seguintes à recepção da resposta ou da rectificação, tratando-se respectivamente de publicações diárias ou semanais ou de periodicidade superior.
8. No caso de, por sentença com trânsito em julgado, vir a provar-se a falsidade do conteúdo da resposta ou da rectificação e a veracidade do escrito que lhes deu origem, o autor da resposta ou da rectificação pagará o espaço com ela ocupado pelo preço igual ao triplo da tabela de publicidade do periódico em causa, independentemente da responsabilidade civil que ao caso couber.

ARTIGO 27.º
Efectivação coerciva do direito de resposta e de rectificação

1. No caso de o direito de resposta ou de rectificação não ter sido satisfeito ou haver sido infundadamente recusado, pode o interessado, no prazo de 10 dias, recorrer ao tribunal judicial do seu domicílio para que ordene a publicação, e para a Alta Autoridade para a Comunicação Social nos termos da legislação especificamente aplicável.
2. Requerida a notificação judicial do director do periódico que não tenha dado satisfação ao direito de resposta ou de rectificação, é o mesmo imediatamente notificado por via postal para contestar no prazo de dois dias, após o que será proferida em igual prazo a decisão, da qual há recurso com efeito meramente devolutivo.

3. Só é admitida prova documental, sendo todos os documentos juntos com o requerimento inicial e com a contestação.
4. No caso de procedência do pedido, o periódico em causa publica a resposta ou rectificação nos prazos do n.º 2 do artigo 26.º, acompanhada da menção de que a publicação é efectuada por efeito de decisão judicial ou por deliberação da Alta Autoridade para a Comunicação Social.

SECÇÃO II
Publicidade

ARTIGO 28.º
Publicidade

1. A difusão de materiais publicitários através da imprensa fica sujeita ao disposto na presente lei e demais legislação aplicável.
2. Toda a publicidade redigida ou a publicidade gráfica, que como tal não seja imediatamente identificável, deve ser identificada através da palavra 'Publicidade' ou das letras 'PUB', em caixa alta, no início do anúncio, contendo ainda, quando tal não for evidente, o nome do anunciante.
3. Considera-se publicidade redigida e publicidade gráfica todo o texto ou imagem cuja inserção tenha sido paga, ainda que sem cumprimento da tabela de publicidade do respectivo periódico.

CAPÍTULO VI
FORMAS DE RESPONSABILIDADE

ARTIGO 29.º
Responsabilidade civil

1. Na determinação das formas de efectivação da responsabilidade civil emergente de factos cometidos por meio da imprensa observam-se os princípios gerais.
2. No caso de escrito ou imagem inseridos numa publicação periódica com conhecimento e sem oposição do director ou seu substituto legal, as empresas jornalísticas são solidariamente responsáveis com o autor pelos danos que tiverem causado.

ARTIGO 30.º
Crimes cometidos através da imprensa

1. A publicação de textos ou imagens através da imprensa que ofenda bens jurídicos penalmente protegidos é punida nos termos gerais, sem prejuízo do disposto na presente lei, sendo a sua apreciação da competência dos tribunais judiciais.
2. Sempre que a lei não cominar agravação diversa, em razão do meio de comissão, os crimes cometidos através da imprensa são punidos com as penas previstas na respectiva norma incriminatória, elevadas de um terço nos seus limites mínimo e máximo.

ARTIGO 31.º
Autoria e comparticipação

1. Sem prejuízo do disposto na lei penal, a autoria dos crimes cometidos através da imprensa cabe a quem tiver criado o texto ou a imagem cuja publicação constitua ofensa dos bens jurídicos protegidos pelas disposições incriminadoras.
2. Nos casos de publicação não consentida, é autor do crime quem a tiver promovido.
3. O director, o director-adjunto, o subdirector ou quem concretamente os substitua, assim como o editor, no caso de publicações não periódicas, que não se oponha, através da acção adequada, à comissão de crime através da imprensa, podendo fazê-lo, é punido com as penas cominadas nos correspondentes tipos legais, reduzidas de um terço nos seus limites.
4. Tratando-se de declarações correctamente reproduzidas, prestadas por pessoas devidamente identificadas, só estas podem ser responsabilizadas, a menos que o seu teor constitua instigação à prática de um crime.
5. O regime previsto no número anterior aplica-se igualmente em relação aos artigos de opinião, desde que o seu autor esteja devidamente identificado.
6. São isentos de responsabilidade criminal todos aqueles que, no exercício da sua profissão, tiveram intervenção meramente técnica, subordinada ou rotineira no processo de elaboração ou difusão da publicação contendo o escrito ou imagem controvertidos.

ARTIGO 32.º
Desobediência qualificada

Constituem crimes de desobediência qualificada:

a) O não acatamento, pelo director do periódico ou seu substituto, de decisão judicial ou de deliberação da Alta Autoridade para a Comunicação Social que ordene a publicação de resposta ou rectificação, ao abrigo do disposto no artigo 27.º;

b) A recusa, pelos mesmos, da publicação de decisões a que se refere o artigo 34.º;

c) A edição, distribuição ou venda de publicações suspensas ou apreendidas por decisão judicial.

ARTIGO 33.º
Atentado à liberdade de imprensa

1. É punido com pena de prisão de 3 meses a 2 anos ou multa de 25 a 100 dias aquele que, fora dos casos previstos na lei e com o intuito de atentar contra a liberdade de imprensa:
   a) Impedir ou perturbar a composição, impressão, distribuição e livre circulação de publicações;
   b) Apreender quaisquer publicações;
   c) Apreender ou danificar quaisquer materiais necessários ao exercício da actividade jornalística.
2. Se o infractor for agente do Estado ou de pessoa colectiva pública e agir nessa qualidade, é punido com prisão de 3 meses a 3 anos ou multa de 30 a 150 dias, se pena mais grave lhe não couber nos termos da lei penal.

ARTIGO 34.º
Publicação das decisões

1. As sentenças condenatórias por crimes cometidos através da imprensa são, quando o ofendido o requeira, no prazo de cinco dias após o trânsito em julgado, obrigatoriamente publicadas no próprio periódico, por extracto, do qual devem constar apenas os factos provados relativos à infracção cometida, a identidade dos ofendidos e dos condenados, as sanções aplicadas e as indemnizações fixadas.

2. A publicação tem lugar dentro do prazo de três dias a contar da notificação judicial, quando se trate de publicações diárias, e num dos dois primeiros números seguintes, quando a periodicidade for superior, sendo aplicável o disposto no n.º 3 do artigo 26.º
3. Se a publicação em causa tiver deixado de se publicar, a decisão condenatória é inserta, a expensas dos responsáveis, numa das publicações periódicas de maior circulação da localidade, ou da localidade mais próxima, se naquela não existir outra publicação periódica.
4. O disposto nos números anteriores é aplicável, com as devidas adaptações, às sentenças condenatórias proferidas em acções de efectivação de responsabilidade civil.

ARTIGO 35.º
Contra-ordenações

1. Constitui contra-ordenação, punível com coima:
   a) De 100000$00 a 500000$00, a inobservância do disposto nos n.os 2 e 3 do artigo 15.º, no artigo 16.º, no n.º 2 do artigo 18.º, nos n.os 2 e 3 do artigo 19.º e no n.º 1 do artigo 26.º;
   b) De 200000$00 a 1000000$00, a inobservância do disposto nos n.os 2 a 6 do artigo 26.º, no n.º 2 do artigo 28.º,bem como a redacção, impressão ou difusão de publicações que não contenham os requisitos exigidos pelo n.º 1 do artigo 15.º;
   c) De 500000$00 a 1000000$00, a inobservância do disposto no artigo 17.º;
   d) De 500000$00 a 3000000$00, a não satisfação ou recusa infundadas do direito de resposta ou de rectificação, bem como a violação do disposto no n.º 4 do artigo 27.º e no artigo 34.º
2. Tratando-se de pessoas singulares, os montantes mínimos e máximos constantes do número anterior são reduzidos para metade.
3. As publicações que não contenham os requisitos exigidos pelo n.º 1 do artigo 15.º podem ser objecto de medida cautelar de apreensão, nos termos do artigo 48.º-A do Decreto-Lei n.º 433/82, de 27 de Outubro, na redacção que lhe foi dada pelo Decreto-Lei n.º 244/95, de 14 de Setembro.
4. Pelas contra-ordenações previstas no presente diploma respondem as entidades proprietárias das publicações que deram causa à infracção.
5. No caso previsto na parte final da alínea b) do n.º 1, e não sendo possível determinar a entidade proprietária, responde quem tiver intervindo na redacção, impressão ou difusão das referidas publicações.

6. A tentativa e a negligência são puníveis.
7. No caso de comportamento negligente, os limites mínimos e máximos das coimas aplicáveis são reduzidos para metade.

ARTIGO 36.º
Processamento das contra-ordenações e aplicação das coimas

1. O processamento das contra-ordenações compete à entidade responsável pela sua aplicação.
2. A aplicação das coimas previstas no presente diploma compete à Alta Autoridade para a Comunicação Social, excepto as relativas à violação do disposto no n.º 2 do artigo 5.º, no artigo 15.º e no n.º 2 do artigo 18.º, que cabe ao Instituto da Comunicação Social.
3. As receitas das coimas referidas na segunda parte do número anterior revertem em 40% para o Instituto da Comunicação Social e em 60% para o Estado.

CAPÍTULO VII
DISPOSIÇÕES ESPECIAIS DE PROCESSO

ARTIGO 37.º
Forma do processo

O procedimento por crimes de imprensa rege-se pelas disposições do Código de Processo Penal e da legislação complementar, em tudo o que não estiver especialmente previsto na presente lei.

ARTIGO 38.º
Competência territorial

1. Para conhecer dos crimes de imprensa é competente o tribunal da comarca da sede da pessoa colectiva proprietária da publicação.
2. Se a publicação for propriedade de pessoa singular, é competente o tribunal da comarca onde a mesma tiver o seu domicílio.
3. Tratando-se de publicação estrangeira importada, o tribunal competente é o da sede ou domicílio da entidade importadora ou o da sua representante em Portugal.

4. Tratando-se de publicações que não cumpram os requisitos exigidos pelo n.º 1 do artigo 15.º, e não sendo conhecido o elemento definidor de competência nos termos dos números anteriores, é competente o tribunal da comarca onde forem encontradas.
5. Para conhecer dos crimes de difamação ou de injúria é competente o tribunal da comarca do domicílio do ofendido.

ARTIGO 39.º
Identificação do autor do escrito

1. Instaurado o procedimento criminal, se o autor do escrito ou imagem for desconhecido, o Ministério Público ordena a notificação do director para, no prazo de cinco dias, declarar no inquérito qual a identidade do autor do escrito ou imagem.
2. Se o notificado nada disser, incorre no crime de desobediência qualificada e, se declarar falsamente desconhecer a identidade ou indicar como autor do escrito ou imagem quem se provar que o não foi, incorre nas penas previstas no n.º 1 do artigo 360.º do Código Penal, sem prejuízo de procedimento por denúncia caluniosa.

ARTIGO 40.º
Norma revogatória

São revogados:
a) O Decreto-Lei n.º 85-C/75, de 26 de Fevereiro;
b) O Decreto-Lei n.º 181/76, de 9 de Março;
c) O Decreto-Lei n.º 645/76, de 30 de Julho;
d) O Decreto-Lei n.º 377/88, de 24 de Outubro;
e) A Lei n.º 15/95, de 25 de Maio;
f) A Lei n.º 8/96, de 14 de Março.

Aprovada em 17 de Dezembro de 1998.

O Presidente da Assembleia da República, ANTÓNIO DE ALMEIDA SANTOS.

Promulgada em 5 de Janeiro de 1999.

Publique-se.

O Presidente da República, JORGE SAMPAIO.

Referendada em 6 de Janeiro de 1999.

O Primeiro-Ministro, ANTÓNIO MANUEL DE OLIVEIRA GUTERRES.